福州外语外贸学院学术著作出版基金资助
福建省社科研究基地福州大学物流研究中心资助
教育部新文科研究与改革实践项目资助

WIN IN PRE-SALES

陈美燕　陈梅丽◎著

赢在售前

大项目供应链售前实战技巧

PRACTICE SKILLS IN LARGE PROJECT SUPPLY CHAIN

中国经济出版社
CHINA ECONOMIC PUBLISHING HOUSE
·北京·

图书在版编目（CIP）数据

赢在售前：大项目供应链售前实战技巧 / 陈美燕，陈梅丽著 . --北京：中国经济出版社，2022. 8

ISBN 978-7-5136-7056-2

Ⅰ. ①赢… Ⅱ. ①陈… ②陈… Ⅲ. ①供应链管理 Ⅳ. ①F252. 1

中国版本图书馆 CIP 数据核字（2022）第 153063 号

责任编辑 贺 静
责任印制 马小宾
封面设计 任燕飞

出版发行 中国经济出版社
印 刷 者 河北宝昌佳彩印刷有限公司
经 销 者 各地新华书店
开 本 710mm×1000mm 1/16
印 张 18. 25
字 数 294 千字
版 次 2022 年 8 月第 1 版
印 次 2022 年 8 月第 1 次
定 价 69. 00 元
广告经营许可证 京西工商广字第 8179 号

中国经济出版社 **网址** www. economyph. com **社址** 北京市东城区安定门外大街 58 号 **邮编** 100011
本版图书如存在印装质量问题，请与本社销售中心联系调换（联系电话：010-57512564）

序言

随着技术的日新月异，我们已经站在了时代的风口浪尖，元宇宙、数字孪生、AI 技术、大数据技术、人脸识别等正在改变着我们的生活，我们已经来到了定制解决方案的时代，这是一个充满挑战与机遇的时代。各行各业市场竞争越来越激烈，产品的选择范围越来越广，客户对产品的需求也越来越明确。公司有什么产品客户就用什么产品的时代已经过去，只有研发出真正符合用户需求的产品才有市场竞争力。

面对激烈的市场竞争环境，企业为了生存和发展，不仅要关注自身的内部流程改善，还应关注上游企业和下游企业的链接，将上下游资源优化整合，形成供应环节、采购环节、生产环节、销售环节流畅衔接的供应链。大项目的客户采购流程是供应链中复杂且重要的一环，需要建立与客户采购流程相对应的大项目供应链管理体系。通过供应链管理，使供应链运作达到最优化，通过最小的成本，使得供应链管理与客户的采购环节相对应，最终满足客户的所有需求，研发出真正符合客户需求的产品，实现双赢。大项目供应链管理可分为售前管理阶段、售中管理阶段以及售后管理阶段，售前管理阶段是为了促成项目落地以及合同签订采取一系列活动的阶段；售中管理阶段是项目落地之后的实施阶段，即研发生产出满足客户真正需求的产品过程阶段；售后管理阶段是项目验收后为客户提供售后服务的管理过程阶段。售前管理阶段和售中管理阶段以合同签订为分界线，售中管理阶段和售后管理阶段以项目验收为分界线。不同阶段有不同的管理方法和体系，本书主要针对售前管理阶段，从售前顾问（售前工程师、售前经理、售前解决方案经理）角色出发搭建大项目供应链售前运营战略体系，说明大项目供应链售前实战技巧。

搭建大项目供应链售前运营战略体系，可以给各方带来价值：

➢面向客户

建立与客户的采购流程相对应的售前顾问式服务体系，基于客户需求现状，发现、挖掘用户的问题和需求，提供有针对性的、有价值的解决方案，帮助客户建立最佳的管理实践，赢得客户认可，为公司创造价值，提升公司企业形象，实现与客户的双赢合作。

➢面向公司

客户是产品的使用方，最了解产品的情况，因此售前顾问在与客户沟通交流的过程中能够收集客户对于产品以及解决方案的看法，从而反馈给产品经理，可以更好地改进产品，提高产品的使用价值。同时，售前顾问在售前活动中深入市场，获得一手市场信息，可以为公司产品的改进提供更具价值的意见，使得产品更具市场价值、更符合市场需求，从而实现企业在某一行业的深耕细作。

➢面向销售

在售前活动中，负责销售的客户经理与售前顾问协同打单、协同作战，售前服务的质量好坏将对项目的落地产生重大影响。在售前活动中，客户经理往往负责管理和维护与客户的商务关系，售前顾问则提供技术方案咨询，能够有效分析客户现状，诊断客户的问题和需求，提供适用的专业建议、产品方案和服务等内容，为实现赢单作最大的努力。

➢面向实施

售前顾问是项目的最初需求获取者和最初规划者，在售前活动中，基于对客户的现状和需求的理解，设计解决方案，会对后期的项目实施产生重要的影响。因此，售前顾问需要多与项目经理沟通交流，了解项目实施存在的“坑”，在前期方案设计策划过程中，需要考虑既满足客户的需求，又不给后期的项目实施带来难点。不仅要获得客户的满意，也要保障项目的顺利实施。

➢面向售前

售前顾问在售前活动中，通过深入分析研究行业现状，把握行业发展动态，不断地积累经验，提升自身专业能力，提高售前咨询质量和效率。售前顾问在售前活动中要解决客户问题，而不只是卖产品，从而赢得客户认可，让“售前顾问”即“人”成为最大的卖点。

本书主要分为3篇，第1篇为大项目供应链售前运营战略体系，解释说明大项目供应链管理环节中售前管理阶段涉及的售前活动、售前角色、售前模型等内容。第2篇为对外售前顾问式服务体系，建立与客户采购流程对应的供应链售前管理体系，主要包括发现商机、挖掘需求、解决方案、演示交流、参观考察、投标工作以及合同签订等环节的工具方法和实战技巧的内容。第3篇为对内售前团队管理体系，搭建一支素质高、团结性强、凝聚力强的售前团队，主要包括组建团队、建设团队、管理团队等内容。

不同公司有自己的本地化特色，可以基于本书中的内容，改造出符合自己需求的售前战略运营体系。

由于每个人有不同的见解，再加上时间仓促，疏漏之处在所难免，诚邀广大读者批评指正。

目录

第1篇

大项目供应链售前运营战略体系

第2篇

对外售前顾问式服务体系

第3篇

对内售前团队管理体系

第1篇

大项目供应链售前运营战略体系

1 售前战略：搭建售前运营战略体系，实现售前协同作战

企业面对竞争激烈的市场环境，需要整合上下游的资源，引进供应链管理技术，对整个供应链体系进行计划、协调，并优化各种活动过程，实现企业与企业之间协同合作，获得竞争优势。供应链管理涉及需求管理、订单交付、物流管理、计划、采购供应等方面。其中需求管理是企业能否按照客户要求设计和生产合适产品的关键，需求收集、分析和需求实现是需求管理的主要内容。

在大项目中，企业各司其职，为了项目的高效完成，需要将供应链各项职能活动有机组织在一起，建立与客户采购流程相对应的大项目供应链管理体系，使供应链运作达到最优化，通过最小的成本，满足客户的所有过程需求，研发出符合客户真正需求的产品，实现双赢。

根据企业与客户关系状态的变化，大项目供应链管理可分为售前管理阶段、售中管理阶段以及售后管理阶段，每一个阶段的运营战略及知识体系是有差别的，需要针对不同阶段，制定不同的服务体系。本书主要针对大项目供应链售前管理阶段，从售前顾问角度出发，搭建售前运营战略：对外建立售前顾问式服务体系，对内建立售前团队管理体系。

通过搭建与客户采购流程相对应的售前顾问式服务流程模型，将售前知识体系化，形成可复制的经验方法，从而更易传播知识经验、更易衡量销售转化成果，有助于实现售前体系的高效运营，更好地为客户服务，更好地为公司创造价值。

通过搭建售前团队管理体系，建立更规范、更有凝聚力的团队，建立团队的共同语言，更好地建立售前培训的知识体系，实现与售前顾问式服务体系相辅相成。

本章节的主要内容：

➢售前活动：合同签订前的一系列活动

➢售前角色：成功签单需要团队的协同作战
➢售前模型：搭建售前运营战略模型体系
➢实战案例：某供应链管理软件供应商搭建的售前运营战略模型体系

1.1 售前活动：合同签订前的一系列活动

开篇提到大项目供应链管理可分为售前管理阶段、售中管理阶段以及售后管理阶段，那么售前管理阶段、售中管理阶段以及售后管理阶段是怎样定义，又是如何划分的呢？

售前管理阶段是指在合同签订前，为了促成项目落地以及合同签订采取一系列活动的阶段。

售中管理阶段是指项目落地之后的实施阶段，即研发生产出满足客户真正需求的产品过程阶段。这一阶段相对于售前和售后阶段，拥有最成熟的知识体系，包括集成、范围、时间、成本、质量、人力资源、沟通、风险和采购九大知识领域，以及项目启动、规划、执行、监控、结束五大过程组，也拥有软考、PMP 等职业资格认定考试。

售后管理阶段是指项目验收后为客户提供售后服务的管理过程阶段。项目售后会有一段时间的免费维保期，不要忽视售后阶段，售后服务做得好，客户才有可能进行二次采购，实现二次销售及合作，因此各公司都很注重售后的服务声誉，也制定了相关的售后服务规范。

项目的售前管理阶段和售中管理阶段以合同签订为分界线，项目的售中管理阶段和售后管理阶段以项目验收为分界线，如图 1-1 所示。

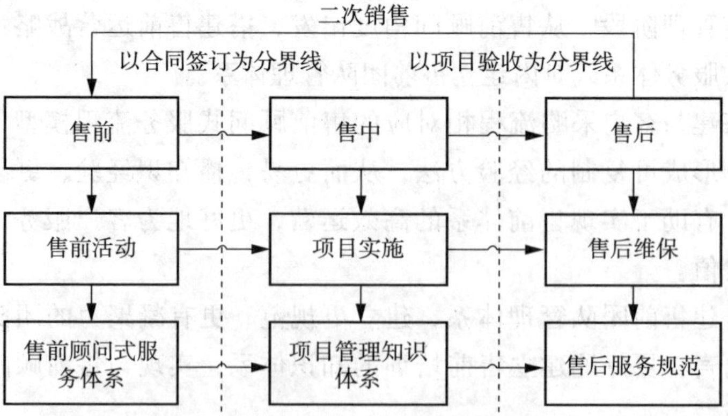

图 1-1　售前、售中、售后分界线

售前管理阶段、售中管理阶段、售后管理阶段是项目实施的三大阶段，没有哪一个阶段最重要、哪一个阶段不重要之说。三个阶段一环扣一环，环环相扣，共同组成了项目从无到有的全生命周期过程。

在售前管理阶段的一些销售场景中，有些销售人员专注于销售产品，纯靠商务运作项目，为了促成项目，随意承诺客户价格，甚至过度承诺。当项目进入实施阶段后，很多承诺的服务并不能实现，最终导致项目失败。项目的实施难度与售前阶段承诺客户的项目边界有很大的关系，很多项目失败的原因是售前阶段给了客户过高的期望，但是在项目实施中并没有达到客户的心理预期，无法兑现对客户的承诺，给客户造成了不好的印象，无法留住客户，同时也给公司的声誉带来不好的影响。

做项目要从长远角度考虑，并不是做一次项目与客户的关系就结束了，需要与客户建立长期的合作关系，注重与客户关系的维护管理，在挖掘新客户的同时，不断维护已有客户关系。已有客户更可能带来二次销售，同时通过口碑传播，客户的客户、客户的朋友都有可能成为新的客户，给企业带来新的发展机遇，因此，在售前管理阶段需要以专业的形象为客户做好顾问式服务。尤其是现在的客户可选择的公司以及产品范围越来越广泛，客户的要求也越来越高，已经过了提供什么产品客户就用什么产品的时代。在这种情况下，销售人员单纯靠商务关系去运作项目是不够的，需要销售人员甚至公司团队成为客户的顾问团队，为客户提供顾问服务，拥有为客户定制解决方案的能力，切实解决客户存在的问题，提高客户的满意度。

因此，在售前管理阶段需要给客户提供顾问式服务，通过售前顾问式服务合理运用各种资源，诊断和发现客户的痛点，基于公司的产品和技术优势，满足客户的需求，随时为客户解决问题，赢得客户的信任，促成项目落地并最终与客户建立良好的合作关系。

1.2　售前角色：成功签单需要团队的协同作战

售前管理阶段的两大类工作：一是做好商务工作，与客户建立良好的商务关系，即“搞定人”；二是针对客户需求提供解决方案咨询服务，把具体的事情做好，给客户留下专业靠谱的印象，即“搞定事”。因此，在售前活动中需要两类专业人员：一是搞定人的销售人员，本书统称为客户经理；二是搞定事的技术人员，本书统称为售前顾问（见图 1-2）。

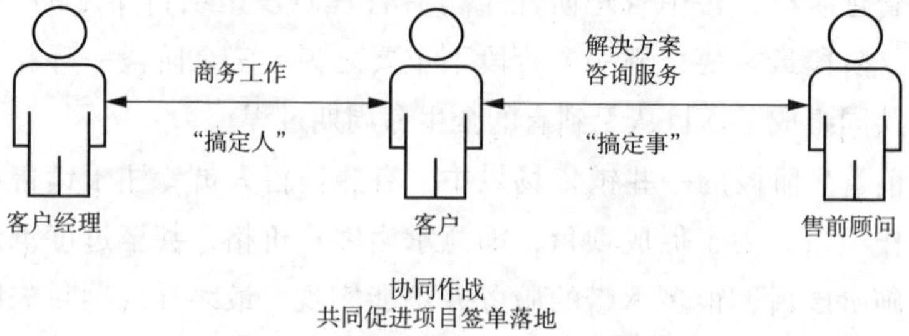

图 1-2　售前管理阶段涉及的主要角色

注：售前项目签单，离不开团队的共同努力。

客户经理是大家比较熟悉的角色，在售前管理阶段更多从事商务方面的工作，不同的单位称呼不同，比如销售人员、客户经理、商务经理、市场经理等，这里统一用客户经理这个称呼。其主要负责发掘商机，寻找可合作的客户，需要全盘考虑项目，是推进项目落地的总导演。

相比客户经理，售前顾问是大家比较陌生的岗位，但是在一些复杂的项目中，由于其专业性较强、周期较长等特点，客户经理无法兼顾商务工作以及技术咨询工作，这时候就需要售前顾问配合客户经理做好售前的技术咨询工作。售前顾问一直是被大家忽略的角色，市面上大多数的销售书籍也都是针对客户经理的销售技巧的内容，关于售前顾问的指导书籍较少。本书接下来就带大家重新认识一下售前顾问这个角色。

1.2.1　重新认识被忽略已久的售前顾问

（1）如何理解售前顾问这一角色

售前顾问一般在售前阶段配合客户经理协同打单，为客户提供技术咨询服务。通过诊断客户的问题，为客户提供切合实际的解决方案，满足客户需求，切实解决客户痛点。主要的工作内容包括客户需求挖掘、为客户定制解决方案、进行售前交流演示、招投标工作等。行业内不同的人对于售前人员有着不同的称呼，如"售前支持技术人员""售前技术经理""售前顾问""售前工程师""售前人员""解决方案经理"等，本书以"售前顾问"代指售前支持技术人员。不同单位可能由不同的人员充当这个角色，在一些规模较小的公司，售前顾问可能会由客户经理、项目经理、产品经理或技术研发经理等人员兼职担任。随着业务的细化及公司规模的不断扩展，为了更好地配合销售人员协同打单，一般公司会聘请专业的售前顾问。

➢售前顾问是某领域内的专家

售前顾问比技术人员多一点销售知识，比销售人员多一点技术知识。在技术人员眼中，售前顾问是精通技术的销售人员，作为沟通的“桥梁”将公司的技术优势传达给客户；在客户经理眼中，售前顾问扮演的是技术专家的角色，以“军师”的身份协助销售人员判断商机、制订方案、赢取订单；在客户眼中，售前顾问是代表着公司技术水平的顾问专家，以专家的身份挖掘客户的潜在需求，制订客户解决方案，以赢取客户的信任（见图 1-3）。

售前顾问是客户了解公司技术实力的主要切入点，因此在项目打单中占据着重要的地位。

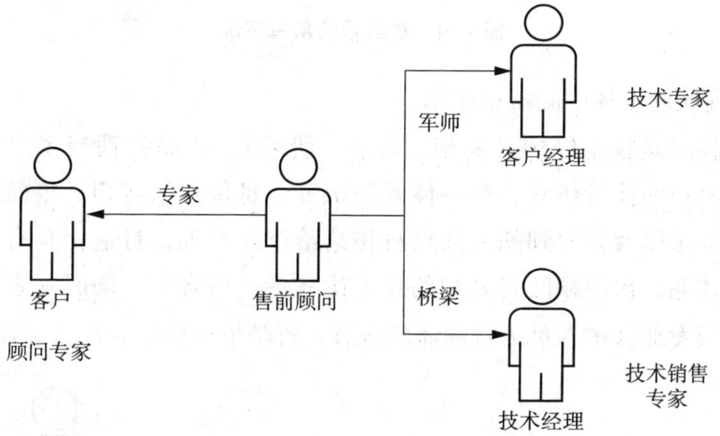

图 1-3　不同人眼中的售前顾问

➢售前顾问是最初的参与者

在以项目为主的公司中，售前顾问是项目需求的最初调研者，通过收集用户的需求，实现最初方案的规划；在方案规划中，因有许多未知因素存在，也是最初风险的承担者，因此在方案规划中，需要尽可能与后期项目实施人员进行有效沟通，争取在技术和商务上不出现纰漏，以规避风险（见图 1-4）。

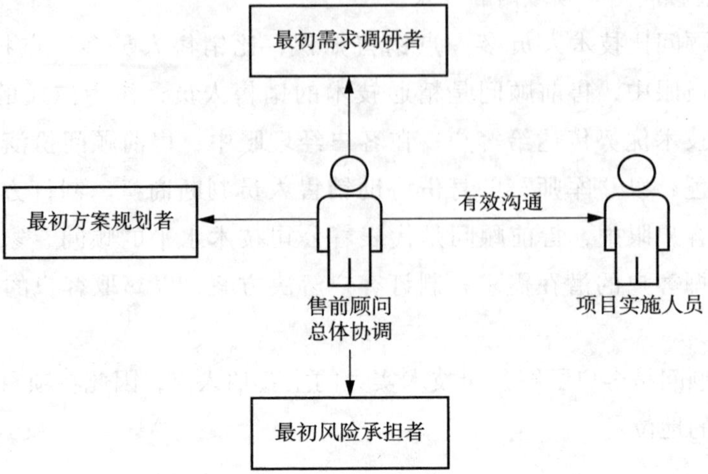

图 1-4　售前顾问角色定位

➢售前顾问发挥中间桥梁作用

售前顾问是技术经理（实施、售后、研发）、产品经理与客户的中间桥梁，可将公司的技术优势、产品体系知识等信息传达给客户；售前顾问将客户的实际需求以及获取到的友商信息传达给产品经理，打造更具有市场竞争力的产品体系；售前顾问将公司的技术优势传达给客户，同时就客户的技术疑问，在与专业技术人员进行沟通交流后，将结果反馈给客户（见图 1-5）。

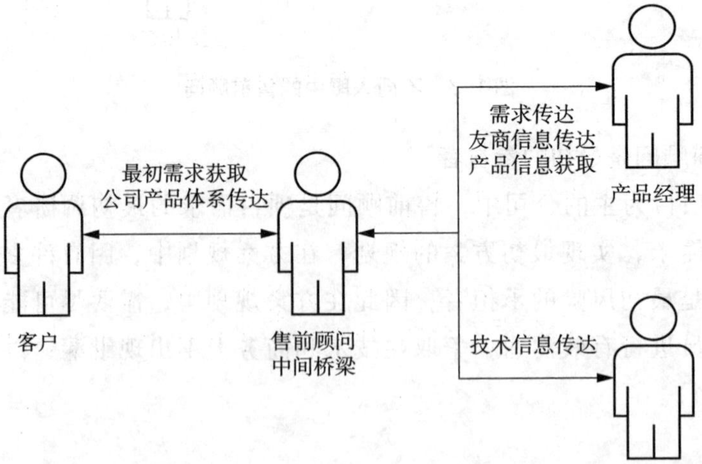

图 1-5　售前顾问发挥中间桥梁的作用

（2）售前顾问与其他岗位的区别

售前顾问和客户经理的区别如表 1-1 所示。

表 1-1　售前顾问与客户经理的区别

售前顾问	客户经理
在合同签订前，为客户提供解决方案等技术咨询服务	负责产品的销售、客户关系维护、合同签订等工作

注：客户经理相当于项目的“将军”角色，售前顾问相当于“军师”角色。

售前顾问与产品经理的区别如表 1-2 所示。

表 1-2　售前顾问与产品经理区别

售前顾问	产品经理
工作核心是“客户”，负责为客户定制解决方案、售前演示讲解、招投标等工作	工作核心是“产品”，负责整个产品的生命周期的相关工作

售前顾问是懂技术的销售人员，但是售前顾问与技术人员各司其职，他们的主要区别如表 1-3 所示。

表 1-3　售前顾问与技术人员的区别

售前顾问	技术人员
关注宏观架构体系	关注技术细节
产品策划	产品实现
让别人明白如何实现	自己懂得如何实现
传播技术	钻研技术
众多领域，知识面广	某项领域知识了解得深
会说、会写	会实现

1.2.2　项目的成功离不开团队的协同配合

在一些大项目中，由于项目的复杂性，单独由一类人员进行单兵作战是不太可能完成任务的，无法兼顾商务工作及技术咨询服务。售前管理阶段需要客户经理以及售前顾问协同作战，共同促进项目的落地。客户经理负责商务方面的工作，售前顾问负责需求调研、方案编写、演示交流等工作，二者分工协作、相互配合，共同推进项目的成功签单。我们经常会看到客户经理搭档一位售前顾问到客户现场与客户进行沟通交流。

客户经理及售前顾问需要做好配合工作，如果二者配合得不好，就会出现问题。例如，客户经理觉得售前顾问到达客户现场后，并没有体现出专业性，没有达到很好的效果，或者售前顾问觉得销售人员并没有提供准确的信息，同与客户现场沟通得到的消息有出入。二者在配合过程中需要注意以下几点。

（1）预留充足的时间

客户经理及售前顾问需要协商好时间，明确截止时间，给对方都预留充足的时间，更好地分析和计划项目情况，更准确及高效地推进项目的发展。

（2）确认项目的真实信息

客户经理需要确认项目的真实性，了解项目的基本需求，将获得的信息及时告知售前顾问，以方便售前顾问更好地提供技术支持服务。

（3）做好分工

客户经理做好商务工作，售前顾问做好技术咨询服务，客户经理及售前顾问要经常沟通，做到信息的及时互通共享，明确各自在不同阶段需要完成的工作及实现的目标。

如果公司规模较大，为了实现客户经理以及售前顾问的配合，可制定《售前支持需求表》，将其作为客户经理向公司申请售前资源的依据以及传递基本信息的载体。售前顾问后期项目跟踪情况也可以基于此表进行记录，实现售前项目的全过程跟踪管理。对于一个项目，客户经理只需要提出一次申请，确定售前顾问之后，售前顾问全程配合客户经理完成售前项目的技术咨询，过程信息需要通过邮件或其他沟通渠道传达给相关领导以及项目相关人员。《售前支持需求表》如表 1-4 所示。

表 1-4　售前支持需求表

一、项目基本信息（客户经理填写）	
项目名称	
客户经理	
项目背景	1. 项目起源：政策需要、管理需要等 2. 资金来源：专项资金、财政资金、自有资金 3. 建设内容：软件、硬件、网络、数据等 4. 项目目前所处阶段： 5. 建设范围：省、区、市 ……
客户情况	主要决策人、主要负责人、主要用户等
项目初步预算	
竞争对手情况	

续表

二、需要协助的工作内容（客户经理填写）			
需求调研□	填写需求调研的目标		
方案编写□	填写方案编写的目标		
演示交流□	填写演示交流需要协助的内容（制作 PPT、现场演示等）及目标		
参观考察□	填写参观考察需要协助的事项（产品汇报等）		
投标编写□	填写投标项目的开标时间等内容		
其他□	其他需要协助内容的说明		
三、项目跟踪情况（售前顾问填写，每一项工作内容都可后续增加表格）			
工作内容 1			
时间		地点	
客户方参与人员		我方参与人员	
现场交流情况			
后续工作计划			
工作内容 2			
时间		地点	
客户方参与人员		我方参与人员	
现场交流情况			
后续工作计划			

售前顾问完成售前支持项目之后，需要定期更新《售前项目跟踪表》，如有条件，可以基于《售前项目跟踪表》建立售前项目跟踪系统，跟踪以及记录售前项目情况。《售前项目跟踪表》如表 1-5 所示。

表 1-5　售前项目跟踪表

序号	项目名称	客户	公司部门	客户经理	预估金额	开始时间	售前状态	成果地址

1.3 售前模型：搭建售前运营战略模型体系

很多时候，在一些公司中，售前顾问刚入职没多久，就被安排到各项目中，配合客户经理协同打单。这时售前顾问如果没有经验可能就无从下手，会遇到来自以下不同方面的困难。

客户。售前顾问需要收集不同客户的背景信息及背景资料，一般客户代表人物有关键决策人、决策影响人、支持者、反对者等。这些不同角色的人员有不同的想法、不同的认知、不同的态度，增加了售前的工作难度。

竞争对手。售前顾问需要时刻关注市场信息，收集竞争对手资料，把握政治、市场等最新动态，对市场信息要有较高的敏感度。这些对售前顾问的综合素质能力要求较高。

公司内部。公司由于内部的企业文化及组织架构等因素，对售前顾问角色及售前职责定义不清，没有针对售前顾问开展必要的培训工作，没有一套完整的方案、知识、工具等售前支持体系去指导售前工作，容易造成售前工作较混乱，为客户提供的售前咨询质量较差，客户经理对产出成果有较大意见。

客户经理。客户经理一般处于强势地位，不同的客户经理自身的能力不同，有时对商机的把握及判断能力欠缺，对客户需求的把握能力不足；与售前顾问责任不清，相互配合存在问题，在没有明确具体任务的情况下申请售前支持，容易造成售前资源浪费；售前活动失败时，客户经理容易将责任推卸给售前顾问。

项目经理。在一些大型企业中，合同签订后才会正式确定具体的项目经理，在售前管理阶段，项目经理活跃程度较低，对前期信息掌握较少。项目经理在项目实施的过程中，会埋怨售前顾问在售前活动中为客户提供的解决方案较难实现，给项目实施增加了难度。同时在项目实施的过程中，项目经理不会主动将项目信息或客户意见反馈给售前顾问，容易造成信息断档。

售前顾问自身。售前顾问常处于高压工作环境下，经常出差，加班加点编写方案、制作 PPT，但制订的方案并不一定符合客户需求，会时常感到身心疲惫，又常常看不到效果，自身综合实力无法得到快速提升。售前顾问是成功签单的必要而不是充分条件，售前顾问在售前活动中是一个很重要的环节，但售前顾问做得再好也需要团队的共同配合才可以成功。反过来，如果丢单，有很大一部分原因在于售前活动中的售前工作不到位，容易打击售前顾问的信心，如图 1-6 所示。

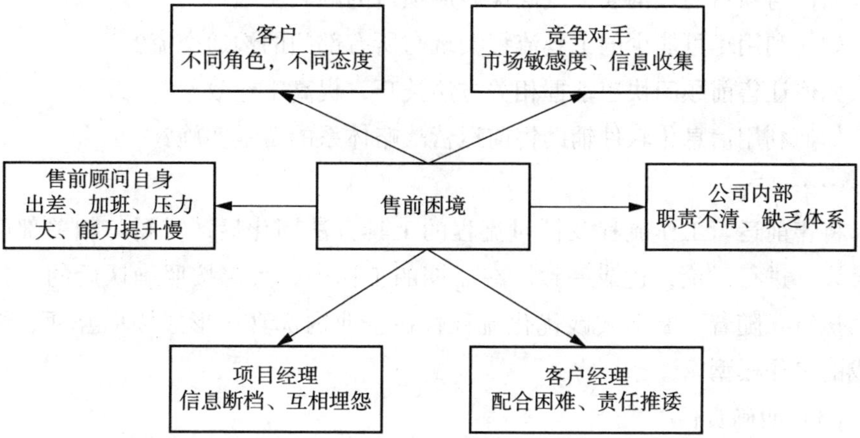

图 1-6　售前顾问困境的主要来源

为了避免上述现象发生，一个有效的方法是将售前知识体系化、规范化，搭建售前运营战略体系，形成售前顾问式服务体系以及售前团队管理体系。将售前管理阶段的每一个活动的工具方法进行整合，形成一整套售前工具方法集，与之相辅相成的则是建立具备高凝聚力的售前团队。

1.3.1　搭建售前运营战略模型体系的原则

在构建售前运营战略模型体系的过程中，需要考虑企业内外部的整体因素。

（1）结构优化

售前运营战略中，在符合公司战略目标的情况下，应尽可能少设置节点，合理优化售前工作流程，降低流程的复杂性，以减少售前顾问在冗余流程中因过度消耗精力而产生售前服务质量降低的情况。基于售前运营战略中的工作流程，应细化售前的模板工具和方法，进而提升售前顾问的能力和水平，提高工作效率，提升售前服务的水平。售前工作流程的标准化、规范化、可追溯等特点是保护售前顾问的最有力工具。

（2）高效协同

在售前活动中，售前顾问常常需要与其他部门合作，因此在售前运营战略体系的搭建过程中，需要考虑与各部门的协同配合机制。需要考虑的问题包括但不限于以下内容：

如何与客户经理配合协同打单？

如何与产品经理合作收集市场信息和策划前期产品？

如何与项目经理沟通交流确保后期项目的顺利实施？

如何利用尽可能少的工具流程实现与所有部门的沟通交流？

如何让售前顾问快速掌握相关方法技巧，提高工作效率？

如何利用信息化软件辅助售前运营战略体系的落地实施？

…………

将售前运营工作流程及针对流程的工具方法固化后，需要与相关部门召开会议，进行讨论，达成一致。在后期的工作中，大家按照确认后的工作流程去执行，随着不断地实践优化流程，在企业内部真正形成横向互通、纵向集成的工作模型。

（3）明确责任

售前运营战略体系搭建后，明确了售前顾问的责任，也明确了其他部门的责任，对每一个环节都实现了可追溯。管理者通过售前运营战略体系，实现了对售前团队的规范化管理，很好地将工作责任落实到位，能够量化售前顾问的工作内容，对售前工作的运行效率和绩效进行评估。

在跨组织部门的沟通交流中，定义好相关职能部门的责任，可以解决各自为政、不配合、不沟通的局面，减少后期的推诿扯皮情况的发生，进而提高跨部门的组织协调能力，提高协同工作效率。

（4）组织过程资产管理

在售前运营战略体系中，需要明确售前团队管理和售前顾问式服务体系中各环节的产出物，明确每个环节的输入、输出、使用的工具模板，实现对过程的追溯，实现售前资产的重复利用。售前知识库的不断丰富，可提高售前顾问的工作效率。

基于以上原则搭建的售前运营战略体系是一种管理模式、一个组织架构，是一个标准规范体系，可以实现管理者对售前部门的整体把控，打造具有超强实力的售前团队，提高售前顾问的整体实力，提升整体售前服务水平，增强公司的核心竞争力，最大化地提高客户满意度。

企业发展战略、售前运营战略以及对内售前团队管理、对外售前顾问式服务体系的关系如图 1-7 所示。

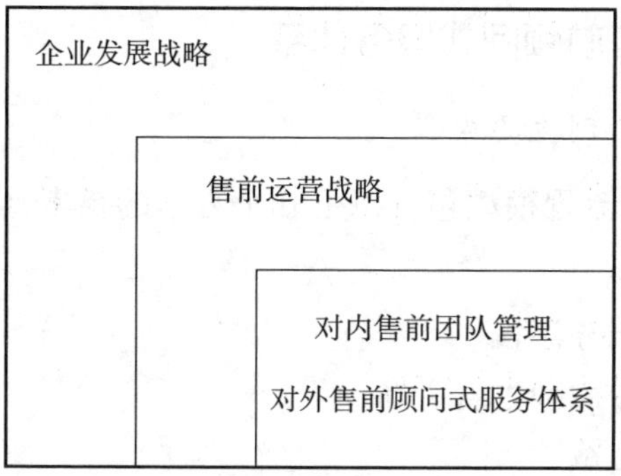

图 1-7　售前运营战略搭建相关内容主要关系

售前运营战略主要包括对内售前团队管理、对外售前顾问式服务体系。对内售前团队管理包括组建售前团队、建设售前团队、管理售前团队。对外售前顾问式服务体系包括发现商机、挖掘需求、解决方案、演示交流、参观考察、投标工作、合同签订等环节的思维工具方法集。如图 1-8 所示。

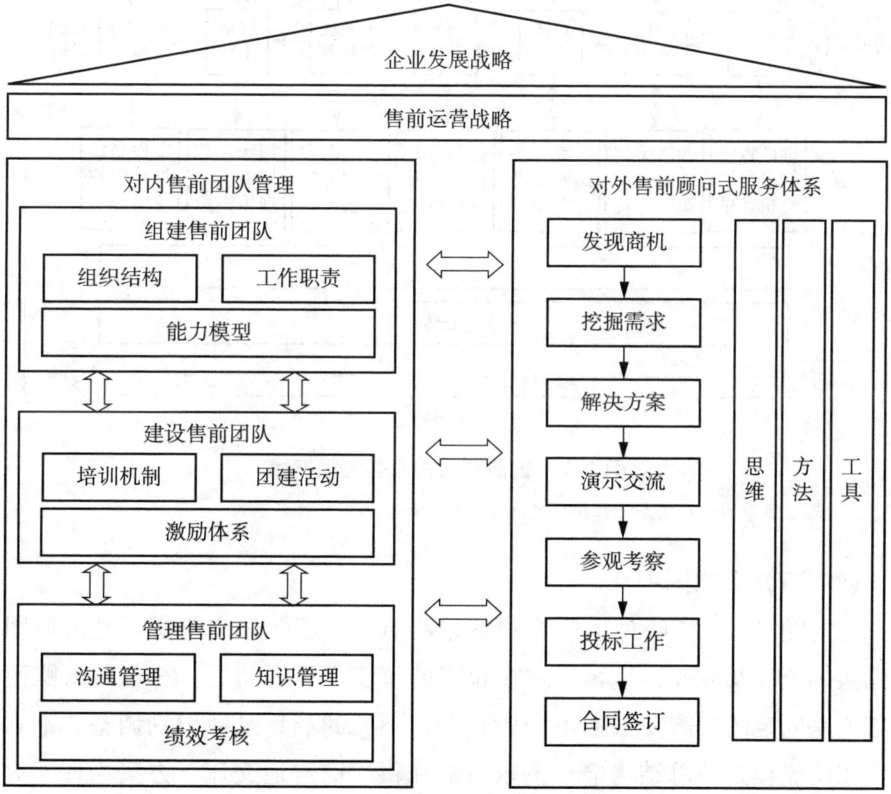

图 1-8　售前运营战略体系结构

1.3.2 对外售前顾问式服务体系

1.3.2.1 服务模型主要内容

售前顾问式服务流程模型包含以下几个方面的要素（见图 1-9）：

- 客户采购流程
- 售前顾问式服务流程
- 主要内容及对应的工具方法
- 售前涉及的角色
- 售前知识管理

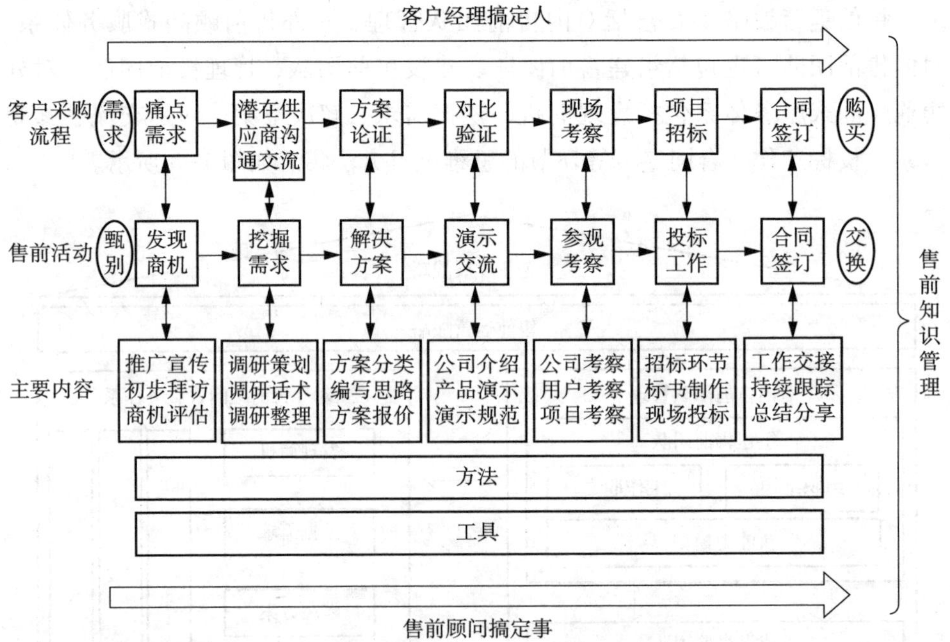

图 1-9 售前顾问式服务流程模型

注：通过售前顾问式服务流程模型建立体系化、结构化售前打单模式。

(1) 客户采购流程

售前顾问需要清晰地了解客户的采购流程，理解客户购买产品的原因以及购买的流程及方式，与客户站在相同的情境下思考问题。客户的采购流程可能不是固定的，需要根据不同的行业、不同的场景灵活识别调整。本书将客户采购流程归纳总结为痛点需求、潜在供应商沟通交流、方案论证、对比验证、现场考察、项目招标、合同签订等过程，最终实现产品采购。有些售前场景可能包括了所有关键节点，有些售前场景可能只有其中的一些步骤，我们可以灵活地改造流程以及使用各种工具方法。

（2）售前顾问式服务流程

与之对应的售前顾问式服务的流程模型需要与客户采购流程建立链接，因此主要的工作流程分为发现商机、挖掘需求、解决方案、演示交流、参观考察、投标工作、合同签订等过程。通过与客户采购建立对应的供应链流程步骤，能够识别、分析与评估销售机会，做好每一步工作，实现与客户同频，顺利与客户签订合同，并实现项目的成功实施。

（3）主要内容及对应的工具方法

在与客户的接触过程中，每一个关键节点都包含了一些主要工作内容，在这些工作内容中需要掌握关键思维、工具及方法，才能更好地促进售前活动顺利进行。因此，本书针对售前顾问式服务流程模型的每一个关键节点的工作内容说明了经过实践的可用的、可复制的方法和工具集。通过这些工具和方法，可以更好预测销售行为，更好为客户服务，从而有效地提升销售成果。能够帮助客户经理和售前顾问明确目前自己在售前阶段所处的位置，以及在此节点上，如何采取下一步行动，无论是新人还是有经验的客户经理和售前顾问都可以据此制定正确的售前策略，有针对性地快速采取行动，同时给客户留下专业的形象，赢得客户的信任。本书将在第 2 篇内容中分别介绍每一个关键节点的主要内容及工具方法。

（4）售前涉及的角色

在售前管理阶段需要做好两项工作：一项是与客户搞好关系，另一项是把事情做好。与客户搞好关系要做好商务工作，把事情做好要针对客户现状提出可落地的解决方案。在有些大项目中，由于项目的复杂性，一个人无法兼顾商务工作及技术咨询服务，这就涉及两类角色：一是客户经理，具体负责商务工作；二是售前顾问，负责解决方案咨询服务工作。二者协同作战，共同促进项目的落地。

（5）售前知识管理

在售前顾问式服务流程模型中，每一个关键节点及活动都会形成成果资料，包括显性的文档资料，以及隐性的团队成员经验知识，这些是团队的重要资产，需要对这些知识进行管理。

本部分总结了售前顾问式服务流程的主要阶段、每个阶段的主要工作内容、每个阶段涉及的内部流程、每个阶段使用的工具方法等内容。如附录 A-1 所示。

1.3.2.2 售前顾问式服务的基本原则

（1）有需求就有机会

我们饿了就会想吃东西，渴了就会想喝水，当我们有需求的时候，我们就会做某些事情，去解决某些问题。同样地，当客户有需求时，我们就有机会，客户需求可能是解决管理上的麻烦，解决某些业务问题，解决生活中遇到的麻烦，等等。当客户有这些需求而自己无法解决的时候，就会寻找合作商，这时候就存在合作机会。有机会就可以去尝试，多和客户进行沟通，和客户熟悉之后，慢慢地就会发现合作的机会。

（2）以客户为中心

在客户有需求的时候，我们不能一上来就说我们的产品怎么好怎么好，而是需要站在客户的角度思考问题，以客户的问题为切入点，告诉客户我们的产品能够解决客户什么样的问题，在售前阶段也并不是完全以产品取胜，随着技术的发展，各公司的产品都有其优势和特点，都可以满足客户的需求，这时候需要与客户建立良好关系，多关注客户方方面面的需求。这是基于一种信任的态度，因此在与客户接触过程中，需要以专业的态度给予客户专业的意见，给客户留下良好印象，同时与客户搞好关系，争取客户的信任。

（3）体系化思考

在售前阶段，每一个关键节点都有千丝万缕的联系，需要从全局看待问题，在这个关键节点，要思考如何给下一个节点埋下伏笔，更好地推进项目的发展，售前阶段都是一环扣一环的，不能仅仅想着完成这个阶段的任务就好。当全局地、体系化地看待问题时，我们反而能够避开很多雷区，有更大的可能争取到胜利。

（4）帮助客户就是帮助自己

在售前阶段需要站在客户角度思考问题，以客户为中心，与客户共情，站在相同的情境下思考问题。客户在采购流程中也需要做很多准备工作，走相关流程，在这些过程中，我们需要随时帮助客户解决问题，例如客户需要立项的时候，帮助客户编制好立项建议书等，在帮助客户的过程中，以专业的实力争取客户的信任，屏蔽竞争对手，将公司产品内容作为客户选型的标准之一。

1.3.2.3　售前顾问式服务的价值意义

（1）建立团队的共同语言

刚入职的时候，公司会给员工发员工手册，详细地告诉员工入职之后的注意事项，例如，申请公司办公软件的账户可以找谁，所需要的培训资料可以从哪里找到，以及其他一些公司制度。这份手册可以让新入职的员工快速了解公司的情况。同样地，建立售前顾问式服务流程模型，形成一份可复制、可指导的售前团队行动指南，可在团队中形成共同语言，明确指导团队共同的目标是什么，目前处于什么阶段，如何更好地配合、共同发力，以促成项目落地。

（2）赢得客户的信任

现实中大多数人都很讨厌一上来就直接推销产品的人，感觉他们在玩套路，有些公司甚至会在大门上贴着“谢绝推销”。同样地，我们的客户也不喜欢我们一上来就向他们推销产品，客户希望和真正了解业务、了解客户目前处境的人进行沟通。基于此，售前顾问式服务流程模型建立了与客户采购流程对应的服务流程模型，可以帮助客户经理及售前顾问了解客户目前所处的情境，设身处地地站在客户角度思考问题，通过相关工具方法，给客户提供专业的建议，在客户眼里，我们就是专家，是来帮助客户解决问题的。这样能够很好地与客户建立共同语言，满足客户的期望，与客户建立良好的长期合作关系。

（3）有利于快速迭代销售技巧、精进服务模式

售前阶段的项目千奇百怪，各种情况都会遇到，有些项目复杂，有些项目简单。有些直接委托签合同，有些需要公开招投标。如果每一种类型的项目都需要一个流程模型，会消耗大量精力，不利于知识经验的传播和继承。售前顾问服务流程模型可以兼容大部分销售流程，将关键节点进行整合，并在关键节点上说明具体的工作内容及工具方法，每完成一次任务，都可以对照流程模型进行复盘拆解，不断丰富和完善售前技巧即实用工具。

（4）提高销售成功率

在售前阶段，如果每次都是以“拍脑袋”的态度去完成任务，到现场与客户交流往往心里没底，交流完也不知道下一步该采取什么措施、该如何继续跟进项目，这种情况下项目失败是必然的，想要成功全靠运气。通过售前顾问式服务流程，能够更好地制定销售策略，客户经理及售前顾问能够很好

地协同配合，知道项目的具体情况，会形成一种默契，知道该如何互相配合，以更好地引导客户的需求。这样就能在整个销售过程中成为客户首选目标，打败竞争对手，缩短销售周期，同时可以提升客户的满意度，提高项目成功的概率。

（5）实现团队的可管理、可考核

售前顾问式服务体系模型中，每一个环节都有对结果的衡量标准，可成为团队成员的工作业绩的衡量指标之一。通过团队成员的表现，可以发现成员的优劣势，制订相应的培训计划，更好地促进团队成员进步，逐渐形成战斗力强的团队。

（6）实现组织过程的资产管理

在顾问式售前服务流程模型中，每一个关键节点都可以形成文档资料，这些都是宝贵的组织过程资产，通过这些过程文档可以实现对售前阶段的追溯管理，可以对项目进行复盘，总结失败的原因、成功的经验。团队中的其他成员也可以通过这些资料进行学习，吸取成功的经验，避免犯同样的错误。随着资料的增多，逐渐形成售前知识库，在以后项目中遇到任何问题，或需要任何素材时，都可以快速在知识库中寻找，提高工作效率，也提升团队整体的战斗力。

1.3.3 对内售前团队管理体系

通过对售前团队的建设管理，制定相对应的售前管理规范，实现售前顾问式服务工作的“零缺陷”。通过有效地运营售前团队，制定合理的售前管理规范，对售前顾问进行培养，打造一支高素质、高效率的售前团队，更好地配合客户经理协同打单，更好地为客户提供售前咨询服务。

售前团队管理包括组建售前团队、建设售前团队和管理售前团队等内容。

（1）组建售前团队

组建售前团队包括确认团队的组织结构、工作职责、能力模型等内容。不同企业的组织架构不同，因此售前组织架构也不相同，一般包括兼职型、全职型和复合型。售前管理规范需要根据售前组织架构进行调整，制定出最适合的售前管理规范。通过优化售前顾问团队，对售前顾问的工作职责、能力模型和岗位级别进行定义，明晰售前顾问在售前运营战略体系中的定位。

（2）建设售前团队

加强售前团队建设，主要内容有培训机制、团建活动、激励体系等，提高售前支持效率，保证售前服务质量。

售前培训机制包括对内培训及对外培训，同时鼓励售前顾问进行自我培训。对内培训包括公司内部组织的部门培训，以及为售前顾问制定培训路径图，实现售前顾问的成长。对外培训包括对现有用户、潜在用户、合作伙伴和供应商的培训，提高用户对公司产品的认可度以及实现与合作伙伴良好的工作关系。

团建活动在部门建设中占据着重要位置，包括部门集训、主题活动、兴趣俱乐部、运动会、部门聚餐和户外旅游等内容。团建活动可以增加团队间的沟通交流，减少不必要的误会和麻烦。培养较好团队合作精神，提高团队协作能力，进而提高团队工作效率，增强员工的归属感。

通过物质激励和精神激励，提高售前顾问的工作动力，提升售前团队整体的工作实力和战斗力，进而提高售前团队的整体绩效，同时能够为企业留住人才，营造良好的工作氛围。

（3）管理售前团队

在售前团队的管理中，沟通管理渗透了售前部门管理的方方面面，沟通也贯穿于售前顾问式服务的始终。售前顾问在工作中，需要做好工作计划汇报、工作情况反馈、信息收集反馈等，让相关人员及时了解项目信息。

通过售前知识库的建立，制定文档归档制度，要求售前顾问及时将工作成果归档到售前知识库中，并将其纳入绩效考核中。实现对售前知识及资料的有效管理和合理利用，使得售前知识更易形成结构化的、体系化的资料库，便于随时调用和再次利用，在极大提高工作效率的同时，提高售前支撑工作质量。

通过系统科学的方法对团队成员的工作完成情况进行评价，绩效完成情况较好的，给予一定的奖励，完成情况较差的，及时发现原因并给出对应的措施，对每一个工作环节进行监督检查，防止潜在风险的发生，保证售前服务质量。

1.4　实战案例：某供应链管理软件供应商搭建的售前运营战略模型体系

背景：某供应链管理软件供应商主要从事供应链管理的软件产品的设计以及研发，由于业务发展的需要，在公司内部设立销售部门及售前支持部门。

销售部门及售前支持部门有着各自的部门管理规范，包括部门组织结构、工作职责、能力模型、岗位级别、沟通机制、团建活动、绩效考核等。销售部门及售前支持部门在公司战略体系的基础上共同建立了售前顾问式服务体系，以更好地协同作战，更有效地为客户提供服务。主要内容包括售前顾问式服务体系内容以及两个部门如何协同作战等。

（1）售前顾问式服务体系内容

建立与客户采购流程相对应的供应链售前顾问式服务体系，内容包括发现商机、挖掘需求、解决方案、演示交流、参观考察、投标工作、合同签订等环节，总结了每个环节可采用的工具方法集，参见附录A-1。

客户经理及售前顾问根据实战经验总结，定期更新完善售前顾问式服务体系，实现实践—总结—实践的正向过程，让售前顾问式服务体系更具有指导意义。

（2）客户经理及售前顾问的协同作战

由于业务范围较广，公司在全国各地都设有分公司，能更好地为当地的客户提供本地化服务。在公司内部，为了更好地调度公司的资源协助客户经理完成售前阶段的各项活动，实现规范化售前运营，制定了售前支持流程。当客户经理需要申请公司售前资源时，填写《售前支持需求表》，发送邮件到售前支持部门的负责人，负责人收到邮件后，通过《售前支持需求表》评估售前项目所需要的人员，协调最佳的配合人员协助客户经理完成售前各阶段的活动，实现客户经理及售前顾问的协同作战。

某企业需要建立智慧供应链管理解决方案以及智慧供应链综合管理信息平台。该公司的客户经理小李获得了该项目商机，了解项目基本信息情况后，填写《售前支持需求表》，向公司申请售前资源，并通过邮件发送给售前支持部门的领导获得项目售前支持。售前支持部门领导安排售前顾问小王负责该项目。

客户经理小李编写的《售前支持需求表》样例如表1-6所示。

表1-6 《售前支持需求表》样例

一、项目基本信息（客户经理填写）	
项目名称	智慧供应链综合管理信息平台
客户经理	客户经理小李

续表

一、项目基本信息（客户经理填写）			
项目背景	项目起源：客户企业业务发展以及管理需求 资金来源：企业自投 建设内容：根据企业管理需求，建设供应链管理相关软件产品 目前阶段：目前还处于前期供应商选型中		
客户情况	该企业的信息化管理部门负责统筹协调项目。主要决策人是该企业的总经理陈总，主要负责人是该信息化管理部门负责人张经理，使用对象是该企业的各个部门，项目过程会协调各个部门的一个对接人，负责提出具体需求以及后期评估系统使用情况		
项目初步预算	客户初步预算150万元		
竞争对手情况	已有一家供应商初步与客户企业交流过		
二、需要协助的工作内容（客户经理填写）			
需求调研□	获取准确的客户需求		
方案编写□	后期随着项目的推进需要协助		
演示交流□	产品PPT演示		
参观考察□	后期随着项目的推进需要协助		
投标编写□	后期随着项目的推进需要协助		
其他□	后期随着项目的推进可能会有其他售前支持需求		
三、项目跟踪情况（售前顾问填写，每一项工作内容都可在后续增加表格）			
工作内容1	客户初访，产品PPT演示，现场需求调研		
时间	2022年3月28日	地点	客户企业会议室
客户方参与人员	该企业的总经理陈总 信息化管理部门负责人张经理 各业务部门主要代表	我方参与人员	客户经理小李 售前顾问小王
现场交流情况	互相认识之后，我方展示了公司供应链管理相关软件产品的PPT，基于此与会人员现场讨论提出了解决方案的建设目标以及初步需求内容： 1. 建设目标：利用信息化技术，基于企业目前的业务打通供应链管理的商流、信息流、资金流、物流等内容，实现供应链管理全过程信息的记录以及可视化管理 2. 软件需要实现供应链流程规划管理、储备管理、采购和供应商管理、仓库规划管理、分销以及渠道管理、配送管理、承运商管理等内容		
后续工作计划	针对需求内容编写解决方案，提交给客户企业之后，针对方案继续组织汇报交流		

售前顾问到客户现场沟通交流之后，应在《售前支持需求表》的基础上编制售前项目跟踪情况，通过邮件或内部沟通工具反馈给客户经理及相关领

导，如表格1-6中的“项目跟踪情况”内容。

通过售前顾问式服务体系的建立，公司团队内部形成有序的工作氛围，为客户提供有价值的解决方案，逐渐提高公司在行业内的口碑及声誉。

售前顾问同时定期更新《售前项目跟踪表》，如表1-7所示。

表1-7 《售前项目跟踪表》样例

序号	项目名称	客户	公司部门	客户经理	预估金额	开始时间	售前状态	成果地址
1	智慧供应链综合管理信息平台	××企业	供应链产品事业部	小李	150万元	2022年3月28日	初步拜访	产品演示PPT（共享库地址）
						2022年3月28日	需求调研	需求调研报告（共享库地址）
						2022年4月6日	解决方案	解决方案（共享库地址）
2								
3								

第2篇

对外售前顾问式服务体系

2 发现商机：寻找潜在客户，协助做好销售策划

有商机就有机会，售前顾问需要通过各种渠道挖掘各种潜在客户，找到客户之后，做好客户拜访及商务沟通，通过分析项目整体的情况，做好项目的商机评估，以确定是否继续跟进项目。

发现商机的内容从不同角度有不同的侧重点，本章主要从售前顾问会参与的活动出发，对推广宣传、初步拜访、商机评估等方面（见图 2-1）进行说明，辅助售前团队更好地完成售前阶段的项目统筹及策划。主要内容如下：

➢推广宣传：品牌塑造，寻找各种潜在客户

➢初步拜访：给客户留下良好的印象

➢商机评估：确定是否继续跟进项目

➢实战案例：区块链应用技术的商机挖掘及销售策划

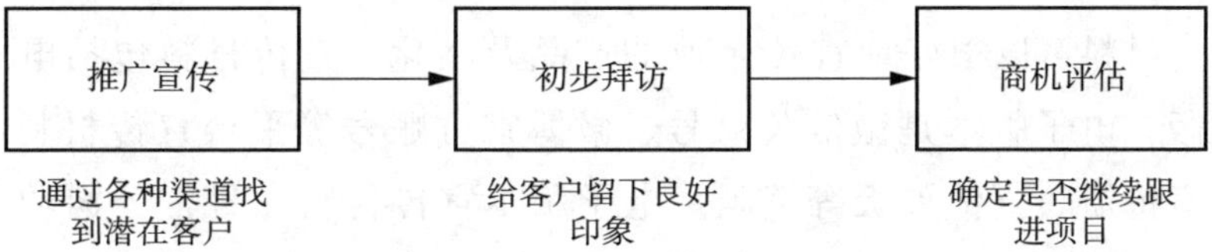

图 2-1 售前顾问在发现商机过程中主要参与的活动

2.1 推广宣传：品牌塑造，寻找各种潜在客户

新媒体时代，企业通过整合各种宣传手段，根据产品的定位，制订市场的推广计划，用合理、专业的方式宣传企业的产品理念。主要包括线上推广、线下推广。线上推广是指企业通过建立自己的新媒体营销矩阵，建立自己的门户网站、百度百科、微信公众号、视频号、微博官方账号、抖音官方账号、今日头条官方账号等，形成多种渠道整合营销、全方位立体式营销。同时通

过团队的专业运营，持续不断地输出高质量的内容，吸引更多用户的关注。线下推广包括主题会议、战略展会、客户现场等。

线上线下各种推广宣传的主要目标包括：

➢提高公司的知名度，获取社会的关注度

➢传播公司的核心价值理念

➢介绍公司产品的核心技术优势、服务优势和增值服务等

➢吸引潜在客户的注意力，如潜在客户有相关需求，能主动与公司进行联系

不同企业会有专职部门负责市场的推广宣传，根据不同公司的规定，一些复杂的产品需要由产品经理或售前顾问负责协助配合编制宣传材料以及现场的主题宣讲等活动。

市场推广部门根据产品的核心目标、产品用户群体、产品特征等内容，策划、组织、评估和优化推广产品的一系列活动。当需要售前支持时，对接的售前顾问与市场推广部门沟通获取具体的需求，协助制作满足需求的宣传资料初稿，由市场推广人员进行加工润色，或市场推广人员编制好宣传材料，售前顾问协助查看是否有业务方案的错误描述。如若需要参加专题会议的主题演讲，售前顾问还需根据演讲主题准备好相应的材料以及做好当天的主题演讲活动。

2.1.1 好的宣传资料更能抓住客户眼球

宣传材料可以很好地宣传企业的产品及文化，宣传材料包括电子版以及纸质版，电子版本是微信公众号、微博官方账号等平台宣传材料，纸质版本是宣传册、宣传展板等资料。电子版本宣传材料在日常公司的重要活动、重要事件结束后进行宣传报道，通过不断的分享逐渐增加客户的认可度。纸质版本的宣传材料在客户参观公司、展会展览、售前沟通交流中使用，客户通过查看这些材料可以对产品及企业文化有更深层次的认识，增加对企业的信任，增加销售的可能。因此好的宣传册在市场推广活动中占据着重要的地位。

一般宣传材料可以采用“总—分—总”的结构，首先总体介绍产品解决方案，之后说明产品方案的功能优势、典型案例等，最后再作一个总结。

在编写宣传材料过程中需要思考哪些卖点能够体现企业或者产品的独特价值、属性、功能、优势等。可以从以下几个方面思考：

➢我们产品的整体解决方案是什么？

➢我们产品的主要特色功能有哪些？

➢我们产品可以解决哪些问题？

➢与竞争对手相比，我们产品的显著优势有哪些？

➢我们产品的典型用户有哪些？

总结出企业产品的卖点后，对总结的每一个优势特点进行简单说明。针对每一个卖点的总结需要精心考量，大多数阅读者是通过总结的标题去理解产品的特色，可采用“功能点+实现效果”或直接用“优势特色”进行说明，如“大数据分析、辅助智能决策”或“大数据精准分析”等。

宣传资料的篇幅较短，要用较短的语句让潜在用户记住公司产品的差异化，要求编写者有较强的写作能力，平时多收集材料、多看竞争对手资料、多总结产品。大多数售前顾问不是专业的宣传文案编辑人员，因此最终还是需要企业内专业的宣传文案编写者在售前顾问编写的基础上进行加工润色。

2.1.2　精彩的主题演讲更能体现公司的专业度

一些公司在某一个领域内持续深耕细作，可以不断沉淀丰富自己的成果经验。为扩大自己的影响力，公司可以多参与或组织以下活动：

➢经常参加一些行业大会，并争取成为分享嘉宾；

➢可以主办一些专题培训，形成行业内的专家团队；

➢可以通过一些直播平台定期分享输出内容；

➢可以定期举办一些线下论坛，邀请大咖站台分享；

➢建立一些交流分享群，定期在群内解答问题。

可以通过以上方式逐渐树立在这一领域的专家形象。

案例

某公司的线上线下业务论坛的布局

某公司以空间信息技术为核心技术，在智慧城市规划建设等相关领域有着丰富的经验，尤其是在城市规划领域。每年举办“规划信息化实务论坛”，吸引大量相关领域的人员参会讨论，还举办“城乡规划研讨会”以及线上线下的规划业务大讲堂课程。通过在这一领域不断深耕细作，不断邀请大咖站台分享，不断将自己的业务研究成果进行输出，逐渐在圈子里树立起这一领域的专家形象，更容易吸引一些潜在客户。当一些客户有城市规划方面的咨询服务、解决方案编写、标准编制、培训服务、平台研发等需求时，会第一个想到这家公司，分享和输出带来的价值及积极正向的影响是很深远的。

点评：公司将最新的产品成果、研究成果内容不断分享，不断输出，打造出在一个领域的专家形象，可以抓住用户心智，让人觉得这个品牌很有实力，给人留下良好的印象，更容易吸引潜在客户。

每年的主题大会有很多，如产业大会、行业大会、平台大会等。针对一些重要的会议，企业往往会争取展区的展览或主题演讲的名额。在这些主题大会上会见到众多同行业的合作者或竞争者，是塑造品牌、创造商机的好机会，也可学习和了解同行业竞争者的实力，时刻让企业保持市场的敏感度，不断与时俱进，学习新技术，掌握最前沿的动态。在主题大会上成功进行演讲，可以很好地传达公司产品的核心价值，扩大公司的影响力，激发潜在客户的合作欲望。

案例

华为的生态伙伴大会

华为每年都会举行生态伙伴大会，将大会的演讲资源、展示资源、营销资源、市场资源等向所有生态伙伴开放，大会有会议主题演讲环节，还设有现场展示区。在展示区内将通过行业解决方案的维度展示华为和生态伙伴最新技术和创新应用。通过现场互动展示和讲解，提供一站式智能解决方案。

不同主题区域会聚集不同行业的人员，这是一个很好的了解竞争对手的产品情况、宣传曝光自家公司的时机，也是一次互换资源的好机会。

点评：不同行业每年都会定期举行相关的行业大会、产业大会，届时会吸引大量的人流量以及媒体，是一次很好的宣传自己公司的机会。公司要时刻关注相关大会通知，申请现场展台展示成果，做好现场产品的展示介绍及宣传册的派发。一般在各企业展台区都有交换名片区域，客户经理在现场要广撒网，多交换名片，多与潜在合作伙伴沟通交流。

公司在争取到上台成为分享嘉宾的机会之后，在公司内部可以选择合适的售前顾问精心打磨分享内容，实现一场高质量、有影响力的分享。

（1）明确主题演讲的核心思想

根据会议主题，结合企业的解决方案确定演讲的主旨思想。演讲主题需要紧扣会议主题方向和时代发展趋势，给观众留下思考的空间，表明企业能够结合最新技术，提供具有核心价值的解决方案，为行业的发展提供参考价值。

（2）精心准备演讲内容

根据会议的时间要求，精心准备演讲内容，在制作主题演讲 PPT 的时候，要深入实际、迎合听众、内容具体、有的放矢。要先介绍背景，说明为什么会产生问题，提供对应解决方案的意义及必要性，介绍解决方案的核心内容、典型案例，等等。制作的 PPT 要高端简洁大气，在清晰阐述问题的同时，能够引发观众的共鸣，给人留下深刻印象。

（3）现场演讲

运用心理暗示，在心里不断告诉自己可以成功。可以先到会场确认环境、调整呼吸、默忆演讲内容、喝水润喉。现场演讲时，尽量采用站立的方式面对观众进行演讲，利用激光笔等道具实现幻灯片的放映，注意演讲氛围的营造。

完成任务后，售前部门可对本次任务的资料文档进行存储归档，实现资料信息的共享，避免后期不必要的重复工作，完成售前知识的积累。

2.2　初步拜访：给客户留下良好的印象

初次相见留下第一印象只有一次机会，所以在初次拜访客户的过程中一定要给客户留下良好的印象，可以持续创造后续的沟通交流机会。想要给客户留下一个良好的初次印象，就需要多做功课、多准备、多了解信息。

售前顾问在拜访客户前一定要多和客户经理沟通，了解前期的项目信息，同时通过各种渠道了解潜在客户的基本情况，把与项目相关的信息尽量收集齐全。可从以下几个方面尽可能多地收集信息（见表 2-1）。

表 2-1　客户信息收集方向

信息维度	主要内容
项目目标	项目目标规划
背景分析	基本情况、规模、需求等信息
项目干系人分析	主要决策人、关键影响人物信息、直接需求者、干系人知识水平、干系人立场、干系人的各类需求、用户关注点等
行业发展趋势	行业特点和发展趋势

续表

信息维度	主要内容
项目评估关键信息	软件功能稳定性、公司规模、实施服务能力、本地化服务、开发能力、案例经验、售后服务
竞争状况分析	分项目的所有参与者以及主要竞争对手信息
项目金额	客户预期的价格费用是多少
项目周期	具体的时间工作安排等信息

通过对这些信息的收集整理和分析，与客户经理进行沟通交流，确定初步拜访需要准备的资料，包括演示PPT、项目案例资料、需求调研表格等，并做好初步拜访的统筹安排。

售前活动是一个长期交流的过程，在每一个环节中都要做好充分的准备，不要存有侥幸心理，因为你永远不知道你的对手做了多少准备。在售前过程中一定要少犯错误，争取出彩，不要因为可以做到的事情没有做到而导致项目失败。

案例

售前阶段的任何一次活动之前都要做好充足的准备

客户经理小李及售前顾问小王互相配合，每一次到客户现场都会做好充足的准备。准备工作包括但不限于以下内容：

拜访客户之前，做好产品演示交流、方案汇报的准备。在单位内进行预演，预估客户可能会问到的问题。

到客户现场携带的资料有笔记本电脑、打印好汇报材料、公司宣传彩页、产品宣传册、名片、激光笔、投影仪转换头等。

在客户现场，以精彩的汇报、饱满的精神状态、有效的互动、专业的回答给客户留下良好印象。

拜访结束后，及时整理客户所需要的内容，实时反馈信息。

点评：不要抱有任何侥幸心理，要把每一次的沟通交流都当作一次重要的会议，精心准备。

初次拜访客户前还有一项重要的工作就是确认需要和客户沟通交流的内容，一些售前顾问刚到客户现场不知道要和客户聊什么，为避免冷场的尴尬，表2-2提供了一个沟通交流的结构化模板，售前顾问可以在此基础上根据不同的交流对象、交流场景灵活使用。

表 2-2　拜访客户结构化沟通交流模板

第一步：问候开场白
感谢客户接见你并寒暄、赞美（要真诚自然） 感谢领导（对方称呼）抽出宝贵的时间与我们见面！ 很高兴能有这样的机会与您见面！
第二步：自我介绍或问候
简单的公司介绍，尽量突出个人特性，留下印象 我叫________，是________（公司名字）________（职位），在________（领域）从业多年，这是我的名片！
第三步：介绍来访目的
突出公司和个人能力给客户带来的价值，吸引对方 我们公司，在________（领域）具有丰富的经验，在各地也有相应的典型案例。听说您在这方面有相应的需求，因此今天过来拜访一下，看一下有没有什么地方是我们可以协助的
第四步：引出公司产品解决方案
汇报公司的产品解决方案 针对您目前的情况，我们公司有对应的产品体系，在其他地方我们也有典型的成功案例，接下来我向您汇报一下，主要内容包括……
第五步：转向探测需求
汇报结束后，以问题为结尾，向客户提问，好让客户开口说话，引出客户进一步的需求 以上就是我们所有的汇报内容，您看一下还有什么想了解的吗？ 与您的期望目标是一致的吗？ 您对这方面还有哪些要求呢？
第六步：征询客户下一步工作计划
征询客户下一步工作计划，针对需求调研提供解决方案，进行正式演示交流等 为了更好地给您提供服务，我们针对今天与您沟通交流的情况，编写具体的解决方案，并再次对方案进行演示。您看一下什么时候比较好呢？

在与客户接触交流的过程中，尽量用他们可以理解的语言沟通和表达，拉近沟通的距离。如果在初次拜访客户的过程中就有机会接触到项目的关键人，一定要把握机会，给项目关键人留下良好的印象。通过简单的沟通交流快速了解其性格特点，然后有针对性地沟通，将对话做到“实现”。

DISC 性格分析工具可以快速判断一个人的性格特点，它把人的性格特质分为支配型、影响型、稳健型、分析型 4 类。

案例

DISC 领导特质分析

DISC 理论源于威廉·摩顿·马斯顿 1928 年的著作《常人之情绪》。经过 90 多年的发展，马斯顿博士提出的 DISC 理论在内涵和外延上都发生了巨大的变化，DISC 几乎成为全世界共同的语言，利用 DISC 行为分析方法，可以了解个体的心理特征、行为风格、沟通方式等内容。DISC 提供了两个维度：第一个维度是关注人/关注事，第二维度是行动快/慢。根据这两个维度把人的行为风格分为 D、I、S、C 四种特质。D 特质 Dominance，支配型领导，关注事、行动快；I 特质 Influence，影响型领导，关注人、行动快；S 特质 Seadiness，稳健型领导，关注人、行动慢；C 特质 Compliance，分析型领导，关注事、行动慢（见图 2-2）。不同类型的领导也表现出不同的领导风格。

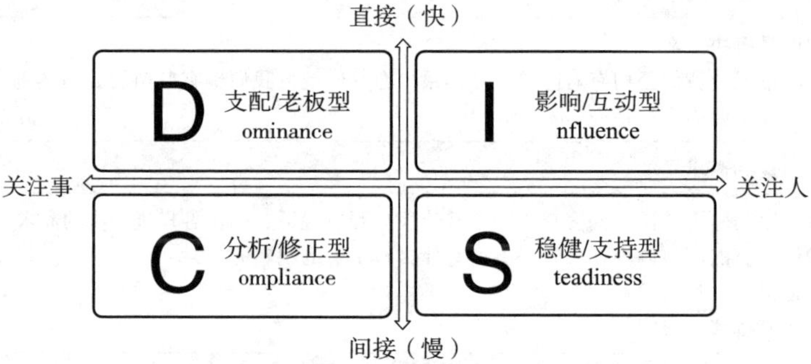

图 2-2　DISC 分类图

D 特质支配型领导：他们的共同特征是目标明确、反应迅速、充满自信、主动且企图心强烈，是个有决断力的领导者。一般而言，D 特质领导胸怀大志，勇于冒险，看问题直指核心，并对目标全力以赴。他们在领导风格及决策上，强调权威与果断，一切均以目标和实质性的成果为导向，擅长处理危机，此种性格的人最适合开创性与改革性的工作。D 特质领导的硬伤是缺少亲和力、难以接近、不善于倾听、独断专行、脾气暴躁、速度太快团队成员跟不上等。

I 特质影响型领导：I 特质领导影响力强，人际关系处理能力极强，他们擅长口语表达，说话时有很多肢体语言，很会沟通激励、描绘愿景并带动气氛，是宣扬理念、塑造愿景的能手。他们喜欢跟别人互动、重视群体的归属感、喜欢与人高热度握手、穿着时尚，属于透过人的关系发挥影响力的一类领导。I 特质领导的硬伤是话太多、盲目乐观、过度承诺、容易情绪化、计划及事件管理差、不关注细节、不能坚持自己的原则等。

S 特质稳健型领导：他们的共同特质是平易近人、敦厚可靠、强调和谐合作、避免冲突与不具批判性。在行为上，表现为不慌不忙、冷静自持的态度。他们注重稳定与中长程规划，现实生活中，常会反思自省并以和谐为中心，即使面对困境，亦能泰然自若、从容应对。在决策上，他们需要充足的时间做规划，意志坚定，步调稳定。具有 S 特质的人是一群默默耕耘的无名英雄，在平凡中见伟大。印度现代民族解放运动的著名领袖甘地就是最佳写照。S 特质领导的潜在硬伤是优柔寡断、不愿交流、按部就班、不思变革、安于现状、不会拒绝人、过于妥协、节奏拖沓等。

C 特质分析型领导：C 特质领导的工作生活有条有理、关注细节、追求卓越。他们给人的第一印象是稳重，行为中规中矩，很有责任感，行事条理分明，一切根据制度与规定，重视承诺与纪律，有完美主义倾向，让人非常信赖。C 特质领导重视达到目标的每一个过程的精确性，重视是非对错，在专业上追求精益求精，容易成为专业领域的专家。他们分析能力强、要求标准高、不能容忍错误且自律甚严，在组织中是值得托付的好伙伴。C 特质领导的潜在硬伤是过于教条、缺少灵活性、事必躬亲、难以授权、吹毛求疵，吝于嘉许等。

2.3　商机评估：确定是否继续跟进项目

通过初步与客户的沟通交流，售前顾问对收集到的信息进行整理，可以进一步明确客户的需求，剖析客户的痛点。客户经理与售前顾问等可以与公司团队沟通讨论，填写《商机评估表》。剖析公司的竞争优势，判断商机定位，决定是继续跟进并竭尽全力获取项目，还是认为风险较大放弃项目。

如果继续跟进，需要制定整体策略，判断公司是处于优势还是处于劣势，或者情况不明，根据不同情况对后续的需求调研、方案编写、售前演示交流、现场参观考察等过程的目标及策略进行制定，做好项目的统筹安排及资源调度（见图 2-3）。在这一过程中，客户经理不断推进商务工作，随着情况的不断变化，销售策略也需要不断地动态优化调整。在公司内部，项目需尽可能获得高层领导的支持以及重视，在后续不断推进商务的工作中，若有必要可以邀请高层领导参与，给客户留下公司非常重视以及非常有诚意合作的良好印象。

如果放弃项目，可以将重心转移到其他项目中，合理调度公司的售前资源。

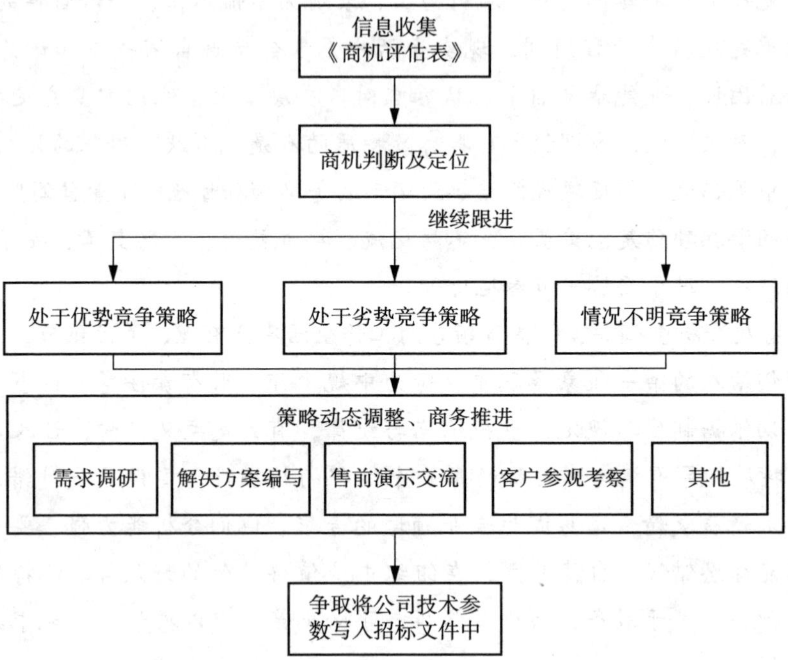

图 2-3 商机评估

《商机评估表》如表 2-3 所示。根据情况进行确定，打钩的数量越多，说明可赢得项目的机会越大。

表 2-3 商机评估表

评估项	我公司（打“√”越多，机会越大）	情况说明
项目基本信息		
1. 客户需求明确了吗？		
2. 预算资金来源确定了吗？		
3. 项目实施周期确定了吗？		
我们的产品是否适合客户的需求		
4. 我们提供的解决方案适用吗？		

续表

评估项	我公司（打“√”越多，机会越大）	情况说明
5. 是否需要进行二次开发？		
6. 是否需要外部资源（外包、硬件支持等）？		
7. 我们的人员到位了吗？		
8. 我们能提供本地化服务吗？		
9. 我们有类似的成功案例吗？		
10. 我们提供的价格有竞争优势吗？		
11. 我们可以管控项目实施的风险吗？		
我们与客户的商务关系		
12. 客户重视吗？		
13. 我们能控制购买流程吗？		
14. 我们可以接触高层领导人吗？		
15. 客户关键选型人支持我们吗？		
16. 我们与客户的关系好吗？		
17. 之前与客户合作过吗？		
竞争对手信息		
18. 竞争对手的影响程度低吗？		
19. 公司与竞争对手相比，技术水平有优势吗？		
20. 竞争对手刚介入吗？		
21. 竞争对手与客户的关系一般吗？		
项目带来的效益		
22. 项目实施的利润高吗？		
23. 项目实施的战略价值高吗？		

2.4　实战案例：区块链应用技术的商机挖掘及销售策划

背景：区块链具有去中心化、开放性、不可篡改性、匿名性等特点，区块链技术从提出到现在已经过近十年的发展，是继大数据、云计算、人工智能之后又一项将对未来发展产生重要影响的新兴技术，是国家新型基础设施建设的重要内容，因此国家及各地高度重视，政策层面持续引导，使得区块链发展环境不断优化。区块链应用场景也从金融行业延伸到供应链、数据共享、征信、产品溯源、电子证据、社会公益、医疗健康等领域，推动着“信息互联网”向“价值互联网”变迁，区块链正在逐渐成为经济发展和社会进步新的推动力，也成为职业发展新风向。

某公司专注于区块链技术产品与应用解决方案的研究，提供政府级及企业级的整体区块链网络解决方案，包括高端业务咨询、区块链平台搭建、行业应用开发、区块链可信数据网络等内容。

（1）该公司通过各种推广宣传塑造公司的品牌形象

该公司有一个市场推广部门，专门负责线上线下的推广宣传。该公司搭建了公司的官网，注册了官方的微信公众号、微博账号等，同时安排专人负责这些平台的运营。每一次公司的重大活动、每一个项目的验收、每一次公司获得的荣誉等内容都通过各种官方渠道进行宣传。公司的相关职员、客户经理等人员都在自己的朋友圈内进行转发宣传，不断增强客户对于公司的信任与认同感。(线上各种推广宣传)

市场推广部门与产品经理、售前顾问等部门合作，梳理了公司所有的产品，并编制了网页宣传稿、纸质宣传册等材料。

市场推广部门经常会策划组织线上线下的区块链技术及业务应用场景的培训，并邀请这个领域内的专家进行分享，同时鼓励相关行业的伙伴观看学习，以此逐渐树立在这个领域内的专家形象。

市场推广部门会定期查询及选择有影响的行业大会进行参与，主动争取成为分享嘉宾，并邀请公司内部的售前顾问或有影响力的人在大会上进行分享。市场推广部门也会布置好场外站台，展示公司主要成果。(线下各种推广宣传)

（2）客户经理通过各种渠道找到潜在客户

小李作为该公司的客户经理，负责华南市场的开拓。小李根据区块链的应用场景，将客户归类为政府部门、国企及民企，并针对不同级别的客户，找到市场共性，做出与应用场景对应的不同用户画像，之后采取不同的营销策略。同时与已有的客户资源继续保持良好的商务关系，与新开发的客户积极联系，与各地的本地企业建立各种战略合作关系。(通过不同渠道积极找到潜在的客户)

小李了解到某市政府正大力发展区块链，出台了一系列扶持政策，将选取几个行业结合区块链进行试点建设。为推动区块链技术与传统产业相融合，培育区块链产业新业态积累经验，将该市邮政管理局作为示范点，建立区块链+邮政服务的示范应用。该邮政管理局广泛邀请相关供应商针对其现状提供切实可行的解决方案。

小李联系上了邮政管理局该项目的负责人陈主任，在前期进行了初步的沟通交流后，协商进行一次正式的技术交流。小李在公司内部编写了《售前支持需求表》说明项目情况，并申请售前顾问的配合。售前顾问小王确认参与这个项目并配合小李完成相关技术工作。

(3) 售前顾问参与项目，并通过各种渠道了解项目的信息

小王在与客户经理小李沟通后，通过《售前支持需求表》了解了基本的项目信息，了解了客户对于本项目的项目目标、项目背景情况、对于项目建成的期待，目前该市的行业发展趋势、是否已有竞争对手对接过、项目金额以及项目周期等内容。根据收集的信息，有针对性地制作了汇报 PPT 以及公司产品演示视频，并在公司内部进行预演，为初次拜访做好了充分的准备。(做好初步拜访的准备工作)

在拜访前，售前顾问小王检查了所有的汇报资料是否齐全、是否备份，并带好激光笔、产品宣传册、投影仪转换头等设备。

(4) 到达客户现场后的沟通交流

客户经理小李与售前顾问小王到达客户现场后，与客户项目负责人见面。(结构化的沟通交流)

客户经理小李：陈主任，您好，感谢您抽出宝贵时间与我们见面！上次和您见面之后，我回到公司进行了汇报与协调，今天我特意申请我们公司这方面的专家售前顾问小王过来和您交流一下关于区块链+邮政服务的产品体系。(开场问候，介绍售前顾问)

售前顾问小王：您好，陈主任，很高兴有这样的机会和您见面，我叫小王，是××公司的售前顾问。(开场问候以及自我介绍)

我们公司在区块链领域有着丰富的经验，能够提供区块链整体的解决方案，在各地也有相应的典型案例。听说您在这方面有相应的需求，今年你们打算建立区块链+邮政服务的示范项目，我们之前在其他地方也有典型的成功案例，因此今天过来拜访一下，看有没有什么地方是我们可以帮上忙的，同时也向您汇报一下我们公司的产品体系以及典型案例。(介绍来访目的)

接下来我向您汇报一下我们公司的产品体系以及典型案例。(汇报公司解

决方案）

……

以上就是我们所有的汇报内容，您看一下还有什么想了解的吗？

客户：这个项目现在各个领导都比较重视，作为区块链的典型示范案例，具有重要的意义。希望建立监管生态圈，实现链上邮政从业人员管理、链上邮政从业企业管理、链上客户管理、链上业务管理。利用区块链不可篡改和集体维护等特点实现对货物的跟踪查询、防伪追溯、物流防窜货等，实现对快递行业的穿透式、全方位的监管。

在您刚才的汇报中，大部分的应用场景是满足了，但是一些技术细节还没有深入介绍，需要哪些保障机制没有涉及。希望你们可以出一份详细的解决方案。

售前顾问小王：好的，针对您的需求，针对今天与您沟通交流的情况，我们回去会编制一份解决方案，尽快提交给您。如果有时间也希望针对解决方案，继续再深入和您交流。您看一下什么时候比较好呢？

客户：下周三我们可以再碰面交流。

（5）商机评估工作

客户经理小李和售前顾问小王回到公司后，根据初次拜访的情况做了商机评估，根据商机评估，确认可以继续跟进项目（见表2-4）。（做好商机评估）

表2-4　商机评估表

评估项	我公司（打“√”越多，机会越多）	情况说明
项目基本信息		
1. 客户需求明确了吗？	√	政策要求，作为典型项目建设
2. 预算资金来源确定了吗？	√	作为示范项目，财政有预算，预算费用在300万元左右
3. 项目实施周期确定了吗？	√	从策划到上限大概12个月
我们的产品是否适合客户的需求		
4. 我们提供的解决方案适用吗？	√	通过区块链实现对邮政从业人员管理、对邮政从业企业管理、对客户管理、对业务管理
5. 是否需要进行二次开发？	√	我公司有相关产品及案例，可进行二次开发

续表

评估项	我公司（打“√”越多，机会越多）	情况说明
6. 是否需要外部资源（外包、硬件支持等）？		
7. 我们的人员到位了吗？	√	
8. 我们能提供本地化服务吗？	√	
9. 我们有类似的成功案例吗？	√	
10. 我们提供的价格有竞争优势吗？	√	
11. 我们可以管控项目实施的风险吗？	√	
我们与客户的商务关系		
12. 客户重视吗？	√	是必须建设的项目，各个领导层都很重视
13. 我们能控制购买流程吗？	√	
14. 我们可以接触高层领导人吗？	√	
15. 客户关键选型人支持我们吗？	√	
16. 我们与客户的关系好吗？	√	
17. 之前与客户合作过吗？		
竞争对手信息		
18. 竞争对手的影响程度低吗？		
19. 公司与竞争对手相比，技术水平有优势吗？	√	目前的主要竞争对手有2家，之前有遇到过。以本公司的实力还是可以应对的
20. 竞争对手刚介入吗？	√	
21. 竞争对手与客户的关系一般吗？	√	
项目带来的效益		
22. 项目实施的利润高吗？		
23. 项目实施的战略价值高吗？	√	

客户经理小李将了解到的项目情况、客户的需求、主要竞争对手、商机

评估结果通过邮件方式告知相关领导，同时说明这个项目可创造的行业影响力是很大的，目前以公司的相关技术实力可以实现项目的成功，能够争取到公司高层领导的支持。(申请公司资源)

在后期与客户沟通的过程中，客户经理小李与公司的团队每一次都精心准备，方案设计在满足客户需求的基础上重点突出项目的价值。

随着项目的推进，客户经理小李协同推进需求调研、方案提交、技术交流、演示汇报、公司考察、用户考察等内容。随着沟通次数的不断增加，客户逐渐明晰了需求，也不断提出新的需求，客户经理小李与公司的团队成员对于能够实现的需求，满足客户的要求；但是对于一些无法实现的内容，也会清楚告诉客户风险点在哪里，敢于拒绝一些不合理的需求，同时也让客户明白为什么这些需求不能实现。在这个过程中，客户经理小李做好与客户的商务沟通及商务工作。每一次售前活动中，所有团队成员都认真准备，争取每一次都有出彩表现，在客户心里树立专家形象。最后公司顺利中标该项目，成为行业内典型的标杆案例，对公司其他方面的发展具有深远的影响。

3　挖掘需求：找准客户痛点和潜在需求，取得客户信任

售前调研是售前工作的一个重要环节，每一个项目都有其个性化需求，客户只会为了自己的需求买单，因此需要在售前阶段进行系统性的调研，通过不同的工具方法发现、识别、引导和挖掘客户潜在的需求痛点，为后续工作打下坚实基础。一般在项目整体流程中，有售前需求调研和项目实施需求调研。

售前调研是指在合同签订以前为了完成技术交流、方案编写或产品演示等售前活动而做的调研。售前需求调研更为宏观，需要了解客户的现状、痛点问题以及需要实现的目标。售前需求调研需要考虑技术问题和商务问题，往往有较多的竞争者，并且调研机会少，客户配合程度较低，调研时间较短，调研风险较大。需要售前顾问拥有丰富的经验，给客户留下专业、靠谱的印象，在同期竞争对手中体现出差异化优势。

项目实施需求调研是指在合同签订后，在已有售前需求调研的基础上，为了保证项目的实施、防止项目范围扩大，需要详细地了解各方面的需求，调研的内容更加细致，需要了解系统实现流程、用户权限、具体的功能页面功能点等内容。由于已经成功签单，与客户存在合作关系，因此不存在竞争对手，风险较小，可更多地考虑技术实现细节。客户配合程度较高，可按照计划定期与客户沟通需求、确认需求，保证项目的顺利实施。

售前调研对售前顾问提出了较高要求，售前顾问需要熟练掌握从事行业的市场信息、竞争信息等内容，熟练掌握各项需求调研技巧，了解自己公司产品的解决方案、业务流程、使用场景和功能点等内容，了解客户的背景信息，提前预测客户的潜在痛点需求，准备解决一些可能存在的问题。

本章主要内容：

➢调研策划：做好售前调研的统筹安排

➢调研话术：三种提问方式+SPIN 话术挖掘客户需求

➢调研整理：为后续的售前活动打下基础

➢实战案例：在线训练营教学培训的一站式解决方案需求实录

3.1 调研策划：做好售前调研的统筹安排

售前调研是售前管理阶段承前启后的一项重要工作，关系到售前工作的顺利开展，也是与竞争对手拉开差距的一个重要环节。在售前调研阶段，客户往往会寻找多家潜在供应商分批进行调研，以便做好潜在供应商的选择。因此售前顾问需要配合客户经理做好售前调研工作，在调研过程中，不断强化客户对自己公司的认同感，提高项目成功概率。表 3-1 体现了调研要达到的目的。

表 3-1 调研目的

调研目的	可采取方法
体现售前顾问实力，让客户认可售前顾问，进而认同解决方案	了解自己公司产品的业务，能够提出符合客户现状的解决方案 客户认可售前顾问提出的解决方案 编写完调研报告，主动汇报调研情况 在客户现场能够应对各种突发状况等
尽可能多获取信息，落实后续活动，创造更多交流机会	确定后续的动作是编写解决方案、做产品演示、高层交流等 了解客户动机、项目预算、客户现状、项目决策人、项目难点、对项目期待等信息
了解是否已有竞争对手，拉开与竞争对手的差距，增加项目落地概率	了解是否已有其他竞争对手介入项目 在客户现场体现出高质量的沟通、科学的调研方法、细致认真的调研态度、专业的业务知识、积累丰富的项目咨询案例等 以简单易懂的方式展示调研成果

3.1.1 做好调研的策划工作

为了达到上述目的，售前顾问在调研前要与客户经理做好充分的沟通，了解能够掌握的所有信息，并做好调研的统筹策划。售前调研的统筹工作可参考表 3-2。

表 3-2　售前调研策划

项目	详情
背景信息了解	与客户经理对接，了解客户经理掌握的信息，包括调研目标、客户基本信息、客户采购内容、项目预算、项目范围、项目关键人员、是否有竞争对手介入； 通过客户官网、微信公众号等官方媒体了解客户单位基本信息
明确可采用的调研方式	明确采用现场交流调研、电话调研、问卷调研（售前调研提纲）、客户现场工作观察法、制作产品原型交流法、已有标案案例对照法等
制作售前调研提纲	制作售前调研提纲，明确客户现场是否需要签订保密协议等内容。也可以提前将《售前调研提纲》表格发给客户，让客户提前了解调研内容，提高现场调研效率及质量
现场调研策略	明确现场调研的时间及地点； 根据调研提纲，现场了解客户尽可能多的信息； 现场表现出专业、细致的态度及调研作风
调研成果整理	根据现场调研情况，可以把调研内容整理成易懂的资料给客户确认
后续工作跟踪	明确后续工作内容，继续创造后续接触机会； 明确什么时间点提供对应解决方案； 是否需要解决方案演示交流； 是否需要真实产品案例演示交流； 是否需要高层对接； …………

3.1.2　多种调研方法结合，提高调研成果质量

售前需求调研的形式多种多样，根据需要选择一种或是多种方式结合进行调研，以下是几种常用的方法。

（1）现场交流访谈

现场调研是指售前顾问、客户经理或项目经理组成的调研小组到客户现场与客户面对面进行沟通交流访谈，确定客户的需求。需要售前顾问掌握较高的需求调研技巧，根据调研提纲内容，引导客户，挖掘客户需求。现场调研的过程中可结合开放型问题、封闭型问题、确认型问题以及 SPIN（背景问题、难点问题、暗示问题、效益问题）与客户进行沟通交流。要和客户多沟通交流，建立双向的信任。

现场调研的主要过程如表 3-3 所示。

表 3-3　售前调研过程模板

阶段	主要内容
开场破冰	当与客户建立信任关系之后，客户更愿意配合调研，更易于售前顾问挖掘洞察客户需求。因此售前顾问到达客户现场后，根据前期的调研客户信息，以客户感兴趣的话题开场，互相建立好感、建立信任，营造一个融洽的氛围
调研沟通	根据需求调研表格，和客户沟通交流，挖掘客户需求，获取客户真正的想法。这个过程中可以利用三大提问方式+SPIN 访谈技巧，获取客户需求
内容确认	需求调研结束之后，对客户需求进行总结，向客户再次确认，并阐述这些问题可能带来的负面影响，推荐具体的解决方案
获取承诺	在需求调研的最后，和客户确认下一步工作计划，如方案编写、方案演示、高层访谈等，创造进一步沟通的机会

（2）电话调研法

电话调研法适用于一些时间较紧又需要比较细致了解相关问题的情况，或者一些关键部门领导（关键用户）不在现场，可以采用电话调研的方法，了解其初步的想法。电话调研最好安排在工作时间，且时间最好控制在 15~20 分钟，尽量采用封闭式或确认式的言语引导客户进行调研。一般电话调研在需要编写方案而没有安排现场调研时采用。

（3）问卷调查法

问卷调查法主要是通过设计一系列的问题，快速收集调研对象的信息。为了准确收集客户信息，在已收集掌握信息的基础上，需要精心设计调研问卷，一般以封闭型或是确认型问题为主，设计的内容要通俗易懂，不要有歧义，便于填写者快速理解调研内容。调研问卷可以事先发送给客户，由客户相关人员进行填写，为后续的其他调研工作提供依据。也可以在现场根据提前设计好的内容咨询客户。

（4）观察法

观察法是指通过跟踪和观察客户的工作情况和实施流程，了解客户的工作细节，挖掘其隐藏的需求。一般情况下观察法需要较长的时间，需要客户的配合。观察法更多地适用于项目实施的细致调研，或者要求编写项目可行性研究的技术方案。

（5）原型法

原型法主要是指利用 AxureRP 软件设计好产品的原型文件，或者利用公司已有的产品系统向客户介绍主要应用场景、主要的系统功能。通过原型法或已有产品，客户有比较直观的感受，可结合客户自己的业务需求，提出新的功能需求。原型法适用于系统功能点和业务流程的需求确定。使用原型法时，售前顾问需要更多地引导客户的需求，防止需求蔓延。

（6）标杆对照法

标杆对照法是指采用已有的参考案例、已有项目经验和客户进行沟通交流，识别可借鉴经验，再根据本地的实际情况，进行个性化方案定制，识别最佳解决方案。

3.1.3　不可忽视的售前调研表格

不打无准备之仗，在每一次与客户沟通的过程中，售前顾问应对客户的背景信息尽可能全面了解，设想客户可能的问题及解决方案，提前规划好访谈内容，编制好需求调研提纲（见表 3-4），调研提纲是开展调研的依据，将直接影响调研能否成功。在客户现场，售前顾问可以利用需求调研提纲辅助完成调研工作，同时也便于后期整理调研内容。

表 3-4　售前调研提纲

××项目需求调研表格			
一、最终实现目标			
二、基本信息			
调研单位		调研日期	
调研人员		联系电话	
单位情况			
业务场景			
主要用户			
预计实施周期		项目预算	
三、背景现状			
编写与主题相关的调研问题			
四、难点以及挑战			
现场沟通记录客户遇到的难点与挑战			
五、愿景目标			
现场沟通挖掘客户的愿景目标			

3.2 调研话术：三种提问方式+SPIN 话术挖掘客户需求

在售前调研过程中，可以利用“调研话术模型”更好地洞察客户的需求（见图 3-1）。

	背景问题	难点问题	暗示问题	效益问题
开放型				
封闭型				
确认型				

图 3-1　三大提问方式+SPIN 话术

（1）在该模型中，从纵向上看，使用了三大类提问方式

➢开放型问题

➢封闭型问题

➢确认型问题

（2）在该模型中，从横向上看，使用了 SPIN 四大类问题

➢背景问题：了解目前情况

➢难点问题：洞察客户痛点

➢暗示问题：造成负面影响

➢效益问题：认识方案价值

3.2.1 三大类提问方式

（1）开放型问题

开放型问题是指对问题不设置任何的可供参考的提示或答案，一般是客户经理或售前顾问提出一个问题后，由客户自由回答。例如：

➢目前新发布的政策是否对贵单位业务办理产生影响？

➢是什么原因让你们认为需要采购这个产品？

➢您认为目前可以采取的行动有哪些？

➢目前你们最大痛苦是什么？

开放型问题比较容易营造融洽的沟通氛围，增加彼此之间的了解，一般会在最开始时提问，让客户感到比较自在。开放型问题的话语权在客户手中，在沟通过程中，需要适当提问，以免跑题。

（2）封闭型问题

封闭型问题是指售前顾问在需求调研过程中，在提问的同时，给出若干可供客户选择的答案。封闭型问题能够让客户说出期望的答案，更加明确需求内容，一般使用比较多的词汇是"需要不需要""可以不可以""同意不同意""多少""多长时间"等。

➢目前各地为了提高公众服务质量，对各项服务时限都有明确的要求，因此在系统中增加了业务办理时限的提醒功能，不知道贵单位需要不需要这个功能？

➢目前我们提供A服务和B服务，您认为哪一个更适合您目前的情况？

在售前需求调研的过程中需要将开放型问题和封闭型问题相结合，由开放型问题自然过渡到封闭型问题，逐步接近目标，实现需求调研。封闭型问题可能会使得客户感到不自在，因此在与客户沟通的过程中，要随时观察客户的反应，如果客户表现出不舒服的迹象，则可以继续利用开放型问题进行提问。

（3）确认型问题

确认型问题是指在与客户沟通交流的过程中，注意倾听客户的回答，然后根据客户的回答重新梳理沟通内容，总结出结果后，请客户再次确认。确认型问题可以保证售前顾问的调研结果与客户的期望相一致，帮助客户重新梳理业务需求，也让售前顾问及早发现问题，纠正调研过程中的错误信息。

确认型问题常采用"对不对""是不是"等用语。例如，"根据刚才的沟通，我想再次向您确认一下：目前的情况是……目前急需要解决的问题是……不知道我的理解对不对？"

通过确认型问题，让客户觉得售前顾问是专业的，能够了解客户目前的情境，能够站在客户角度思考问题。

3.2.2　SPIN访谈模式

该模式由Huthwaite公司总裁Neil Rackham创立，包括：背景问题（Situation Question）、难点问题（Problem Question）、暗示问题（Implication Question）、效益问题（Need-Payoff Question），可实现在访谈中对沟通技法的归纳、提炼和分析，是目前在全球 500 强企业中广泛推广的一种技术。通过 SPIN 技巧能够较好地挖掘客户需求、解决客户问题。

（1）背景问题：了解目前情况

售前顾问可以通过对背景问题的提问，了解客户的现状。背景问题比较简单，是最好设计的，所以售前顾问通常会从背景问题开始提问。背景问题能让售前顾问了解得更多。但客户在不信任的情况下，只是机械地在回答问题。如果有多家提供商先后提出类似的背景问题，客户容易产生抵触心理，容易敷衍地回答问题，无法保证调研信息的准确。这就要求售前顾问在调研准备工作中，尽可能多地调查背景问题，在对客户进行现场调研时，适当地提出背景问题。

背景问题可以和开放型问题、封闭型问题、确认型问题相结合，如图 3-2 所示。

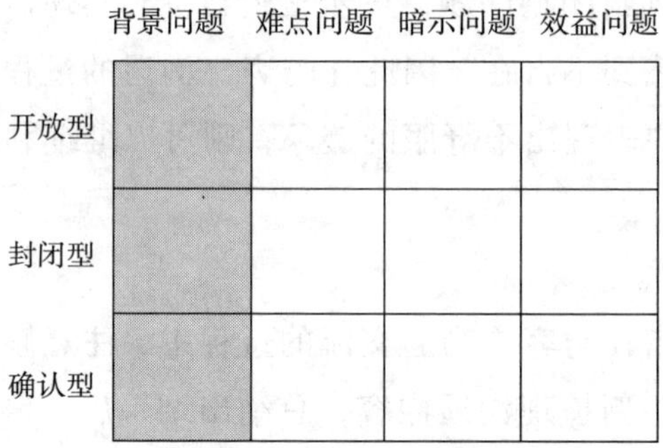

图 3-2　三大提问方式与背景问题相结合

例如，某部门需要开发一套系统，售前顾问到现场调研需求，会从组织架构、工作职责、工作人员、业务场景、数据情况、信息化建设情况、硬件情况等方面进行提问，一般背景问题可结合开放型问题、封闭型问题和确认型问题提出，如表 3-5 所示。

表 3-5　三大提问方式与背景问题相结合的例子

提问方式	背景问题
开放型问题	贵单位的组织架构是什么？ 贵单位目前的工作职责是什么？ 在什么业务场景下会使用这个产品？ 之前是否使用过类似的产品？ …………
封闭型问题	目前贵单位采用的软件形式是浏览器访问模式还是自己安装部署模式？ 目前贵单位采用的数据库结构是 Gauss DB 还是 SQL SERVER？
确认型问题	根据我们刚才的沟通，之前你们使用过××产品，但是这个产品无法满足你们在××方面的应用需求，对吗？

背景问题有很多，售前顾问需要了解的需求比较宏观，一定要事先做好大量调研准备的工作，从各种渠道了解客户的现状信息，在客户现场沟通调研，提出一些必要且更具有针对性的问题。

（2）难点问题：洞察客户痛点

在现场与客户沟通交流的过程中，需要引导客户发现目前的难点问题，这也是核心关键所在，通过背景问题了解客户的现状，引导客户发现痛点，进而使其产生对现状的不满情绪，产生具体的需求。相对于背景问题，客户更愿意探讨难点问题，因为难点问题涉及客户的核心利益，售前顾问需要引导客户发现难点问题，并理解分析客户的难点问题，将具体的需求细化，从而更好地提出解决方案，形成差异化竞争优势。

难点问题可结合开放型问题、封闭型问题和确认型问题提出，如图 3-3 所示。

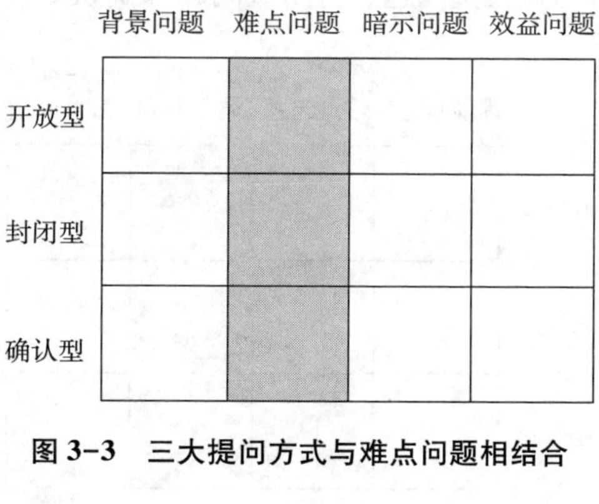

图 3-3　三大提问方式与难点问题相结合

示例如表 3-6 所示。

表 3-6　三大提问方式与难点问题相结合的例子

提问方式	难点问题
开放型问题	您目前遇到了什么问题？ 除了你们有这些问题，其他部门或是其他同事是否也有类似问题？
封闭型问题	目前在其他地方使用这个产品的出现了××问题，您这里是否也出现了这个问题？ 由于现实情况，开启了远程办公，目前贵单位是否有相应的远程办公平台？功能是否满足目前的办公需求？
确认型问题	您目前使用的产品已经出现了这个问题，需要对这个问题进行解决，对不对？ 由于新出的政策，目前使用的产品已经不能满足需求，需要重新采购，是不是？

售前顾问需要思考产生这些问题的原因：

➢是由于政策原因导致？

➢是由于部门合并调整导致？

➢是由于人员增加？

➢是由于技术进步，例如 5G 技术的普及？

发现客户问题之后，要帮助客户厘清问题，分析这些原因，并提出对应的解决方法。可以多问一些自身公司产品可以解决的问题或服务上的问题，避免提出问题而无对应措施，自身公司又没有对应的实力。

（3）暗示问题：造成负面影响

在了解以及分析客户遇到的问题之后，要引导客户认识这些问题带来的负面影响，使客户产生解决问题的紧迫感。对于售前顾问来说，引发客户思考的时候，就应该评估公司是否有能力解决这个问题，避免为后续项目实施人员埋下隐患。

一般暗示问题可与开放型问题、封闭型问题和确认型问题相结合，如图 3-4 所示。

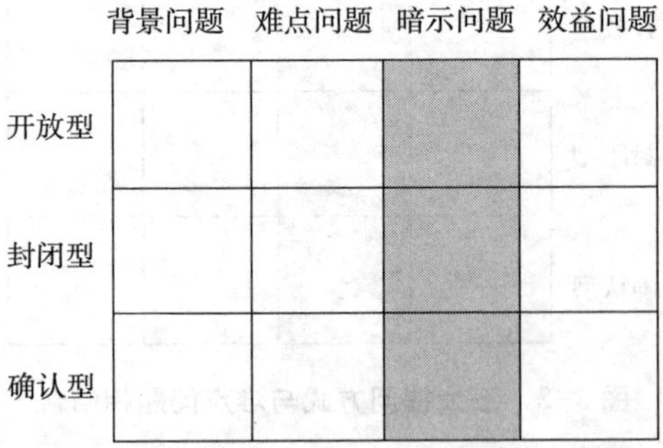

图 3-4　三大提问方式与暗示问题相结合

示例如表 3-7 所示。

表 3-7　三大提问方式与暗示问题相结合的例子

提问方式	暗示问题
开放型问题	因为目前产品存在这些问题，给您造成了哪些负面影响？ 这个问题如果不解决，产生的最严重的后果是什么？ 目前你们遇到的最大的挑战是什么？
封闭型问题	因为产品存在这个问题，响应时间较慢，在对外服务的过程中，是否会影响客户的办理时间？ 如果客户投诉较多，是否会影响在你们行业内的声誉？
确认型问题	采用“人工监管+手工填报”的方式，常常造成信息统计难，信息丢失，项目跟踪不到位的情况发生，是不是？

（4）效益问题：认识方案价值

效益问题主要是告诉客户采用售前顾问提供的解决方案能够给客户带来的积极影响，通过提问的方式，让客户认识到方案的价值，积极调动客户的情绪，建立愿景，从而对售前顾问提供的解决方案或服务产生憧憬。

一般效益问题可与开放型问题、封闭型问题和确认型问题相结合，如图 3-5 所示。

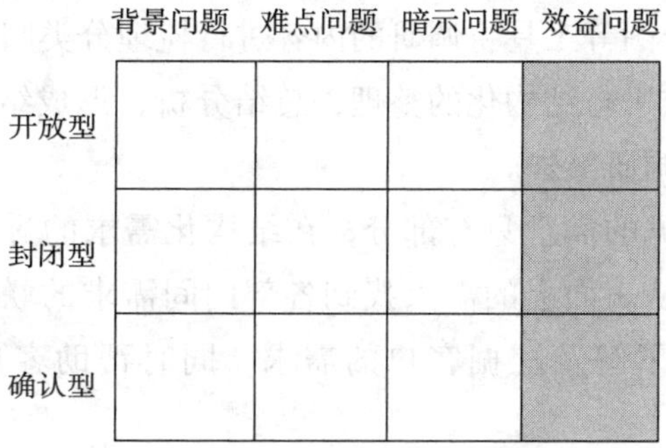

图 3-5　三大提问方式与效益问题相结合

示例如表 3-8 所示。

表 3-8　三大提问方式与效益问题相结合的例子

提问方式	效益问题
开放型问题	您认为这个问题解决后，可以给您带来哪方面的效益？ 通过引进这个产品，会对您产生哪些帮助？

续表

提问方式	效益问题
封闭型问题	您认为通过采购这个产品，可以提高工作效率，是否很重要？ 通过采购这个产品，是否可以帮助您实现精细化管理？
确认型问题	如果采用这个解决方案，属于行业内的首创，在行业内将树立标杆形象，您觉得呢？

3.3 调研整理：为后续的售前活动打下基础

售前顾问在调研结束后，必须尽快整理出调研报告，否则匆忙间了解的内容很容易在紧张的工作节奏中模糊甚至遗忘。根据调研的内容，对调研结果进行分析、总结、归纳，推导出客户深层次的、核心的需求，匹配最佳的解决思路和方案，为后续的工作打下基础。

（1）需求整理

对调研结果进行分析、总结，设计最佳的实现方式，切忌简单罗列客户提出的问题和需求。需求整理主要经过三个步骤：全面化—逻辑化—结构化。

1）需求调研过程中售前顾问通过《售前调研表格》全面记录下客户的需求，尽量覆盖调研内容的方方面面。

2）使用思维导图等工具将调研的内容进行梳理分类归档。

3）最后对需求进行结构化的整理，总结分析，形成结果性文档，有严格要求的可编写需求调研报告。

有的时候看得见的需求只有部分，在结构化需求的过程中要进一步挖掘潜在的需求内容，从表面上的需求找到各部门间需求的联系，分析关键人物的需求点，更好地了解及挖掘客户的需求，同时帮助客户梳理自己的业务需求。

案例

需求是会相互影响的

企业的各个部门是相互依存的，一位员工或者一个部门的需求痛点会影响另一位员工及部门的需求痛点。例如，客户经理是开拓市场的一线人员，如果没有有效的工具记录跟踪反馈市场信息，营销经理无法从客户经理那里获取很好的信息线索，就不能很好地开展营销策划活动。因为没有有效的营销活动，销售总监的整体销售业绩就会下降。对于企业的 CEO 来说，销售业绩下降，会导致公司的整体收入下降。如图 3-6 所示。

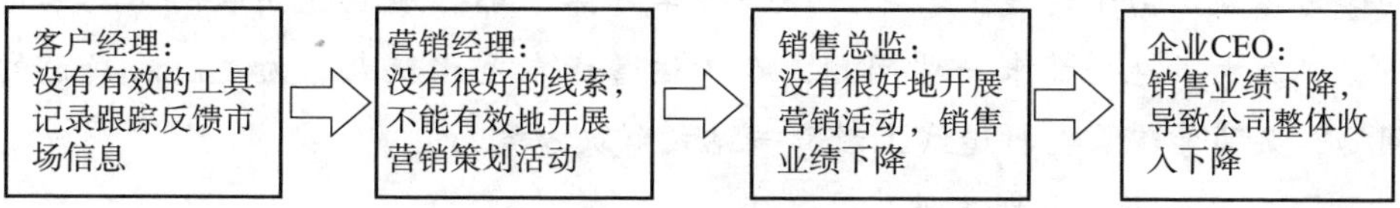

图 3-6　需求相互影响关系

点评：看得见的需求只有少部分，因此售前顾问在分析客户需求的时候，以关键人物的需求为切入点，分析关键人员遇到的问题及产生的原因，同时分析关键人员的需求痛点会给其内部的组织关系带来怎样的影响，这样能够更好地了解及挖掘客户的需求，同时帮助客户梳理自己的业务需求。

（2）结果确认

调研结果完成后，一定要和客户经理或公司相关人员进行讨论审核，达成一致思路。建议采取谁调研谁组织负责后续技术工作的原则，否则很容易出现业务理解错位的情况。

实际情况中，有的后续工作还需要公司其他同事配合完成，售前顾问有责任也有义务确认自己的调研报告已被需要获知这些信息的同事收到，并能利用这些信息顺利开展后续工作。否则售前顾问自认为调研工作质量很高，但后续工作人员对调研结论不认同或者对调研报告不理解，后续工作质量还是没有保障，调研工作并没有真正发挥作用。就算从尊重自己工作成果角度而言，售前顾问也要安排时间和后续人员沟通，让其认同和理解自己的业务调研内容。做到了这一点，调研工作才能算结束。

实际上，有经验的售前顾问在调研过程中会随时收集团队成员对调研记录的意见，不断动态调整调研过程，而不是在最后调研结束后让团队成员吸收大量带个人主观判断的信息。同样，有经验的客户经理在规划一个项目时也一定会考虑调研工作和后续工作的协同，提前要求各个阶段人员及时沟通和配合。

3.4　实战案例：在线训练营教学培训的一站式解决方案需求实录

背景：私域流量池带火了很多课程的玩法，在线训练营就是典型商业模式之一。在线训练营的在线学习以及同伴模式等优点给学员创造了一种很好的学习体验。由于是线上学习，每一个学习环节都必须通过互联网工具来承载，工具太多也会带来一些问题，人工运营成本也比较大。为了解决目前的问题，某商学院需要打造线上教育一站式解决方案。

（1）做好调研策划工作

小王作为某解决方案提供商售前顾问，约见了某商学院在线训练营的负责人，进行了现状的调研。小王在调研前，通过各种渠道了解了商学院的背景信息，同时编制了需求调研提纲，在正式约见调研前，先把调研提纲发给商学院，以便让他们事先做准备，把小王想知道的一些背景信息提前准备好。（调研统筹及准备工作）

（2）现场调研

小王针对商学院的情况进行了提问：

小王：你们公司线上训练营的口碑一直很好，期期招满，你们线上训练营的主要工作内容包括几个方面呢？（开放型+现状问题）

客户：我们一直很重视线上训练营业务，重视学员的口碑。线上训练营的环节主要有教务管理、导师团队、课程教材、线上学习、同伴环境、互动答疑、作业点评、课程实战、测评表彰等环节，形成一个闭环模式，给学员一个良好的体验。

小王：难怪学员的体验感这么好，那可以再详细说一下这些环节的细节内容吗？（开放型+现状问题）

客户：可以。

教务管理：使用排课系统，制作课表等通知老师及学员，使用在线表单等方式搜集学员信息，通过发证系统给毕业学员打印证书。

导师团队：我们邀请的都是行业内有所建树的导师。同时我们设置了导师、班主任、助教、小组长等角色，辅导学员学习。

课程教材：主要包括电子教材、参考资料、纸质教材等内容，电子教材主要存储在网盘、石墨文档、腾讯文档、幕布等在线工具。配套的纸质教材通过快递邮寄。

线上学习：主要通过小鹅通、千聊等在线教学平台，以文字、图片、语言、直播、录播等方式进行学习。

同伴环境：通过组建微信或 QQ 学员社群、学习小组、互助搭档等方式，让学员互相学习。助教或小组长定期会在学习群或小组群中进行技巧加餐，带领学员共同学习。

互动答疑：上完一个课程，在学习群中定期收集学员问题，导师定期给学员答疑。课程答疑的精华内容会上传到小鹅通等教学平台，或整理到学员手册中，将链接发送给学员。

作业点评：学员学习完之后需要在鲸打卡等微信小程序中以图片、文字、视频语音等方式打卡，导师及助教会在打卡平台中一对一进行点评，将优秀作业在学习群中作为范例进行点评。

课程实战：可邀请学员带话题将作业发表到今日头条、微博、朋友圈、微信公众号等平台中，针对优秀作业可以给予一定的奖励。

测评表彰：通过学员的作业打卡率、小组积分排名、个人积分排名等方式进行考评，给予一定的奖励。

小王：可以看出你们的运营团队很用心，通过刚才您的叙述，我简单归纳了一下你们使用的工具：收集学员信息用在线表单，教学安排和答疑手册用腾讯或石墨等在线文档，课程学习使用小鹅通等直播工具，学员交作业使用打卡小程序，沟通交流、线上答疑使用微信、QQ等在线交流平台，下载及保存作业使用网盘工具，对不对？（确认型+现状问题）

客户：是的。

小王：这些工具有些多，会给你们工作带来哪些难点？（开放型+痛点问题）

客户：有些学员认为我们是不是在搞捆绑营销，也会报怨使用的工具太多，学习之前先要学会使用各个工具，而我们的教务运营团队也需要在各个工具间切换，也很累。

小王：你们的电子课件、参考教材等课件，是直接私发学员还是在学习群中分享？（封闭型+现状问题）

客户：都有。

小王：如果一期学员人数很多，一对一地私发材料的工作量也是挺大的，对吧？（确认型+痛点问题）

客户：对的。

小王：我有一个体验，就是微信群中的文件，如果我没有及时下载，或手机容量不足，经常自动清理，回头发现文件已被清理，这时候还需要找你们单独发资料，你们也会遇到这些问题吧？（封闭型+痛点问题）

客户：会的。

小王：你们通知学员上课会采用什么方式？（开放型+现状问题）

客户：通知学员上课会采用一对一私聊及在学习群中通知的方式。

小王：存在即使通知了，也会有学员忘记上课的情况吗？（封闭型+痛点问题）

客户：是的。

小王：学习群中如果群聊刷屏，会导致一些优秀作业及群聊精华无法沉淀，是吧？（封闭型+痛点问题）

客户：是的。

小王：通过刚才的沟通，我总结了一下你们目前的痛点有：学员在训练营学习，需要在多个不同平台之间来回跳转；学习课件无法随时下载；学员上课通知触达难，学员会经常忘记参加课程直播学习；群聊消息太多，精华讨论内容无法沉淀。对不对？（确认型+痛点问题）

客户：对的。

小王：这些痛点给你们带来了哪些负面影响呢？（开放型+负面问题）

客户：建学习群、发教程、发通知等需要一对一私聊，也需要在大群中分享。运营压力大，服务成本高。

小王：针对之前的沟通，为了解决上述问题，可以搭建一个统一平台，一站式解决在线教育目前遇到的问题。可在一个平台上进行直播教学、作业打卡、分享讨论、作业下载、上课前自动通知学员上课、优秀作业和精华内容在平台中分享，不用担心被刷屏等。相信通过这样的一个在线教育一站式解决方案会解决你们目前遇到的痛点问题，您觉得呢？（确认型+效益问题）

客户：是的。

小王：如果采用这个一站式解决方案，您认为还会给你们带来哪些好处？（开放型+效益问题）

客户：能够创建行业内的标杆案例，减少运营成本。相信学员口碑、满意度会显著提升。

在现场调研过程中，售前顾问小王编制了《售前调研表》，如表3-9所示。

表3-9 售前调研表

在线训练营教学培训一站式解决方案需求调研表
一、最终实现目标
搭建线上训练营平台

续表

在线训练营教学培训一站式解决方案需求调研表			
二、基本信息			
调研单位	某商学院	调研日期	×年×月×日
调研人员	某部分负责人	联系电话	×××××××××××
单位情况	在线教育具有很大的影响力		
业务场景	教务管理、导师团队管理、课程教材发放、线上学习、互动答疑、作业点评等		
主要用户	商学院工作人员、导师团队、学员		
预计实施周期	6 个月	项目预算	150 万元
三、背景现状（提前准备好）			
编写与主题相关的调研问题 你们公司线上训练营的口碑一直很好，期期招满，你们线上训练营的主要工作内容包括几个方面呢？ 每个方面具体包括哪些内容？			
四、难点以及挑战（现场记录）			
现场沟通记录客户遇到的难点与挑战 ➢学员在训练营学习，需要在多个不同平台之间来回跳转 ➢学习课件无法随时下载 ➢学员上课通知触达难，学员会经常忘记参加课程直播学习 ➢群聊消息太多，精华讨论内容无法沉淀 ➢运营压力大，服务成本高			
五、愿景目标（现场记录）			
现场沟通挖掘客户的愿景目标 可在一个平台上进行直播教学、作业打卡、分享讨论、作业下载、上课前自动通知学员上课、优秀作业和精华内容在平台中分享而不用担心被刷屏等			

（3）调研成果整理

售前顾问小王将现场沟通调研的情况进行了整理，将整理的内容编辑成调研报告，并向客户进行确认，为后续的解决方案编写提供了保障。

4 解决方案：针对客户需求完成高质量方案，实现有效推荐

项目过程往往是一个系统性工程，客户要求提供各种解决方案。售前顾问在编制解决方案中，一定要围绕客户想解决的问题，提出可落地、接地气的解决方案，提炼出解决方案的最大卖点或独一无二的价值主张，体现项目的核心价值，以引导项目“游戏规则”往有利于自己的方向发展。

本章主要内容：

➢方案分类：不同时机提供不同方案

➢编写思路：四个步骤写出好方案

➢方案报价：方案中报价策略

➢实战案例：协助“垃圾管理一张图平台”项目立项

4.1 方案分类：不同时机提供不同方案

在项目不同阶段，要把握好提交方案的时机和对应的类型。过早向客户提交详细的解决方案，风险会很大，有可能落入竞争对手的手中，让自己处于被动的状态。所以要在售前阶段不同时机提供不同版本的解决方案，层层递进，把握好项目节奏（见表4-1）。

在客户初访阶段提交公司宣传册/产品宣传册；在售前调研后提交给客户项目需求报告文档；在客户立项过程中提交项目建议书，为客户启动项目提供可行性建议分析，推动项目的立项；在项目可研阶段编制及提交可研方案；在投标阶段编制投标文件，要充分说明公司各个方面的综合实力，以战胜对手；在编制合同阶段，协助客户经理编制合同方案中的技术细节，明确项目实施边界及内容。

表 4-1　不同类型的解决方案

售前阶段	方案类型	达到效果
客户初访	公司宣传册/产品宣传册	让客户了解公司实力，对产品有初步认识
售前调研	项目需求报告	针对客户现状进行需求调研，了解情况后编制需求报告，并获得客户认可
项目立项	项目建议书（项目解决方案）	针对客户现状，编制能够满足客户需求的解决方案，实现项目立项
项目可研	项目可行性研究方案	辅助客户编制项目可行性研究方案，编制项目的详细设计方案，争取将公司的技术参数纳入客户的选型标准中
投标阶段	项目投标书	编制投标方案，争取项目中标
合同签订	合同方案技术细节	明确项目实施边界及内容

不同阶段不同类型方案如图 4-1 所示。

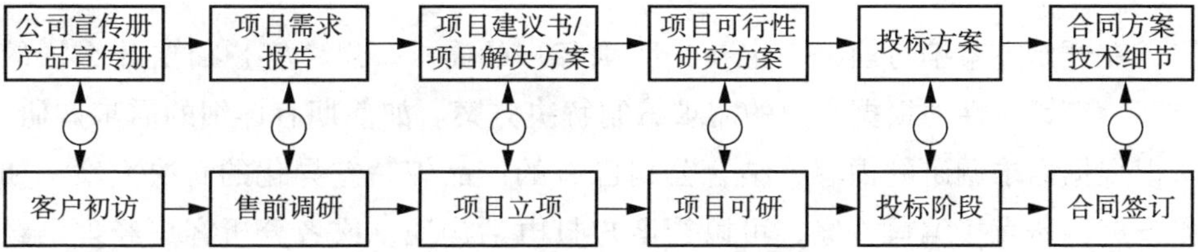

图 4-1　不同阶段提供的不同类型方案

4.2　编写思路：四个步骤写出好方案

售前顾问经常加班加点完成方案编制任务，但是常常获得的反馈意见是方案没有特色，没有体现客户的实际需求，没有解决客户问题，没有体现公司的实力，方案的高度不够。常见的问题主要包括以下几个方面。

（1）无知识沉淀

售前部门未能形成完整的知识体系，没有形成资料文档库；或者对于一项新的业务需求，无知识积淀，客户对于自己的需求也不是很明确，市面上无实际可参考案例及素材资料，需要售前顾问根据相关政策要求重新梳理业务需求，需要一切从头开始。

（2）简单复制粘贴

根据已有的公司模板方案，简单复制，修改项目名称地点等基本信息，没有调研客户的情况，没有针对客户的实际需求进行修改，方案没有特色，仅是文字的叠加，没有体现公司的实力，在众多公司中没有形成差异化竞争优势。

（3）前后矛盾

背景、现状、需求分析的描述内容与主体建设内容不一致，造成前后不连贯、前后矛盾的现象。

（4）层次结构不清晰

方案内容层次结构不清晰，存在段落层级错误。

（5）只有文字，没有图片

方案中通篇都是文字，没有图片。方案中的图片能够给客户直观的感受，因此在方案中能用图片说明的尽量用图片展示。

为避免以上问题，在有限的资源、时间条件下，如何编制一份售前技术方案？下面介绍 4 个步骤助力写出好方案。

4.2.1 明需求、定目标

在开始方案编写前，一定要先明确客户的需求，思考客户需要什么样的方案，有针对性地根据客户的需求编制解决方案。如前期有详细的需求调研，可以根据需求调研的内容，结合公司已有的产品编写差异化的解决方案。如果没有调研直接编写方案，可以给客户打电话沟通，或者分析客户经理已经取得的信息，也可以咨询已有类似项目的相关参与人员的意见。切忌闭门造车、拿着方案模板直接修改。

最终给客户呈现的方案一定要达到 3 个“体现”，即体现价值、体现专业、体现优势。

体现价值，表现为方案内容能够实实在在地解决客户目前遇到的问题，解决客户痛点，实现客户的目标。

体现专业，表现为方案整体结构完整、逻辑结构清晰。

体现优势，表现为整体的技术、服务、实施、价格等方面能够为客户提供最优保证，体现差异化竞争优势。

4.2.2 建逻辑、搭框架

明确需求之后，编制方案大纲。售前顾问必须以客户为中心，方案编写需要按照客户的逻辑编写，以客户的思维模式进行思考，让客户容易懂，因此需要仔细探讨客户业务，而不仅仅是将调研结果罗列，可以采用从业务现状分析到业务需求，再到实现的思维模式。

不同类型方案有各自的套路模板，比如公司通用模板、客户要求模板、特殊项目特定要求模板等。公司通用模板是经过实践检验，并讨论总结出试用的结构化、体系化方案模板。有时候客户也有其固有的模板套路，比如一些政府部门会要求按照它们提供的模板结构编写方案。一些重点特殊项目也有其特定的方案模板框架。售前顾问尽可能按照模板套路编写，尽量不要自成体系。但是提供的模板也仅仅是模板，需要在模板的基础上，根据客户的需求制订方案，方案模板和客户的个性化定制并不冲突，好的方案模板是专业定制文档的总结提炼。

解决方案框架示例如图 4-2 所示。

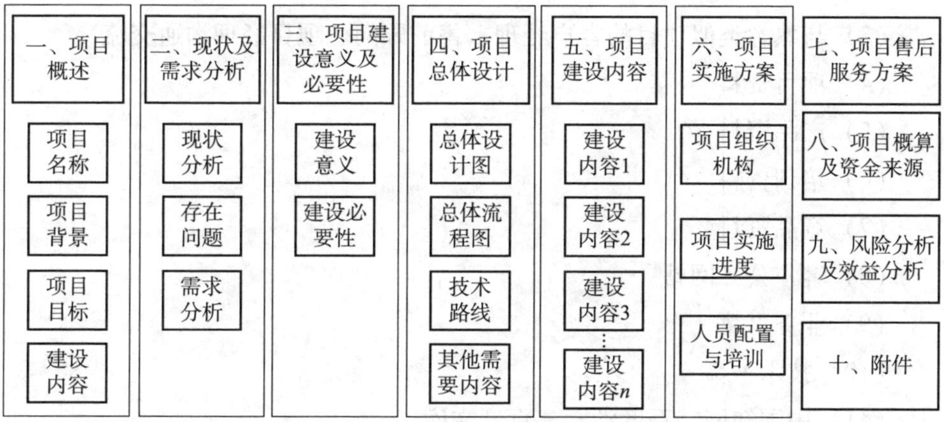

图 4-2　解决方案框架示例

如果客户之前与单位合作过，对单位较熟悉，可以不用加上单位介绍。如果是新开发的客户，可以在方案后面附上单位的简介，包括单位的资质案例等。

很多时候，售前顾问接到任务后，直接按照标准模板进行修改，虽然可以快速地完成任务，但是随着时间的推移，容易产生固定思维，遇到个性化较强的项目，若之前没有相关资料，就会无从下手、力不从心。因此在平时编写方案的过程中要有意识地锻炼结构化思维，在开始写方案时，先列一下提纲，尽可能地就提纲与相关人员进行讨论，得到统一的思路，确定好大纲后，保证方案的思路是正确的，避免花了大量时间完成方案，结果评审不通过，需重新编写的情况发生。

4.2.3 搜材料、填内容

方案中要有图有表有思路，一般方案中的图表会给客户留下更深刻的印象。图片可以利用 Visio、PPT、Photoshop、思维导图、真实系统截图、Axure RP 制作相关图片或搜索引擎图片等，如果采用搜索引擎中的相似图片，需要注意版权问题。

4.2.3.1 收集材料

材料的来源包括不限于以下几个方面：

（1）需求调研

（2）客户提供材料

（3）与熟悉类似项目的客户经理、售前顾问、项目经理沟通交流

（4）项目资料

（5）产品资料

（6）培训资料

（7）竞品资料

（8）客户公开网站

（9）业务书籍

（10）技术书籍

（11）中国知网、百度学术、百度文库

（12）其他资料

这些资料平时就可以注意收集，融合在自己的知识体系里，用到的时候自然会得心应手。

4.2.3.2 填写内容

根据上述解决方案示例框架编写具体内容，编写的要点如表 4-2 所示。

表 4-2 解决方案框架编写要点

序号	方案框架	方案细项	编写要点
1	一、项目概述	项目名称	项目名称即可
2		项目背景	分析国家、省、市等各级相关指导政策
3		项目目标	管理目标、项目建设目标等内容
4		建设内容	简要列出本项目的建设内容

续表

序号	方案框架	方案细项	编写要点
1	二、现状及需求分析	现状分析	行业发展现状分析 客户的现状分析（管理现状、信息化现状、基础设施现状等）
2		存在问题	分析客户现在面临的问题，如工作效率低下，无法准确知道各部门数据，无数据支撑辅助决策等，引出具体的需求内容
3		需求分析	管理需求、数据需求、应用需求、安全需求等内容
1	三、项目建设意义及必要性	建设意义	说明项目建设可带来的价值，例如提高管理水平、提高工作效率、提供科学的决策依据等
2		建设必要性	说明为什么要建设这个项目，例如践行政策的必要性、管理的必要依据、决策的支撑条件等
1	四、项目总体设计	总体设计图	列出项目的总体设计图，做好顶层设计
2		总体流程图	对建设内容的整体业务流程进行分析说明
3		技术路线	列出项目实施中的关键技术
1	五、项目建设内容	建设内容 1	以用户的需求为出发点，结合已有产品，编制建设内容 1 的详细解决方案
2		建设内容 2	以用户的需求为出发点，结合已有产品，编制建设内容 2 的详细解决方案
3		建设内容 3	以用户的需求为出发点，结合已有产品，编制建设内容 3 的详细解决方案
n		建设内容 n	以用户的需求为出发点，结合已有产品，编制建设内容 n 的详细解决方案
1	六、项目实施方案	项目组织机构	领导及管理机构、项目实施机构、项目运维机构 实施团队介绍，让客户感觉公司对项目管理有丰富的经验
2		项目实施进度	项目实施周期及计划安排
3		人员配置与培训	说明人员配置及人员培训计划
1	七、项目售后服务方案	项目售后服务方案	按照标准内容编写，可适当增加行业案例，不要过度承诺
1	八、项目概算及资金来源（根据售前阶段判断是否需要报价以及详略程度）	概算编制说明	说明概算编制的依据及相关指标
2		项目总投资估算	总体投资报价表
3		分项投资估算	针对总体报价表中的细项制作分项报价表
4		资金使用计划	说明资金使用的计划
5		项目运行维护经费估算	对项目运行维护经费进行估算

续表

序号	方案框架	方案细项	编写要点
1	九、风险分析及效益分析	风险分析	说明存在的风险及对策
2		效益分析	社会效益、经济效益等分项
1	十、附件	附件	相关图纸，表格资料，有关政策、技术、经济等资料

4.2.4 细优化、慎核查

方案内容细化、检查、审查是一个重要的工作环节，售前顾问编写完方案之后，需要再次详细地检查细化内容，注重方案的排版及格式要求。同时多征询相关人员的意见，很多时候自查方案容易忽略一些问题，因此会有方案审核环节，需要珍惜伙伴们提出的每一个意见。对于好的意见，分析好在哪里；对于不好的意见，下次积极改进。通过不断磨炼自己的方案编写能力，相信每一位售前顾问都可以写出符合客户需求的方案，赢得客户信任，实现解决方案营销。

4.3 方案报价：方案中报价策略

一般公司内部都会有严格的报价流程，给予客户的价格前后随意改动会给客户留下不好的印象。在售前阶段，客户会要求在提交的解决方案中包含项目预算表。客户经理可以先让相关产品部门协助整理不同产品的成本价格。在实际工作中，客户经理可以根据销售策略在成本价格的基础上浮动一定的数额。

（1）什么时候给客户报价合适呢？

在客户没有明确认可售前顾问提交的解决方案时，先不要报价。客户可能已经联系多家供应商，正在进行价格对比。这时候我们需要了解竞争对手的情况，尽可能多地获取信息，才可以有的放矢。与客户进行现场沟通时，统一由客户经理与客户就报价内容进行沟通，售前顾问就方案内容进行说明。

（2）给客户的报价多少合适？是否可以随意调整价格？

一定要用正确的、开放的心态对待价格，与客户买卖平等、互相尊重。给予客户方案的报价，一般原则是不能低于成本价格。事先了解客户的经费来源及经费预算范围，尽量在双方都可以接受的范围内报价。如果客户预算不足，可以考虑缩小产品范围，或者分阶段实施，不能因为客户的预算不足而随意降价，这会增加后期项目实施失败的风险。

（3）项目预算表的详略程度

如果客户要求在解决方案中提供项目预算表，在客户没有明确意向单位，还在初步考察时，给予客户的项目预算表是粗颗粒度的。项目预算表要简单清晰明了，最好写明有效期。随着与客户沟通交流的逐步细化，可将项目预算表逐渐细化。尽量确保总价不变，给予一些其他优惠，例如附带其他服务等。如果需要降价，根据客户及市场要求，对于不同建设内容给予不同的价格折数。

4.4　实战案例：协助“垃圾管理一张图平台”项目立项

背景：某市高度重视政务信息化建设工作，为加快政务信息系统整合共享做出了一系列部署，要求破除“信息孤岛”，大力推进数据共享，实施“互联网+政务服务”。设立专门的政府部门具体负责全市信息化建设的统筹规划、综合协调和监督管理，实现建设项目的规划和管理，规范工程建设活动，提高信息化建设水平。旨在消除部门僵尸信息系统、精简信息系统数量，加快部门内部信息系统整合共享，将全市各部门分散的、独立的信息系统整合为一个互联互通、业务协同、信息共享的“大系统”。

信息化项目包括公共信息基础设施、公共应用软件开发、信息网络安全项目、重点行业信息应用系统、具有推广应用价值的信息化示范项目、信息化推进和关键技术应用的软课题研究等。

政府投资信息化建设的项目立项需要经过项目申报、项目评审环节。项目立项之后进入项目招投标、项目实施、项目验收、项目运维等阶段。

项目建设单位对需要建设的项目进行申报，需要填制《项目建议书》等材料，并登录某市项目综合管理服务平台进行申报，将经过评审并初步评估合格的项目列入项目建设年度计划。

项目申报成功后，建设单位要寻找有资质的单位协助编制可行性研究报告暨初步设计方案。可研方案是项目建设的主要依据，需要通过专家论证评审后，完成项目立项。可行性研究报告暨初步设计方案是后续项目招投标、项目实施、项目验收、项目运维的依据。

项目立项流程步骤如下：

建设单位建设需求→编写项目建议书→项目申报（网络系统申报）→审核通过进入项目年度计划→编写项目可行性研究报告暨初步设计方案→专家对可行性研究报告暨初步设计方案进行评审→评审通过实现项目立项。

建设需求：某政府部门想建设“垃圾管理一张图系统”，A公司作为这一部门的可研编写单位，为其提供项目建设咨询服务。小王作为A公司的售前顾问，针对这一部门的现状进行需求调研，根据需求及目标制定项目的全景蓝图，辅助编制项目建议书，协助进行项目申报。项目通过审核后进入政府投资年度计划中，小李协助建设单位编写项目可行性研究报告暨初步设计方案，经过专家论证后，实现项目的立项。

这里项目建议书与项目解决方案相类似，内容不用太详细，只作为项目申报的一个依据（见图4-3）。

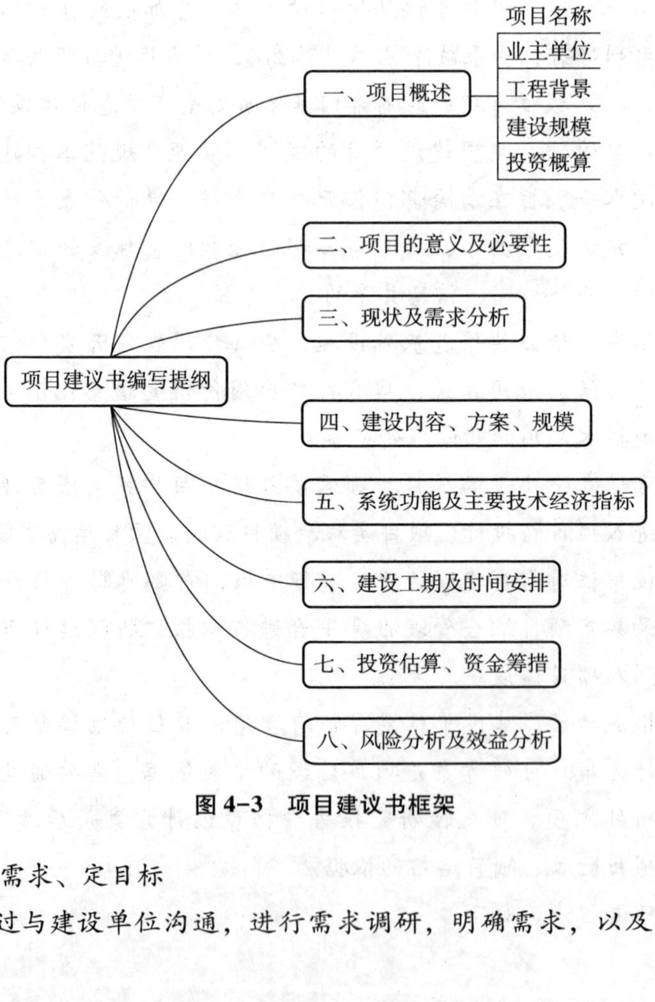

图4-3 项目建议书框架

（1）明需求、定目标

小李通过与建设单位沟通，进行需求调研，明确需求，以及需要实现的目标。通过“垃圾一张图管理系统”，以社区、街道、小区等为单位，将可回收物、有害垃圾暂存点、各类垃圾处置点、药品回收点、宣传教育阵地等管理对象在地图上进行展示，结合空间地图，准确掌握各垃圾站的基础信息，实现图文一体化展示。

（2）建逻辑、搭框架

通过某市项目综合管理服务平台下载《项目建议书编写要点》，如表 4-3 所示。

（3）搜材料、填内容

通过前期的需求调研内容、网络收集资料、专业书籍及书刊等资料收集素材，完成每一个章节的内容编写。

表 4-3　项目建议书编写要点

序号	方案框架	方案细项	编写要点
1	一、项目概述	项目名称	项目名称即可
2		业主单位	政府部门的名称
3		工程背景	分析国家、省、市等各级关于垃圾分类管理的相关指导政策
4		建设规模	简要列出本项目的建设内容
5		投资概算	说明本项目建设需要的投资概算
6	二、项目的意义及必要性	建设意义	说明项目建设可带来的价值，例如掌握全市垃圾站的基础信息、提高管理水平、提供科学的决策依据等
7		建设必要性	说明为什么要建设这个项目，例如践行政策的必要性、管理的必要依据、决策的支撑条件等
8	三、现状及需求分析	现状分析	行业发展现状分析 客户现状分析（管理现状、信息化现状、基础设施现状等）
9		需求分析	管理需求、数据需求、功能模块应用需求、安全需求等内容
10	四、建设内容、方案、规模	建设内容	列出项目的总体设计思路、架构图、流程图等内容
11		建设方案、规模	列出本系统的主要功能模块：地图操作、信息查询、定位、垃圾站属性查看等内容

续表

序号	方案框架	方案细项	编写要点
12	五、系统功能及主要技术经济指标	系统功能	列出系统的主要功能
13		技术经济指标	说明系统响应时间、接口访问性能、并发量等技术经济指标
14	六、建设工期及时间安排	建设工期及时间安排	项目实施周期及计划安排
15	七、投资估算、资金筹措	概算编制说明	说明概算编制的依据及相关指标
16		项目总投资估算	总体投资报价表
17	八、风险分析及效益分析	风险分析	说明存在的风险及对策
18		效益分析	社会效益、经济效益等分项

（4）细优化、慎核查

对建议书内容进行审查，同时在公司内部对方案内容进行审核，公司内部审核通过后，将方案提交给客户进行沟通交流，建议书通过客户核定后，协助客户进行项目申报及审核。

项目建议书编写完之后，在该市项目综合管理服务平台进行申报，将经过评审并初步评估合格的项目列入项目建设年度计划，完成项目的初步立项，之后开启针对本项目的可行性研究报告暨初步设计方案编写。

方案编写的步骤与项目建议书编写相同。

5　演示交流：多次不同形式的演示交流，增强客户的信心

在售前阶段需要与客户持续沟通交流，沟通交流的形式也是多种多样的，通过不同形式的沟通交流，逐步增强客户的信心。沟通交流的形式包括公司介绍、产品演示、技术交流等。通过一次次有步骤、有计划、层层递进的交流，逐步取得客户的信任。

通过公司介绍，让客户了解公司的整体情况。

产品演示有正式的演示汇报形式，还有非正式的技术沟通交流形式。正式演示汇报是在有高层领导参与、有专家参与等情况下进行的汇报，通常采用 PPT、真实产品演示等方式。正式汇报对售前顾问能力要求较高，需要按照高标准要求准备演示汇报资料，需要明确演示时间、客户现场的演示环境、投影仪等设备是否满足演示要求等。非正式的技术沟通交流主要是与相关项目负责人就前期方案进行反复沟通交流的过程，可能是在客户的办公室或是会议室中，就一个方案的细节内容进行沟通交流。没有固定的交流形式，可以是一对一的技术交流，也可以是一对多的技术交流。交流材料可以是打印的纸质材料、PPT 材料、产品软件等，看情况确定是否需要投影仪放映。非正式交流的氛围比较轻松自在，针对更细节的内容进行沟通交流，是一个多次反复的过程。

可以建立公司的演示规范体系，形成标准化的演示套路，售前顾问可以在标准化演示套路的基础上继续精进演示内容。

本章主要内容：

➢公司介绍：让客户明白我是谁

➢产品演示：正式的产品演示汇报

➢演示规范：将成功的演示标准化

➢实战案例：基于 BIM+VR 的高校实训教学平台整体解决方案的多次演示交流

5.1 公司介绍：让客户明白我是谁

公司介绍贯穿于售前交流的各个阶段，在不同的场合由不同的人员多次介绍公司，以强化客户对公司的认识，进而使其认同公司实力及产品，有力地推动项目的落地。

5.1.1 公司介绍主要场景

公司介绍场景比较多，以下是几个主要应用场景：

（1）市场推广宣传

在主题会议、展会展览、产品发布会等场景下介绍公司，提升公司的社会知名度，让客户需要建设相关项目的时候，可以主动联系公司。

（2）初次拜访客户

初次拜访客户时，客户对公司还不是太熟悉，可以采用正式的汇报或非正式地介绍公司，让客户了解公司，为后续的商务推进打下基础。根据现场情况，公司介绍不用花太多的时间。

（3）正式演示汇报

针对客户的现状制作了对应的解决方案，进行正式汇报的时候，可以先介绍解决方案，主体解决方案汇报完之后，再介绍公司情况。

（4）客户参观考察

客户到公司进行参观考察时，可以对客户进行详细的公司介绍，让客户增强对公司的信心。

（5）投标演示现场

在有些投标过程中，有现场演示环节，可以简短快速重点地介绍公司。

5.1.2 公司介绍中的常见错误

在介绍公司的过程中，会出现一些错误状况。表 5-1 列出了公司介绍错误的主要情形。

表 5-1　公司介绍中的常见错误

维度	错误表现	改进方向
时机不合适	需要考虑开始时介绍公司还是末尾时介绍公司	需要根据现场情况调整是在开始时介绍公司还是结尾时介绍公司。如果客户比较了解公司，可以缩短介绍时间，或是重点介绍客户不了解的部分； 如果需要介绍的技术内容较多，可以将公司放在最后介绍； 如果没有时间介绍公司情况，可以给客户派发公司介绍的宣传手册，让客户有更加直观的认识
时长不合适	在客户已经很了解公司的情况下，花大量时间介绍公司； 如果客户一天安排多家公司进行沟通交流，在客户给予的较短的时间内，耗费大量时间介绍公司，没有竞争优势	通常公司介绍时间不宜过长，需要保证技术部分内容及交流有充足的时间； 在时长有限的情况下，可以先介绍技术内容，最后简单介绍公司情况
内容不合适	公司介绍的内容和客户目前需求不匹配； 公司数据没有更新，比如人数、资质等还是旧的信息； 素材资料过于细节化，文字太多，给人杂乱的感觉	介绍公司的产品体系、成功案例时需要结合客户现有的情况有针对性地介绍； 要定期更新公司的资料信息； 介绍公司时，将重点信息介绍到位，不要过度介绍细节
定位不准确	在介绍公司的过程中，站在公司的角度不断吹嘘公司怎么好，给客户造成浮夸的感觉	需要站在客户的角度，结合公司产品体系告诉客户能够给其带来的价值，公司能够解决客户哪些问题
没有突出重点	在有限的时间里，希望介绍全部内容，没有重点，没有亮点	公司介绍也需要突出重点，面面俱到反而不好，需要结合客户的需求，组织合适的材料，找到能够打动客户的亮点资料，形成差异化竞争优势
没有制定预案	在交流过程中可能会出现如下情况： 1. 我不了解你们公司 2. 你们公司的成功案例好像不多 3. 你们在某地的项目好像做得不是很成功 4. 某家公司在这方面做得比你们好 5. 不用介绍你们公司了	针对不同情况掌握不同预案及话术： 1. 如果客户说我不了解你们公司，这时候售前顾问需要摆正心态，没有听过是正常的，刚好借着这个机会介绍公司，简单向客户介绍一下公司的综合实力、产品体系及成功案例 2. 售前顾问需要承认客户提出的问题，同时说明原因，比如这些项目刚刚起步，目前还在实施阶段等 3. 承认客户提出的问题，并给出解释：之前出于某方面原因，确实没有做到位，也吸取了教训，目前在其他地方项目都顺利实施，也得到了用户的一致好评 4. 某公司确实做得不错，但是在项目实施上，我们在某方面是很有优势的 5. 根据情况正式介绍，如果客户对公司比较了解，可以不介绍，如果有部分参会人员不了解公司，可以缩短介绍时间，重点介绍部分内容。所以需要准备不同版本的公司介绍

5.1.3 结构化公司知识

售前顾问需要对公司情况做到心中有数，因此需要梳理公司结构化知识体系以及定期更新内容。梳理以及结构化公司体系的过程也是售前顾问很好了解公司的过程（见表 5-2）。

表 5-2 结构化公司知识体系表

维度	知识体系
总体情况	公司组织架构、发展历程、公司规模、本地化服务情况、总体人数等
资质情况	公司的资质情况
获奖情况	公司的获奖情况
产品体系	公司现有产品、核心技术和解决方案的价值
典型案例	不同产品体系的典型案例情况，案例的影响力
公司新闻	展现公司实力和精神面貌的各种动态及新闻
主要用户	公司产品体系的用户群体
合作资源	公司战略合作伙伴情况
竞争对手	同行业内的主要竞争公司情况

5.1.4 公司介绍主要内容

一般公司介绍可以按照 4W1H（Who、What、Why、Where、How）的模式进行（见表 5-3）。

表 5-3 公司介绍主要内容

维度	内容	目的
Who 综合实力	公司是什么样的公司，公司的使命愿景、专注的领域，公司的资质、获奖情况等综合情况	告诉客户可以放心合作
What 产品体系	公司可提供的产品体系、解决方案情况	告诉客户可提供的服务
Why 价值体系	可以给客户带来的价值	告诉客户为什么选择我们
Where 公司分布	介绍公司的地域分布	告诉客户可提供本地化服务
How 成功案例	介绍公司的成功案例，公司积累的丰富经验	告诉客户针对客户现状可采取的措施

5.2　产品演示：正式的产品演示汇报

对于提交给客户的宣传册、产品方案等资料，客户仅仅是简单浏览，未做深入的研究，因此需要通过售前演示沟通交流，通过面对面的交流方式向客户传递公司核心的价值理念。

售前顾问在理解客户需求的基础上，为客户提供个性化解决方案，为客户展现最佳的项目规划；同时通过充分的准备，以丰富的经验、专业的职业素养，向客户传递产品方案、产品价值，使得客户能够快速、准确地理解方案内容，认可方案的价值，增强客户的信心，争取更多支持者，为商务工作做好铺垫。

成功的产品演示并不是影响最终销售的绝对性因素，但是一场成功的演示，可以对售前过程起到积极的推进作用，一场失败的交流演示也会把本来很好的销售机会浪费掉。成功的产品演示，不仅是技术讲解，也是一个销售谈判的艺术过程。

售前演示交流需要实现以下目标：

（1）需求方面：进一步了解客户的需求、客户对信息化的理解程度，客户对信息化的规划蓝图意向。判断公司已有产品是否满足客户的需求，如果满足，确定可以实现客户哪方面的管理及期望需求；如果不满足，确定是需要二次开发还是需要重新开发，开发的成本有多高，可作为项目是否可承接的依据。

（2）实力方面：让客户认可公司的实力，增加对公司产品的认可度，增强客户的信心。

（3）态度方面：让客户感受到售前顾问真诚的态度，站在客户角度去思考问题，切实帮助客户解决遇到的难题。使客户感受到售前顾问不是来介绍产品的，而是来解决客户问题的；向客户介绍其他地方先进的建设经验，帮助客户建立行业内的标杆案例；帮助客户建立实用的信息化管理模式。

（4）意向方面：从客户那里获得客户对公司提供产品的看法，了解客户对公司产品的认可及支持程度。

（5）竞争对手：从客户那里获取竞争对手的技术及整体实力等信息，了解竞争对手情况，判断公司目前所处的位置，如果处于优势竞争地位，继续巩固地位；如果没有处于优势的竞争地位，通过演示交流，打破目前的状况。

5.2.1 制定交流策略，做好统筹规划

台上一分钟，台下十年功。演示也是如此，从来不做任何准备就可以胜出的天才是很少的。即便是已经多次演示过的内容，也需要周密思考后认真准备才能做好。在确认需求后，确定目前所处的售前阶段，根据前几次交流的情况，制定交流策略，分析受众，准备合适的材料，切实达到交流的目的，让每一次沟通交流都有价值。

交流策略的内容包括确定目标及演示定位、客户类型分析、客户听众分析、演示交流形式、确定呈现方式、竞争对手分析、明确交流团队等内容。通过对这些焦点的分析，提出售前演示交流的重点，为售前演示交流的资料准备打下基础。售前演示交流策划表如表 5-4 所示，可通过此表协助梳理相关信息。

表 5-4 售前演示交流策划表

主题项目	主要内容
目标	
演示时间/地点	时间________，地点________ 演示交流地点是否有投影仪等设备：有□ 没有□
客户类型分析	合作伙伴客户□ 已积累客户□ 新开发客户□
客户听众分析	最终决策者/高层领导□ 参加人数：________，信息化程度：________ 主要负责人（决策影响者，部门或是科室负责人）□参加人数：________，信息化程度：________ 产品使用者□参加人数：________，信息化程度：________ 第三方专家□参加人数：________，信息化程度：________
演示交流形式	正式演示汇报□ 非正式技术交流□
确定呈现方式	PPT 演示□主要大纲：________________ 产品软件演示□主要功能模块：________________ 视频演示□ Word 方案打印稿□ （同时勾选，都需要演示）
竞争对手分析	主要竞争对手：________________ 是否已经参加过演示交流：是□ 否□ 客户对竞争对手态度：支持□ 中立□ 反对□
明确交流团队	主讲人员：________ 高层人员：________ 其他人员：________

（1）确定交流目标

在明确需求的情况下，需要明确我为什么做这个演示，而不是我在这个演示中做了什么。需要站在客户的角度思考：客户最想要看到的内容是什么？我们能给客户带去什么价值？能够给客户带来什么样的启发？能否更好地推进项目的发展？等等。演示交流目标需要与客户经理等人员沟通，了解商务目标，结合商务目标确定售前演示交流的目标。

售前演示交流的目标可以在开篇提到：让客户认可方案呈现的价值，增强客户的信心，争取更多支持者，为商务工作做好铺垫；同时进一步获取客户的期望及需求，了解竞争对手信息等。

（2）客户类型分析

需要对本次客户类型进行分析，根据不同的客户类型准备售前演示沟通材料，以最小的代价获得最大的利益。一般客户类型分为合作伙伴客户、已积累客户、新开发客户（见表5-5）。

表5-5　客户类型分析

序号	客户类型	客户特点	交流策略
1	合作伙伴客户	比较了解公司，带着明确的目的进行交流	方案演示或是产品软件演示内容需要符合其真实需求，解决其问题。重点介绍背景、客户现有问题及对应解决方案，实现求同存异、共同发展。公司可简要介绍或是不介绍，可说明公司下一步发展计划
2	已积累客户	对公司比较了解，或是在某个领域有一定的了解 有两个合作发展方向：已有产品的持续升级，或是其他领域的继续合作	第一种情况：重点介绍产品的新功能、新方案能够解决客户哪些问题。 第二种情况：介绍背景、整体解决方案、产品特色、相关案例等。公司可简要介绍或是不介绍，可说明公司下一步发展计划
3	新开发客户	对公司不是很了解	需要尽可能多地掌握客户的资料。 可首先介绍公司的历史、资质、荣誉、全系列解决方案及成功案例等，增加客户的信心； 如客户对某一产品感兴趣，可重点介绍这一产品的功能、优势、案例等情况； 如客户想综合了解公司产品，在介绍公司全系列解决方案之后，侧重介绍公司最具有代表性的产品

（3）客户听众分析

对客户听众进行分析，根据不同的客户听众准备售前演示材料，才可以更好地传递价值、达成共识。售前顾问根据客户经理或客户提供的明确需求，确定本次沟通交流的听众。

需要详细了解客户方的业务部门及其职责，获取参会人员的成员名单、职务、背景等信息及个人需求、关注点、立场态度等资料，同时了解谁是项目决策者、谁是项目影响方、谁对我们有好感等信息。可以和客户经理沟通，尽量争取让项目的决策者、关键选型人物参加，获取其支持，增加赢单机会。

不同客户听众所关注的焦点是不一样的，在确认客户听众后，需要确认听众的关注焦点、兴趣点、可能会问到的问题。将客户听众分为最终决策者、主要负责人和产品使用者三大类（见表 5-6）。

与最终决策者（高层）沟通交流，意味着与具有更高权力、更能影响本项目的人沟通，所以与高层沟通最有效，要求也更高，压力也是最大的。由于最终决策者时间的不确定性，与最终决策者沟通往往是正式的、临时的、突发的。因此需要随时做好与最终决策者沟通的准备。需要考虑的问题有谁去与高层沟通、以什么形式沟通、沟通什么内容（管理思想、价值、工具）等。

表 5-6　听众分析

序号	听众类型	关注焦点	交流策略
1	最终决策者/高层领导	整体战略目标、产品综合理念、投资回报、行业标杆价值等	与产业相关的宏观动态； 整体战略体系规划； 整体投资金额； 整体实施计划； 项目的目标及意义等
2	主要负责人（决策影响者，部门或是科室负责人）	整体解决方案、产品的整体体系架构、业务场景、技术指标、产品功能、费用、项目实施风险、相关成功案例、承担方的实力等	整体解决方案； 成功的项目案例； 综合实力及售后服务； 项目实施规划
3	产品使用者	业务场景、产品功能、用户体验感等	产品的应用场景； 使用功能体现工作量的降低、操作的方便

（4）确定呈现方式

售前顾问与客户经理讨论演示的重点和策略，确定呈现方式，寻找合适的材料：选择能够有力支撑观点的素材、能够给客户带来真实感受的素材、有冲击力的素材。主要的方式如表 5-7 所示。

表 5-7　汇报呈现方式

呈现方式	作用
PPT 汇报材料	最常用的汇报方式，需要精心准备 PPT，用 PPT 阐述说明解决方案的主要思路。同时可以辅以产品演示、视频材料等方式进一步说明
真实产品展示	给客户最直观、最真实、最有冲击力的展示。可以用已有软件产品向客户直观展示产品成果，客户可以基于此进一步表达出自己的真实诉求。 若没有真实软件，可以设计出产品的原型系统，向客户展示预期的效果。 效果比较直观，但是需要产品经理和研发经理投入大量精力进行设计及研发，需要花费较多时间准备
视频材料	可以将公司介绍、已成功实施的标杆案例、已有产品的效果做成视频资料，在无法展示产品的时候，利用视频资料进行展示，也是一种比较直观的方式。 需要售前顾问甚至全公司的资源定期积累资料，做好产品的视频资料，形成可宣传可介绍的视频资料库
文字方案材料	技术交流中常用的方式。在正式汇报的过程中，可以将方案的主要内容打印出来，放在客户面前。客户可以结合文字材料以及售前顾问的介绍，更好地理解解决方案内容
各种组合展示	每一次的汇报都要根据具体情况，选择上述中的一种或者多种组合的方式进行汇报

（5）竞争对手分析

收集资料，了解目前竞争对手的情况，分析的内容可以包括但不限于：

➢目前已经做过售前演示沟通的竞争对手的优势及劣势分析，可通过网页等各种方式收集竞争对手信息；

➢客户对竞争对手的态度；

➢如何凸显我们的竞争优势，淡化自身的劣势

（6）明确交流团队

明确本次我方代表人员、主讲人员、解答人员等。

如客户方有最终决策者（高层）参与，我方必要时也需要邀请公司高层参与，通过高层交流获取更多有价值的信息，有利于项目的顺利推进。

5.2.2　精心准备售前演示资料

需要确定售前演示交流呈现的方式，确定展现的内容，梳理对应材料。主要说明汇报 PPT 及产品演示资料准备的策略。

5.2.2.1　汇报PPT制作

主要从汇报PPT常见错误、汇报PPT制作思路、现场PPT操作技巧三方面进行说明。

（1）汇报PPT常见错误

一个好的方案主题可以吸引客户的注意力，优秀的售前顾问会精心设计方案PPT，但是切忌“高、大、全”，难以在有限的时间内全盘说清楚会给客户造成名不副实的感觉。汇报PPT的主要错误：

➢没有详细了解客户需求，直接套用PPT模板。或者准备的内容不符合客户的需求；

➢制作的PPT思路不清晰，没有明确的结构体系；

➢没有很好地说明我方的产品优势，内容不足以吸引客户；

➢PPT文字内容太多，重点不突出，让人产生疲惫感

需要将杂乱、繁复的PPT变为齐整、简单、适合的汇报材料，保持PPT简单及一目了然的风格

（2）汇报PPT制作思路

汇报PPT可以按照内容、布局、制作三个步骤进行合理的谋划布局，如图5-1所示。

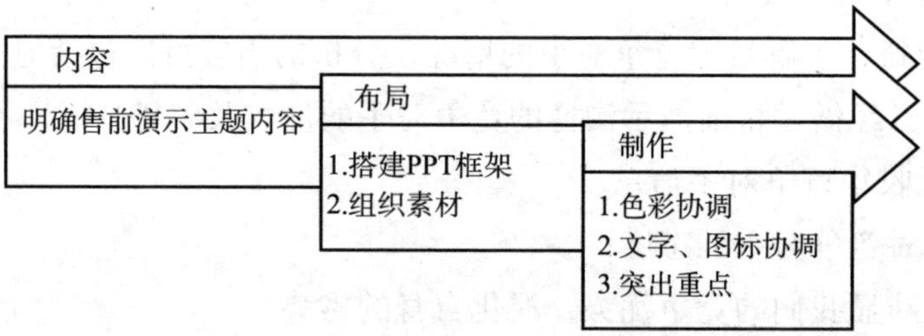

图5-1　汇报PPT制作思路

➢内容

根据不同听众的兴趣点及关注点，确定售前演示的主题内容。不同阶段PPT准备的内容不同，对于不同听众在相同阶段准备的PPT内容也不尽相同，因此需要精心准备。

一般汇报PPT包括的内容如表5-8所示。

表 5-8　汇报 PPT 的主要内容

主体内容	内容说明
项目背景	所在行业的发展趋势、政策要求、目前遇到的困难、建设项目的必要性和意义等方面的说明
方案介绍	实现的目标愿景、产品总体框架、主要建设内容、功能模块等
优势特点	目前公司提供的解决方案的核心优势等
成功案例	在其他地方遇到的类似问题，提供的解决方案，客户获得的收益等
公司介绍	公司的综合实力介绍。根据情况确定是否需要这部分内容，最开始接触客户的时候需要这部分内容，随着交流次数的增多，这部分内容可以省略

在制作内容的过程中，要本着公司与潜在客户长期共生共存的合作目标，从为客户创造价值的角度思考问题，始终关注如何帮助客户成功，始终坚持从客户的利益出发，考虑客户做项目的核心价值点是什么，同时不忘维护公司的利益。在这个过程中，不断地建立客户对品牌及服务的忠诚度，建立长期稳定的合作关系。

在考虑到潜在客户做项目的核心价值之后，要提炼观点，用一个总体的名称总结出项目的核心价值点。

案例

挖掘出客户建设项目的核心价值点

售前顾问小王在一次业务分享会上，分享了自己的售前经验，其中一个要点就是要发掘客户背后的真正动机，提供专业的解决方案。例如，一位客户想建设一个项目，目前在全国各地的案例较少。售前顾问在了解了客户的想法后，在与客户演示沟通交流的过程中，不仅介绍了这个产品的功能，而且重点阐述建设这个项目可以带来的价值，包括“摸清家底”“精细化管理”“符合政策要求”“实现信息的全流程管理”“树立行内的标杆案例，建立行业的规范体系”等。同时帮助客户设计好了项目的规划、实施及落地的策略。

要挖掘客户企业建设项目背后的真正动机，站在客户角度思考问题，提供规划咨询、方案编写、项目落地、项目实施等综合性服务，让客户没有后顾之忧。

案例

综合解决方案的总体名称

某咨询公司给客户做一个全面的信息化解决方案，方案内容整体归纳为“1+2+*N*”，1代表一个“精细化综合管理中心”，2代表“一个大数据平台”和一个“业务支撑平台”，*N*代表“*N*种业务应用”。

通过“1+2+*N*”汇报总结方式，马上让客户记住及理解了需要建设的内容。

这样总结的演示方案，听众很容易记住，同时显得公司在这方面非常有经验。

案例

观点制胜

很多演示场合，一个能抓住听众的观点往往能很好地给客户留下深刻印象。例如以下观点：

（1）让老百姓“最多跑一次”，增加老百姓的幸福感。

（2）本次建设内容采用“1+1+*N*”的建设模式，即一个平台，一个数据体系，*N*个应用场景。

（3）打造全行业的生态产业链。

➢布局

在制作PPT目录结构的时候，清晰地传达出需要演示的内容，给客户留下一目了然的深刻印象。PPT的逻辑框架包括结论式、归纳式、推论式、论述式。根据不同的框架内容组织相关素材，如表5-9所示。

表5-9 汇报PPT的逻辑框架

序号	逻辑结构	模型结构	适合售前场景
1	结论式	从结论说起，结论鲜明，论据清晰	公司产品介绍 产品特色
2	归纳式	先说论据，再得出结论	公司产品介绍 产品特色 重点议题

续表

序号	逻辑结构	模型结构	适合售前场景
3	推论式	陈述现象—分析原因—采取措施—得出结论	应对措施方案 产品方案等
4	论述式	现状分析—存在问题—解决方案—实现效果	项目建议书 规划方案
5	时间轴	过去—现在—将来	现状分析 问题分析 实现效果
6	4W1H 模型	Why、What、When、Where、How	需求分析 解决方案 产品规划 售前咨询
7	SCQA 模型	情景—冲突—疑问—解决方案	需求分析 解决方案 产品规划 售前咨询
8	FABE	功能—特色—效益—案例 FABE：Function（功能）、Advantage（特色）、Benefit（效益）、Evidence（案例）	解决方案 产品规划 售前咨询

➢制作

在制作的过程中要保持色彩协同，风格一致、重点突出。

PPT 的页数不要太多，汇报时长根据是否有产品软件演示进行调整，一般 20 分钟到 1 小时为宜，时间太长容易让客户产生疲倦感。

一页 PPT 中不要超过 3 个概念，不要有大量文字堆叠。

每页 PPT 图文并茂，清晰表达介绍内容。

（3）现场 PPT 操作技巧

售前顾问不但要会制作 PPT，还要会临场使用幻灯片。能制作精美的幻灯片固然重要，掌握一些临场使用幻灯片的技巧也不可或缺，尤其是对于经常演示的售前顾问来说。

➢投影仪连接注意事项

在客户现场介绍、投标现场演示或主题演讲时，都会用到投影仪，需要掌握一些技巧，以达到更好的演示效果。

电脑双屏显示分为复制模式和扩展模式。当使用镜像模式时，笔记本电脑 LCD 和投影机屏幕显示完全相同。而使用扩展模式时，投影机显示的是主显示器（笔记本电脑 LCD）的扩展。两者各有不同的应用场景，可以根据现场需要进行选择。

在大型会议或产品宣介中使用单向的台上说一台下听的模式时，可采用复制模式，即屏幕上显示内容与电脑主屏幕显示内容相同。若是技术研讨会，在讨论模式的场景下，采用扩展模式会取得不错的效果，可以将需要展示或讨论的内容扩展（直接用鼠标将内容进行拖拽）在屏幕上，在自己操作的电脑屏幕上可查看相关资料或者记录讨论过程中相关问题，两者互不影响。

可通过快捷键【Windows+P】调出对话框，之后根据需要选择复制或是扩展模式。

➢幻灯片放映及隐藏

按【F5】键从头播放，或【Shift + F5】快捷键从当前进行播放，按【ESC】键退出播放。

演示前再次进行检查，若某几页 PPT 不符合本次介绍的主题，在不想删除 PPT 的情况下，可用右键将 PPT 隐藏，在播放的过程中就不会对隐藏的 PPT 进行播放。

➢演讲者模式的使用

在演示的过程中，售前顾问可通过“演讲者模型”在讲解过程中查看自己编辑的备注信息。

在放映状态下，售前顾问将 PPT 最小化（放映状态最小化），不影响投影屏幕显示内容，此时可以在电脑上进行其他操作，效果类似于屏幕扩展效果，主屏和电脑屏幕展示不一样的内容。在演示过程中如发生一些紧急情况，可利用此技巧。

案例

紧急情况处理

售前顾问小王和客户经理小李到客户现场进行产品介绍，演示内容包括两部分，分别为 PPT 介绍和系统演示。在准备开始演示时，他们发现系统有些小故障，客户已经到达会议室，不好更改开始时间。因此在介绍 PPT 的过程中，售前顾问和客户经理配合，将放映状态下的 PPT 最小化，不影响屏幕放映效果。售前顾问小王一心二用，看着大屏幕介绍内容，在介绍过程中让客户经理小李和客户进行互动沟通讨论多争取时间。在此过程中，售前顾问

小王对系统进行了一些修改，当系统可以正常演示时，给客户经理小李暗示，之后加快 PPT 介绍，正常进行系统演示。

➢演示过程中在 PPT 上做醒目的标记

在演示过程中，需要对某些重点部分进行标记，针对不同的情景可采用不同的方法：

放映视图：在放映状态下右击选择“指针工具”进行标记。

普通视图：在普通视图的情况下，可以采用相关工具进行标记。

远离电脑时：可以采用激光笔进行标记（激光笔为售前顾问的必备工具之一）。

➢黑白屏的掌握

在幻灯片放映的过程中，如果需要与客户进行一些互动交流，或在某些场合需要口头阐述相关事宜，不想让 PPT 内容喧宾夺主，可以在幻灯片播放时，按键盘上的 B（black）键或是 W（white）键，切换黑白屏模式。

➢如何远程遥控幻灯片

在一些大型介绍会中或一些特殊场景下，需要远程遥控 PPT，可以使用激光笔进行远程操作。如果在激光笔忘记带或临时故障的情况下，可以采用一些远程操作的 APP 进行操作。

➢如何保护 PPT 不被客户修改或竞争对手剽窃

在演示完成后，客户经常会问的一个问题是 PPT 能否拷贝一份。为了保障重要信息不被泄露或被竞争对手剽窃，最好将重要信息的 PPT 删除，同时将 PPT 转为 PDF，若需要加密，可对文件进行加密操作。

5.2.2.2　真实产品汇报准备

根据客户的需求及售前演示交流策略，有针对性地选择真实的产品进行演示，可以让客户更加直观地感受及体验产品，让方案 PPT 展示更具有说服力，消除客户疑虑，增强客户的信心。通过真实产品的演示让客户了解公司的产品软件可以满足其需求，而不仅仅是让客户了解公司的产品功能。

客户想看软件的目的包括：

一是了解产品对其现状需求的适用性，因此售前顾问需要通过多方渠道明确客户的需求。

二是了解公司的整体实力及其在某领域内的专业程度，因此需要在演示产品的时候展现公司的综合实力。

三是了解公司完成项目的时间计划、可以提供的售后服务，因此在汇报过程中可以明确告知客户公司可提供的服务模式。

四是了解公司在其他地方使用的情况，因此在介绍过程中可以增加一些典型案例的介绍。

真实产品演示一定要做好充分的准备，事先要了解客户的需求，并与客户经理、研发人员等进行充分的沟通交流。真实产品演示一般以业务场景为主展示公司产品的优势，避免过多地介绍细节功能。

售前顾问知道真实产品的演示环境后，一定要判断电脑的性能、系统功能、系统流程等方面是否满足客户的需求，如不满足，需要协调研发同事制作产品或改进产品功能。

（1）产品介绍方式

在客户现场介绍真实产品的方式有真实系统软件、Axure 原型演示、产品视频等。

➢真实系统软件

真实系统软件演示包括：系统直接部署在演示笔记本上；系统部署在虚拟机上（Windows 系统安装虚拟机）；通过远程访问部署在云端系统。

其中，将系统部署在演示笔记本上，演示系统性能较好，但是其复用性较差，系统易出现问题。将系统部署在虚拟机上可以拷贝复制，不影响本机使用，但是对电脑配置要求较高。通过网络访问云端系统，需要时常登录查看系统是否正常运转。

公司最好有专门的虚拟机环境部署售前演示系统，与实际在用的产品分开使用，以保证售前演示和实际产品的独立性，防止实际产品出现故障。

使用虚拟机有以下几个好处：

在一台电脑上同时运行几个操作系统，出差时只需带着一个笔记本电脑即可向客户演示多个系统。

整个虚拟机可复制粘贴到电脑上，对于部署人员来说，只需要部署一次，就可以实现售前团队复用，极大地减少了工作量。对于售前团队来说，通过简单的复制粘贴，即可获得所需要的产品系统。

在电脑本机中安装有产品的虚拟机进行演示，不影响物理主机的操作系统、应用程序和软件。

虚拟机有“保存快照”和“恢复快照”的功能。可将测试过产品软性系统的最佳状态进行保存，在客户现场可通过恢复快照功能，恢复系统的最佳状态，极大地提高系统的运行效率。若系统临时出现问题，可再次通过恢复快照功能，恢复到系统最佳运行状态，不需要研发或测试人员进行修改。对于需要到全国各地演示的售前工作者来说，极大地减少了未知隐患。

➢Axure 原型演示

此种方式适合于还在构思的产品，可以让客户直观感知产品将要实现的功能。也可以作为真实系统的备份材料，如系统发生故障，可以用与原系统一样的 Axure 原型进行演示，但是无法现场进行数据操作，真实体验感较差。

➢产品视频

如果客户不需要直观地感受产品，只需要大概地了解产品的界面和实现的功能，可以使用事先录制好的视频进行介绍。产品视频可以作为 PPT 制作的原材料，在整体方案 PPT 介绍中，辅以视频可以产生不错的效果。

通过真实产品演示可以让客户见到实物，增加交流互动，提升客户的信任感，在演示过程中需要根据用户的需求和关注点来演示产品的功能亮点。

案例

制作接近真实的数据以说服听众

许多客户为了增强演示的效果，往往会给潜在供应商提供客户企业内部的工作流程，或一些技术资料等。供应商根据客户提供的信息，设计模拟真实数据。在无法获得客户数据的情况下，也要结合其行业的特点进行分析设计。

在一次产品演示中，某公司了解了客户企业不同部门之间的业务流程。为了让客户全面地了解产品功能，该公司按照客户企业流程模拟了产品的使用场景，并结合过去的经验考虑企业实际运营过程中存在的种种问题。

这样，在演示过程中，每个部门听众都能看到产品到底能解决他们的什么具体问题，效果非常好，也使该公司同其他的厂商拉开了距离。

客户不仅认为该公司很重视他们，数据很充分，而且认为该公司非常专业。

（2）产品演示思路

根据不同的听众需求选择合适的演示思路对产品进行演示，需要站在客户的视角去演示产品，对象是客户，而不是自己。

做好产品软件演示不是一件容易的事，如果演示对象是管理人员，需要重点介绍产品软件可以解决客户的哪些业务问题、能带来哪些管理上的好处。如果演示对象是技术人员，可以介绍软件的技术架构图、功能模块，实现方式等。主要的介绍方式包括以下内容。

➢以业务场景为主线介绍

模拟具体的业务场景对软件系统进行介绍，比较适用于业务流程的流转。例如，办理某项业务需要窗口人员受理、科室人员复查、领导审批。

在系统演示过程中，以窗口人员身份登录系统，模拟窗口人员的受理过程，在这个过程中使用了系统的哪些功能，并对这些功能进行介绍说明，之后流转到下一个环节；以复审人员身份登录到系统中，模拟复审的操作场景，以此介绍系统功能，流转到下一个环节；以审批人员身份登录，模拟审批的操作，介绍审批使用的系统功能，最后对产生的结果归档。

以流程型的业务场景对系统进行介绍时，为了避免流程过于复杂，给听众造成模糊不清的印象，最好能够配合流程图告诉听众目前处于哪一个流程中。

➢以产品功能为主线介绍

根据客户需求对系统的产品进行介绍，可以先从主体的产品概览进行介绍，之后对细节功能进行介绍，可以根据现场交流的情况对介绍的功能进行调整。

➢以角色为主线介绍

以角色为切入点进行介绍，例如，以运维人员身份登录到系统中，介绍运维人员使用的功能；以管理人员身份登录到系统中，介绍管理人员关心的统计分析的功能模块。

➢投标现场演示注意点

投标现场演示的时间有限，现场专家不一定详细了解客户采购系统产品的需求，产品演示宜按照招标文件要求顺序对系统进行演示，以便专家进行打分。

5.2.3 做好内部预演，不断打磨汇报思路

想演示成功，最好的途径只有一条：练习，练习，再练习！作为主讲的售前顾问，可将所要叙述的关键点或是台词先记录下来，所谓好记性不如烂笔头，之后对所要讲解的内容进行背诵，最后基于自己的理解，熟练地讲解整体方案内容，即按照记下内容—背诵内容—理解内容的过程，做到心中有数。

当售前演示的材料编写完成后，有条件进行内部预演的，可邀请客户经理、项目经理等人员进行模拟预演，提出客户可能会问的问题，进行现场答辩。预演结束后对预演效果进行评价，对售前演示材料提出改进和完善意见。售前顾问根据修正意见对售前演示材料进行修订。

模拟听众要帮助售前顾问去模拟各种可能的听众提问，在正式演示前，如果能邀请一个有判断力的客户先听一次演示，再作针对性调整，这样正式演示效果会比较好。在预演过程中磕磕绊绊、错误百出都没事，往往预演出的问题多，现场演示才能顺顺利利。

在预演过程中，售前顾问需要根据彩排的时间，再次修改制作的汇报演示材料，由于现场演示可能会过于紧张，介绍的语速过快，要有意识地控制节奏。

如果没有机会安排模拟彩排，售前顾问可自己演练，利用电脑录屏工具录制自己演示及操作的过程，不断回看，也可以发现一些问题，然后针对问题进行修改。

案例

一位优秀售前顾问每次去客户现场演示前的练习准备

公司的一位售前顾问在一次培训时分享了自己每次到客户现场演示前必须要做的练习准备。

在准备好演示材料的情况下，写下自己想说的、理解自己想说的内容、讲出自己想讲的内容。

之后通过录屏的方式，模拟演练，通过回看的方式，找到自己不足之处，进行改进。

再之后，在公司内部组织相关人员多次进行彩排模拟，根据给出的意见进行修改。

通过这些方式做到心中有数，到客户现场之后也能自如地应对各种状况。

5.2.4　不可忽视的工具准备

需要了解客户现场演示环境，确定是否需要自带投影仪。需要将笔记本电脑、投影仪（有需要）、转换接头、激光笔等设备带齐。

如有需要，最好带上公司的宣传彩页，在现场进行发放。

细节决定成败，到客户现场需要准备以下资料：

（1）辅助工具：名片、资料、激光笔、记事本、笔；

（2）电子文档：注意备份、版本、大小、格式；

（3）纸质材料：方案材料打印、公司宣传材料、产品宣传材料；

（4）电子设备：高清转换头、投影仪、电源、录音笔；

（5）个人形象：尽量身穿正装，或稍微正式的服装；注意休息，合理饮食；

（6）播放技巧：激光笔及电脑跳页，回放的播放技巧；

（7）交流过程中，注意座次安排、手机静音，看情况选择站立或坐着汇报

案例

准备得越充分，意外越少发生

有一个售前顾问每次到客户现场进行演示时，都会做好一些备案，对需要演示的产品制作PPT，对产品主要内容录制视频。将所有准备内容在云盘上备份、U盘上备份，把一些材料打印出来。事先了解客户现场是否有投影仪，如果没有则自备投影仪。通过这些充足准备，可尽量避免一些意外情况的发生。

案例

一条投影仪高清转换线毁掉一次演示

在一次产品演示中，售前顾问没有带投影仪的高清转换接头，到达客户现场后，发现客户的投影仪无法连接到自己的电脑，但客户的领导都在等着，最后只有请所有客户领导围绕在一台电脑前看演示，各位领导看到这种情况都相继离开会场，演示效果极差。

点评：每次演示前，一定要做好充足的准备，预估可能发生的意外情况，带好各种辅助工具。

5.2.5 胆大心细地做好现场演示交流

在与客户的沟通交流中，售前顾问通过对产品的熟悉和良好的表达能力，在演示交流中给客户做好产品功能及亮点的传递。在演示过程中心态保持平和，吐字清晰、语音洪亮、语速适当。在演讲过程中要与客户经理互相配合，

同时注意与客户的沟通交流，观察客户的反应，根据现场情况适当调节演讲顺序及演讲重点。

在演示过程中要遵循以下原则：按照设计流程进行演示，不要过度紧张；重点演示客户关心内容，不要耗时过久；中间穿插成功案例佐证，不要平铺直叙；认真回答客户提出问题，不要不予理会；认同淡化竞争对手产品，不要一味批评；针对客户提出异议之处，不要过分争执；避免讨论软件产品弱点，不要作茧自缚。

在演示汇报过程中，要时刻关注客户，询问客户是否有疑问，随时与客户沟通交流。

现场演示交流的模型如图 5-2 所示。

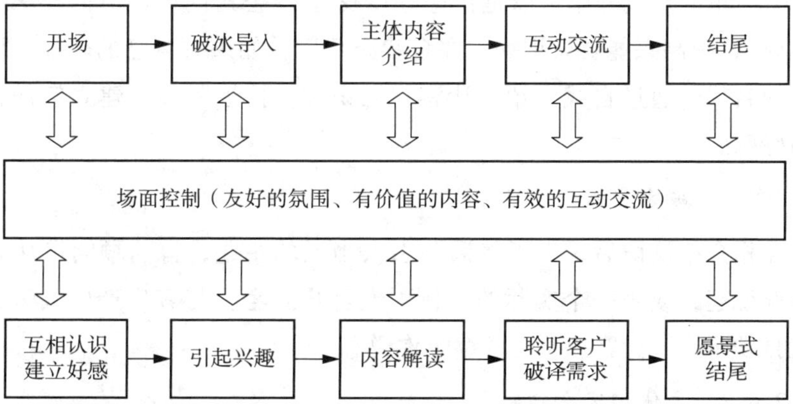

图 5-2　现场演示流程模型

现场演示交流模型对应流程如表 5-10 所示。

表 5-10　现场演示交流模型对应流程

阶段	内容
开场	互相介绍、交换名片
破冰导入	可以以一个小故事、小案例为题引出问题，让用户思考，进而引入主题
主体内容介绍	解决方案 PPT、产品、视频等内容
互动交流	注意倾听客户，善于挖掘客户深层次的需求
结尾	再一次总结内容，与客户达成共识，说明下一次工作目标

5.2.5.1　开场

良好的开端是成功交流的重要保障，永远都不会有第二次机会来建立第一印象，所以每一次的演示交流前，售前顾问都要想清楚要给客户留下什么印象，因此需要穿什么样的服装，如何自我介绍，眼神和哪些人交流，以什么样的方式开头，以什么样的贴合主题小故事开场能够引起客户共鸣，这些都需要事先设想好，要用10倍的时间去准备策划。

每一位售前顾问都需要一个好的开场白，可以从自我介绍开始，有个性贴切地进行介绍，给客户留下深刻的印象。需要理解“三三三原则”，即开场后的三秒钟决定别人对你的初步印象，如果三秒钟的感觉还可以，他们会感兴趣听你讲三分钟。如果你在三分钟内解决了他们心目中潜在的三个问题，那么他们会继续听你讲三十分钟，然后是三个小时，这就是三三三原则。充分利用这一原则，有助于提高演示交流的质量。

一个简单的自我介绍可以是：您好！我是××公司的售前顾问×××（名字含义解说），很高兴能够认识您。在自我介绍后，如果有自己的名片，可以递上自己的名片。通过自我介绍，让客户认识你，拉近距离，建立信任，争取客户的好感。

5.2.5.2 破冰导入

在互相介绍认识后，为了将话题引入当天的主题，售前顾问可从客户的实际情况说起，或用一个实际的案例引发客户思考，与客户产生共鸣，在一开始就打动听众，让客户愿意继续听你说。

5.2.5.3 主体内容介绍

向客户介绍可行性解决方案，说明公司可以做到的内容；向客户介绍成功的典型案例，告诉客户成功经验；与客户探讨目前行业的发展趋势，寻求认同感，获得客户的信赖；深入交流，洞察客户实际需求。

内容介绍中常见的错误：

（1）准备的内容高、大、全，讲解零乱，重点不清晰，客户不理解。

（2）没有了解听众的专业背景，介绍过程专业词汇较多，客户听不懂。

（3）自己觉得说得很精彩，但是客户没有反应。

（4）讲解超过时间限制，节奏把握不好，客户流露烦躁情绪。

因此在内容呈现过程中，要注意以下几点：

（1）通过肢体语言，展示良好的精神面貌。

在演示过程中，通过眼神、表情、肢体动作等肢体语言表现出自信谦逊的态度，语速适当，口齿清晰，声音洪亮，面带微笑，从容不迫，做到心中有数。

售前顾问在现场要时刻关注客户的情况，用目光与客户交流，传递信任、感谢。目光与客户自然接触 3~5 秒，照顾到所有人。如果不敢直面客户的话，可以关注客户的眉心，让他感觉你在看着他。不要让自己的眼睛游离于客户之间，这样传达给客户的感觉是你的心慌和不自信。同时一定要做到心中有数，把握自己的“度”，让客户信服，而不是感到你在夸夸其谈。

售前顾问面带微笑，给人一种亲近感，让人愿意主动与你做更多的交流和互动。在演示过程中如果是坐着演示，注意使用简单的手势语言，让介绍更具有感染力。如果是站着介绍，昂首挺胸，左手拿话筒，右手拿激光笔，给人一种自信从容的感觉。

（2）使用简单易懂的语言描述。

重点演示客户关心感兴趣的话题。在演示过程中，用客户听得懂的语言进行表述，多使用场景化的描述，避免大量专业化词汇，让客户听得懂、听得清。可在演示过程中引入相关案例，让客户有所感悟。演示过程思路清晰，让客户有愿景期待。

售前顾问清晰表达内容，语音有高有低，突出重点，抑扬顿挫。可以用一些关键词语，例如提高了/增加了满意度、效率、质量、速度，降低/减少了成本、风险、损失、错误，实现了/满足了数据共享、精细化管理、信息化管理。

（3）使用场景化的表达方式。

需要运用场景化的表达方式，结合实际案例介绍情况。人们的感性记忆比理性记忆深刻，因此在介绍过程中，运用场景化的表达方式，突出产品亮点，结合实际的案例或实际的业务进行演示，避免陷入技术死角，要给客户带来直接的冲击。

（4）演示逻辑清晰，介绍内容直击客户痛点。

在演示过程中，根据客户的需求，结合 PPT 和产品向客户介绍解决方案，汇报的结构条理清晰，容易被客户所理解和接受，在介绍的过程中，不能仅仅对系统功能作纯粹介绍，要突出自己方案的价值，需要站在客户角度，解决客户的问题，给客户带来价值。

在说明产品功能的时候，说明该功能可以给客户带来的价值，同时也可以从反面说明，如果没有该功能将会带来的不便之处，例如没有“统计功能”就无法清晰地了解“家底”，说明产品软件怎样支撑客户的未来发展。

（5）掌控现场交流节奏，建立融洽的氛围。

需要根据现场的情况灵活应变。有可能现场的人员数与之前了解到的不太一样，在人少的情况下，要鼓励客户与自己多沟通交流，深度挖掘客户的需求。在人多的情况下，可以先以自己演示介绍为主，突出重点介绍，防止演示过程中客户注意力的分散和主题的偏离；介绍之后进行互动交流，在交流的过程中充分调动听众的参与感，深度挖掘客户的需求。

（6）随时关注客户的反应，现场随机应变。

在客户现场交流汇报的时候，一定要把自己当成专家，避免演示自己不熟悉的内容，不要拘泥于事先准备的议题，注意听众的反应，尤其是关键选型人物或决策人物的反应，及时发现听众感兴趣的议题，进行切换。不要一直照本宣科地朗读演示所准备的台本，可以适当地脱稿，与客户进行互动。在介绍过程中，不要平铺直叙，要制造问题，引发客户思考。

（7）善用现场道具。

在与客户演示交流过程中，观察现场是否有可利用的道具，例如黑板，在与客户讨论问题时，可以在黑板上现场呈现相关议题的信息，引发客户思考，给客户留下深刻印象。

（8）需要避免出现的情况。

在客户现场不要自说自话，需要多与用户沟通，多观察客户对产品的反应。避免直接与客户争论，当客户出现不耐烦或抵触情绪时，表现出真诚的态度。不要过多地谈论技术，避免与客户讨论太多产品的弱点。不要直接抨击竞争对手。对于客户提出的问题，要有答复。

5.2.5.4 *互动交流*

互动交流阶段是进一步促进关系发展的重要阶段，可以通过与客户互动交流获得客户的认同、了解客户的特点、了解客户的关注点及需求、引导客户的需求、引导用户选择技术方案。客户可以提出感兴趣的话题，售前顾问也可以针对一些情况提出自己感兴趣的话题，建立双向沟通机制。售前顾问要掌握大量的应对技巧。需要识别出客户提出的问题是了解信息类的问题、考察能力类型的问题、陷阱型问题，还是点拨型问题。需要了解客户的潜在用意，有针对性地回答。

善于利用说话的艺术，在演示交流的基础上建立客户的信任，深度挖掘客户的潜在需求。对于客户提出的问题，无法现场作答的，不要明确说“不能”或“不行”。虽然不能说真话，但也不能说假话，如果客户提出之前客户经理说某功能可以实现，售前顾问虽然觉得无法实现，但也不能完全反驳，可以说这个功能需要的开发量及时间等因素。售前顾问也不要过度承诺，不要给后期的项目实施埋下隐患。

对于客户的提问，先思考、再回答。回答问题时对提问者首先表示感谢，之后面对所有人回答问题，而不仅仅是对着提问者回答问题。问题回答完毕之后，再将视线转向问题的提问者，询问是否清晰解答了该问题。

针对客户提出的一连串问题，先进行记录，对于能够回答的问题给予回复，对于不能回答的问题或尖锐的问题，不要随意回答，告诉客户公司有更专业的人能够回答，会尽快给予客户答复。

当提问者问到已讲过的问题时，可以说："刚才我可能没有说清楚，我举个例子再次说明一下。"当问到与主体内容无关的问题时，可以说会议结束后再单独进行讨论。

5.2.5.5　结尾

结尾的时候，作一个总结，可以是对本次演示内容的总结、感谢式的总结和愿景式的总结。再次强调本次交流汇报的重点、客户的需求、双方达成的共识，以及下一步工作计划内容。

5.2.5.6　场面控制

现场演示交流的各阶段如开场、破冰导入、主体内容介绍、互动交流和结尾等各阶段都需要进行场面控制。现场演示交流需要售前顾问及演示团队充分准备，具有现场随机应变及演示交流的能力。在汇报前需要再次全面检查需要借助的环境，确保环境正常可用。场面控制需要营造友好的氛围、呈现有价值的内容、实现有效的互动交流。主要包括自我紧张感的调节控制、时间和节奏的控制等。注意引导客户发言，引发需求，对于超出可控范围的问题，可以承诺后期正确地回复。

（1）自我紧张情绪的控制

会产生紧张感的原因是准备不足、害怕失败、期望过高、缺少经验等。要克服紧张的情绪可采用以下方法：

充足的准备：通过大量的准备，不断地演练，提升信心。

自我暗示法：不断在心里自我暗示"我可以"，预想成功后的喜悦心情。

生理缓解法：进行深呼吸，深长地吸气，缓慢地吐气，逐渐使自己平静。

自我解脱法：接纳不完美的自己，百分之百投入，对于任何结果都接受。

同时在内容准备呈现前，熟悉场所，简单回顾一些主题，再次熟悉汇报内容，和客户确认交流时间，以缓解紧张情绪。

（2）时间和节奏的控制

注意观察客户的面部表情，看其表现出负面的情绪还是正面积极的情绪。一般负面的情绪包括玩手机、眼神飘忽、面无表情、和别人聊其他话题等；积极的情绪包括面带微笑、注意力集中、不断点头、随着你的讲解进行思考、随时提问交流等。如果客户的负面情绪逐渐增多，可以缩短汇报时间，多和客户进行沟通交流，让客户更多地参与进来。如果客户表现出来的是积极的情绪，可以根据客户感兴趣的内容进行针对性的汇报，同时进行沟通交流，不断引起客户的兴趣。

5.3 演示规范：将成功的演示标准化

5.3.1 精心准备不同类型的标准化材料

对于每一个产品线，都可以将演示流程标准化，编写配套的资料，包括汇报 PPT 材料及产品软件演示环境、演示手册、演示视频。后期其他售前顾问根据不同的情况在标准化的流程上进行定制开发。

汇报 PPT：针对不同产品制作高质量的汇报 PPT，后期售前顾问根据不同场景在此基础上进行修改。

产品软件演示环境：说明产品演示的云端地址，打开注意事项等内容。

产品软件演示手册：记录演示的参考流程，逐字逐句地记录演示的讲稿，记录产品软件的演示需要避开的雷区，记录客户可能会问到的问题及对应的答案。

产品软件演示视频：可由经验丰富的售前顾问模拟客户汇报的场景，录制演示汇报的视频。可通过录屏软件，录制售前顾问的声音，不会出现售前顾问的镜头。也可以通过模拟实际场景，进行情景角色扮演，录制售前顾问和客户现场演示交流的情况，给其他售前顾问显示更直观的学习画面。

将售前演示流程标准化具有以下好处：

（1）实现售前知识的积累传承

有经验的售前顾问将自己丰富的实战经验进行标准化，可以使其知识得到传承，形成售前团队宝贵的知识财产。

（2）新售前顾问可以快速学习

经验尚浅的售前顾问，对于售前演示缺乏相关经验，可以通过这些标准化资料，快速掌握不同产品线的演示方式方法，节省培训资源。

（3）形成高质量的演示效果

标准化的演示资料都是优秀售前顾问的经验，形成了可复制的流程，总结了相关方法，说明了需要避免的雷区。其他售前顾问可在其基础上针对不同的情况进行修改，能够较好地完成演示交流任务。

5.3.2 在标准化套路上不断深化演示效果

标准演示整理好后，公司应要求新进售前顾问按照标准演示套路照本宣科进行演示，这样可以保证最基本演示质量；然后演示者才能在大量实际练习工作中，把产品功能和公司业务融会贯通，讲得流畅精彩；最后才能在现场基于标准演示素材自由组合、点睛发挥。实际进行演示时，售前顾问临场自由发挥成分还比较多，完全不发挥是不可能的，一些精彩的自由发挥还可能成为演示的点睛之笔。

既然是临场发挥，就有发挥得好与不好的时候。因此公司还必须总结每次实际项目演示，特别是售前演示效果，不论成败，都要总结得失并将意见回馈到演示准备部门，持续完善、持续改进。这种行动后反思（After Action Review，AAR）也是知识管理体系的重要组成部分。事实上，不仅是演示，每个项目都应该在行动后做出反思。

（1）如果对手具有我们没有的功能特色，应回馈给产品规划部门，看是否值得紧急进行产品功能开发改进，并在演示环节加强针对该功能的管理理念和业务分析内容。

（2）如果操作过程演示层次不清晰、不连贯，应考虑如何结合业务形成更有效的演示方式和语言表达。

（3）如果产品性能不足，导致演示时拖泥带水，应回馈给测试部门作为缺陷加以改进，并设计更简明的演示样例。

（4）如果演示人员能力不足，导致没有清楚地将产品特色讲解出来，应考虑加强培训，加快演示知识扩散。

5.4 实战案例：基于 BIM+VR 的高校实训教学平台整体解决方案的多次演示交流

背景：某高校计划建设基于 BIM（Building Information Modeling，建筑信息模型）与 VR（Virtual Reality，虚拟现实）结合的高校实训教学平台。BIM

是以三维技术为基础，实现建筑的设计、施工、运行直至建筑全寿命周期的终结建筑信息的集成，能够有效提高工作效率、节省资源、降低成本，以实现可持续发展，给建筑行业带来巨大效益。某高校希望建立 BIM 及 VR 实训教学平台的解决方案，以有效地模拟现实环境，让学生更加直观、有效地掌握专业知识。同时，通过创新的教学方式为行业培养出更多的 BIM 实践型、复合型人才，让学生在走出校园之前预先了解专业的工作方式。

目前已有多家企业进行了前期对接，向该高校提交了解决方案。A 公司的客户经理小李负责本项目的跟踪，售前顾问小王配合小李制作相应的解决方案及方案介绍 PPT。

售前沟通的过程有多种方式，客户经理小李将方案提交给该校的项目负责人之后，积极联系，做好商务工作。同时针对解决方案的内容是否符合该校领导的心理预期，推动了简单的非正式的技术交流，希望在正式汇报解决方案前先与项目负责人沟通，让正式汇报内容更具有针对性。客户经理小李及售前顾问小王按照约定的时间到达项目负责人的会客室，售前顾问小王就方案内容简单地和项目负责人进行沟通交流。该校项目负责人针对解决方案内容提出了几点建议。

售前顾问小王针对该校项目负责人的意见修改解决方案，重新向客户提交了解决方案。客户经理通过与项目负责人协调，确定演示汇报的时间及要求，即×月×日（下周五）演示 1 个小时，地点在该校主楼会议室，有配备投影仪。售前顾问小王在公司已有的标准演示套路的基础上（将成功演示标准化），针对本次个性化的内容，重新制作了演示汇报的材料。

客户经理小李、售前顾问小王以及公司团队成员共同交流探讨，根据前期提交给客户的方案以及反馈的意见，以营销为目的对演示方案进行整体策划。不仅关注演示的技术内容，也考虑整体的商务因素，以及演示完对后期的项目推进起到的作用。

5.4.1 制定交流策略，做好统筹安排

（1）确定交流目标

与客户经理沟通后，确定本次的演示目标是针对客户需求，介绍 BIM 及 VR 实训教学平台的解决方案，以有效地模拟现实环境，让学生更加直观、有效地掌握专业知识；创新教学模式，提升教学质量，建立校企合作模式，打造行业内典型案例，从而有利于学术成果研究及实践利用。同时展示公司在

这方面的综合实力，赢得客户信任。

（2）客户类型分析

该校之前和公司的一些老师或教授有合作，担任过一些项目评审的顾问专家，因此对公司较熟悉。

（3）客户听众分析

经过前期的技术交流了解到，参与汇报交流会的人员包括该校分管该项目的领导人（主要决策人）、项目负责人、后期负责运维管理的技术人员、几位授课老师代表。听众对建筑领域、BIM知识领域有一定的研究，从事教学活动多年。对听众进行分析如下：

➢听众对于演示内容的态度如何？

听众对于演示内容抱着积极的态度，希望引进新的教学模式。

➢听众为什么要参加这个演示？是谁组织他们来参加的？他们有什么要求？

学校希望产教结合，提升教学质量，建设具有特色BIM创新实践教学示范基地，该项目是学校今年的重点建设项目，各高层领导都非常重视，安排了具体项目负责人及相关授课老师负责此项目。

➢听众中有无对我们有好感的人？

其中一位老师之前与我们有过合作，对我们有好感。

➢听众中谁是决策者？

听众中负责该项目的领导人是决策者。

➢听众中谁是项目影响方？

听众中的项目负责人及几位授课老师代表是影响方。

➢听众中谁是无关紧要的人？

都有关系，没有无关紧要的人。

➢关键听众都如何称呼？

统一称呼姓+老师，负责领导人姓李。

➢决策者能全程参与吗？

参会的几位听众都能全程参与。

➢听众中谁是内部“钉子”？

其中一位老师之前与我们有过合作项目，与我们关系良好。

（4）确定呈现方式

以PPT工具为载体，打印相关方案纸质材料，汇报介绍整体解决方案。

现场演示环境有投影仪，对演示的PPT资料进行备份并打印纸质方案备用，准备客户可能会问的问题的答案等。

（5）竞争对手分析

目前听众有了解其他一些竞品公司的产品，也会在后续陆续邀请相关公司进行汇报，针对BIM及VR实训教学平台的解决方案作一个对比分析，同时该项目预算有限。

（6）明确交流团队

由于有项目的决策人参与，申请公司的高管共同参与。演示交流团队由公司高管、客户经理小李、售前顾问小王组成。

5.4.2 精心准备演示材料

在组织材料的过程中，通过“论述式：现状分析—存在问题—解决方案—实现效果”的方法对PPT材料进行组织，针对客户的现状，提出具体的解决方案。

汇报主题：高校基于BIM+VR实训平台解决方案——让教学变得更有用、更有趣（提炼观点，用一个总体的名称总结出项目的核心价值点）。

主要内容：

（1）高校实训平台现状分析

暂无BIM及VR类实训平台，因此需要建设相关平台。

（2）高校实训平台问题分析

高校如何进行BIM人才培养？

如何将BIM技术与高校专业人才培养结合？

如何落地高校BIM课程？

（3）整体解决方案

一是BIM+VR展示系统：通过虚拟现实及三维模型，模拟体验建筑建设全过程。

二是BIM教学考核评价系统：从传统的建筑教学方式变为以虚拟现实的方式完成线上的教学考核及评价。

三是成果创新及展示中心：实现在校师生或同行业日常参观及交流。

（4）实现效果

一是学校价值：建设创新的BIM教学示范基地，提升办学质量及知名度；

产教融合，实现专业建设、课程建设、教学模式和生产实践的融合；引进承接BIM工程项目和科研项目，给学校带来效益。

二是教师价值：增强教师理论实践的整体教学能力、专业操作能力，增强教材编写、课程开发、科研研发及教学成果推广能力。

三是学生价值：通过BIM教学可视化及案例的教学，提高学生的自主学习和创新能力；提高学生对新产品新技术的认识，掌握理论知识的应用能力，全面培养复合型人才。

(5) 公司简介

包括公司资质、经营范围、典型案例。

5.4.3　做好内部预演

售前顾问小王在制作好汇报材料之后，将演讲稿写下来，不断推敲其中的表达内容，追求表达到位。同时根据客户可能会问的一些问题，做好回答的准备。之后不断强化记忆，不断练习，邀请公司的领导及客户经理组成模拟团队，在团队中进行预演，让团队成员提出各种意见。模拟演练之后继续对汇报材料进行修改完善，售前顾问小王对自己的要求是一定要做到对汇报演示内容熟悉。

5.4.4　出门前准备必要工具

(1) 辅助工具：名片、资料、激光笔、记事本、笔。

(2) 电子文档：将演示的PPT材料电脑备份、U盘备份、邮箱备份、网盘备份等，做到万无一失。

(3) 纸质材料：将PPT演示稿打印成册，还有公司宣传材料、产品宣传材料。

(4) 电子设备：高清转换头、投影仪、电源、录音笔。

(5) 个人形象：尽量身穿正装，或稍微正式的服装。

5.4.5　胆大心细地做好现场演示交流

客户经理小李及售前顾问小王，按照约定的时间到达演示现场，调试设备，进行汇报演示前的准备工作。

当该学校的领导及相关与会人员都到场之后，演示汇报正式开始。

客户经理小李作为开场人员，首先感谢各位领导给了这样一次演示的机会，希望这次演示对各位领导来说是有价值的。之后简单自我介绍了一下，最后介绍售前顾问小王，由售前顾问小王介绍整体的方案。

售前顾问小王开始介绍整体解决方案：

“我是××公司的售前顾问小王，今天很荣幸能有这样的机会和各位领导老师介绍一下公司的《××高校基于 BIM+VR 实训平台解决方案——让教学变得更有用、更有趣》方案。

“通过前期调研，我们对学校的一些现状已比较了解，基于此制作了该方案，希望给各位领导关于如何建立 BIM+VR 实训平台带来启发。今天汇报的内容主要包括 4 个方面，分别是：高校现状及问题分析、整体解决方案、带来的价值、公司简介。在介绍的过程中，有任何问题都可以随时打断我，与我进行沟通交流。”

接下来是主要的方案汇报，售前顾问小王重点突出自己解决方案的价值。现场的几位老师也分别提出了一些技术问题，售前顾问小王一一作了回答。在整个汇报交流的过程中，售前顾问小王能对整个交流场面进行控制，既重视互动交流，也在交流的过程中注意聆听破译客户的需求。

在汇报的最后，售前顾问小王再次强调本次交流汇报的重点，同时确认新的需求，包括建立校企合作的意愿。因此双方达成共识，根据今天的需求，继续完善修改方案，提交到该学校项目负责人处。同时也编写一份校企合作协作育人的计划方案。

最后客户经理主动邀请该校的领导和老师到公司进行实地参观考察。

回到公司后，售前顾问小王对本次的演示交流进行了反馈总结，并在售前部门进行了经验分享，同时继续完善标准化演示套路。

客户经理小李继续推动项目的落地，积极促进校企合作，校企合作可以增加本项目成功的概率。

在项目伊始，客户经理小李就时刻将项目的进展信息告知公司的领导，让领导对这个项目的背景信息有充分了解，并多次积极促进双方高层领导的沟通交流。

最终公司顺利与该高校达成了校企合作协同育人的战略协作，也拿下了该高校基于 BIM+VR 的高校实训教学平台的项目。

6 参观考察：成功的案例是市场的公关利器，进一步巩固客户的信心

在售前阶段，客户为了更好地筛选出潜在供应商，会进一步对供应商进行考察，客户参观考察是一把“双刃剑”，供应商应用好这把双刃剑，进一步增强客户的信心。考察内容包括公司考察、用户考察、项目考察等。因此本章从参观考察的几个方面进行阐述，具体内容如下：

➢公司考察：建立客户对公司的合作认同

➢用户考察：用案例向客户证明公司的实力

➢项目考察：总结先进经验，更好为客户服务

➢实战案例：智慧水生态体系解决方案公司参观考察

6.1 公司考察：建立客户对公司的合作认同

客户希望通过到公司参观考察了解的信息包括：

➢了解公司的企业文化

➢了解公司的经营理念及售后服务

➢了解公司的综合实力

➢建立战略合作等

在客户到公司参观考察的过程中，公司相关人员需要介绍产品的可用性、符合性与项目实施的经验，在引导过程中需要与客户的需求相对应，做好参观考察的各项工作。

(1) 可主动邀请客户参观考察

在时机合适的时候，为了更好地推动项目的商务关系，公司可以主动邀请客户到公司参观考察。参观考察是一把“双刃剑”，客户对公司印象好，可以促进项目更好地落地，如果客户体验不好，双方就有可能失去合作机会。

都说眼见为实，要让客户切实看到及感受到公司的企业文化、管理理念及综合实力，让客户觉得自己公司是值得合作的公司。

（2）展示公司优秀的文化

让客户了解公司的发展历程，近距离感受企业的文化理念，了解企业的使命愿景、价值观。公司拥有先进的管理理念以及创新意识，员工的精神面貌良好、凝聚力强。公司具有良好的服务体系，可以给客户最优质的服务体验，给客户留下良好的印象。

（3）展示公司的综合实力

参观考察的本质是对公司提供的产品解决方案及服务的验证，参观过程需要让客户有直观的感受，参观的重点需要加以引导。需要通过公司环境氛围+视频+纸质资料+口头介绍+真实产品等方式展示介绍公司、产品体系、产品特色、市场前景、标杆案例等，验证公司的综合能力。增强客户的信心，向客户传递我们可以给客户带来价值、我们是很好的合作伙伴的信息。

公司参观考察，涉及的部门较多，需要动员全公司人员的力量共同策划组织。客户经理需要做好统筹工作，确认参观考察的基本信息，确定参观考察当天可参观的部门路线、需要展示的产品内容，并将信息反馈给相关部门。一些高层领导需要在参观考察当天参加与客户的座谈会。售前顾问需要针对客户感兴趣的内容准备汇报 PPT 等，准备针对客户主要问题的回答策略等。市场宣传部门整理公司宣传 PPT、公司宣传册、公司宣传视频、公司有关统计数据等资料，当天做好拍照及宣传工作。研发部门协助制作产品软件的演示资料，项目经理协助制作项目实施相关资料。行政部门配合采购横幅、指示牌、茶水、果盘等物品。

客户经理主要确认的信息如表 6-1 所示。

表 6-1　客户参观考察收集信息表

维度	落实信息
客户方面	确认参观时间，确定参观人员。如是外地客户，落实客户接送时间，确定客户入住酒店，落实客户的商务餐等
公司方面	确认接待人员及接待流程、交流演示资料准备、制作主题横幅、会议室预订、会议室布置、茶水准备、宣传资料准备、公司整体环境布置等

参观考察当天，双方的出席人员尽量对等（见图 6-1），在客户参观当天，针对不同人员感兴趣的内容进行沟通交流，充分建立客户的信心。

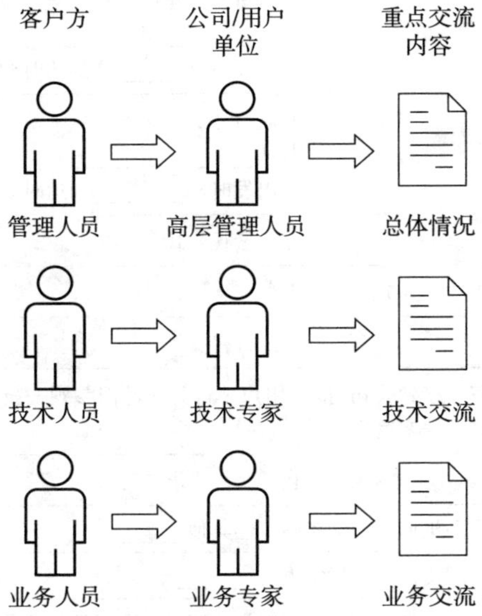

图 6-1　确定陪同人员

可以建立结构化的表格，发给相关人员进行确认。客户参观考察基本信息表样例如表 6-2 所示。

表 6-2　客户参观考察基本信息表

（一）客户基本信息				
姓名	性别	单位	职务	电话
客户联系人：		联系方式：		
（二）客户来访目的				
□选型　□参观　□业务洽谈　□其他________ 客户业务需求：				
（三）客户级别				
□省级　□地市级　□普通级　□其他客户				

续表

<table>
<tr><td colspan="2">（四）时间及安排</td></tr>
<tr><td>到达日期：____月____日</td><td>航班号、车次号：
从________至________
出发时刻________到达时刻________</td></tr>
<tr><td>离开日期：____月____日</td><td>航班号、车次号：
从________至________
出发时刻________到达时刻________</td></tr>
<tr><td colspan="2">（五）参观方式</td></tr>
<tr><td colspan="2">□产品　□公司　□用户单位　□项目　□其他</td></tr>
<tr><td colspan="2">（六）行程安排</td></tr>
<tr><td colspan="2">例如：到站接车—安排住宿—接到公司/接到用户单位处—部门参观—技术交流—高层会晤—送出公司—餐饮招待—游玩安排—送客返程</td></tr>
<tr><td colspan="2">（七）接待要求</td></tr>
<tr><td rowspan="2">1. 迎接</td><td>迎接地点：□机场　□动车站　□其他________</td></tr>
<tr><td>迎接人员：□司机　□指定人员________</td></tr>
<tr><td rowspan="3">2. 住宿</td><td>入住酒店：□一类：五星　□二类：四星　□三类：三星（快捷类）　□其他____</td></tr>
<tr><td>房间类型：□标准间________间　□豪华间________间　□套房________间</td></tr>
<tr><td>费用承担：□公司全部承担　□客人完全自付</td></tr>
<tr><td>3. 用餐</td><td>是否需要用餐：□是　□否
用餐标准：　陪同人员：</td></tr>
<tr><td>4. 会议室</td><td>□鲜花　□姓名牌　□投影设备　□茶水　□水果　□笔、本子</td></tr>
<tr><td>5. 参会人员</td><td>公司对应人员</td></tr>
<tr><td>6. 游览</td><td>游览的景点</td></tr>
<tr><td>7. 送行</td><td>是否安排车辆：□是　□否　送达地点：________</td></tr>
<tr><td colspan="2">（八）工作分工及资料准备</td></tr>
<tr><td>部门（人员）</td><td>具体事宜、准备材料、注意事项等</td></tr>
<tr><td>部门（人员）</td><td>具体事宜、准备材料、注意事项等</td></tr>
<tr><td>部门（人员）</td><td>具体事宜、准备材料、注意事项等</td></tr>
</table>

接待客户当天，全员通力配合，保证饱满的精神状态、突出优势的产品演讲、流畅的系统演示、愉快的沟通交流，将方方面面的小细节都做到位，给客户留下良好的印象，为后面的商务工作打下良好的基础。

6.2　用户考察：用案例向客户证明公司的实力

讲得好不如客户用得好，就像我们在电子平台购买东西总会看一下用户的评价，用户评价好，我们就更有信心购买产品。因此，需要重视对用户的管理，尽可能实施一个项目，就建立一个典型用户，搭建良好的用户口碑，建立用户案例库。

6.2.1　如何选择典型用户

当需要到用户单位进行参观考察时，需要选择样板用户。按照下列标准选出可参观样板用户之后，需要与用户单位进行沟通协商，确定参观事宜，如有需要可协助开具正式的红头文件：

（1）商务关系好

商务关系好绝对是优先考虑的因素，选择与公司商务关系好的用户，才可能在其他客户面前表达产品的优势，愿意为公司做宣传。

（2）背景地位对等

针对政府部门的信息化项目，政府部门包括省级部门、市级部门、县级部门等。在选择样板用户的时候，需要考虑级别对等的情况，例如，省级的客户需要选择省级的样板用户，市级的客户需要选择市级的样板用户，县级客户宜选择县级样板用户。

（3）应用相似

需要选择与客户目前需求所对应的应用相似的用户单位，可提供参考借鉴。

（4）项目实施用户口碑好

项目实施情况良好，项目服务到位，获得了用户的一致好评，顺利通过项目的验收。

（5）行业影响好

项目成功实施，在行业内属于创新应用，形成了行业内的标杆案例，社会影响较大，对其他地方具有一定的借鉴及参考意义。

6.2.2　做好典型用户案例库

在大项目中，很多产品软件都是抽象的，因此需通过成功的用户项目案例，让产品具象化。用户成功案例可以更好地验证公司产品的价值，增强客户的信心，愿意接受和购买公司的产品与服务。这就需要项目团队高质量完成项目成果的交付，促进项目成功；需要公司具有良好的项目实施方法体系，售前、项目实施团队协力配合，共同促进项目的顺利实施。建立样板用户案例库，通过参观考察，让用户为你说话更具有说服力，同时让客户有更加直观的感受。因此，要重视每一个项目，对每一个用户进行管理，打造良好的用户口碑，建立典型样板用户案例库，做好用户的分级管理（见表6-3）。

表6-3　典型用户分级管理表

用户级别	宣传级别	后续跟进需求
行业内典型标杆案例	随时可参观考察；可在官网、微信公众号等自媒体平台进行宣传	需要持续加强合作，加强商务关系，保证优质的售后服务
可公开宣传案例	不适合参观考察，但是可以在官网、微信公众号等自媒体平台进行宣传	持续交流沟通，加强合作，解决客户问题，形成典型案例，努力转换为可参观考察案例
反面案例	失败案例，不可以宣传	需要知道失败的原因，总结经验，当有其他客户询问的时候，需要做出合理解释

确定典型用户，收集相关资料，写好案例故事。要确保公司网站介绍资料、公司微信公众号、公司微博、公司宣传册、公司各种方案资料、公司售前PPT、公司内部培训材料提供内容一致的典型用户宣传介绍材料。

同时在项目实施过程中积极与用户进行合作，做好各项目的软课题工作，可以更好地促进与用户的关系。主要体现在以下几个方面：

（1）共同编写项目论文

一些用户单位的工作人员在评职称、单位绩效等方面会有论文的要求，可以和用户合作，共同编写项目实施过程中的技术细节、实施经验等论文，将论文发表到对应期刊上。在扩大知名度的同时，也为很多用户解决实际问题。

（2）申报项目奖项

可以关注相关领域内的世界级别、国家级别、省级别、市级别等奖项的申报工作，可以与用户合作，共同申报项目的奖项。如果成果获得奖项，既可以给用户带来正面积极的宣传效果，也可以为公司带来良好的项目实施口碑。

（3）共同做好商业报道

“酒香也怕巷子深”，做完一个项目后，用户也需要一些正面积极的商业报道，可以和用户合作，共同在一些有影响力的宣传媒介上进行报道，宣传用户在相关解决方案上的先进理念，也可以扩大公司在这方面的知名度。

6.2.3　典型用户单位考察希望了解的信息

有时公司参观考察和典型用户参观考察会给客户安排在一个行程中。到典型用户单位参观考察比在公司参观考察的沟通协调事宜更多，也更需要客户经理具有全盘统筹计划的能力，与用户单位进行充分沟通，做好充足的准备工作。

客户经理需要确认适合参观的典型用户单位、确认典型用户单位可参观的时间、确认典型用户单位的场地是否适合参观、与典型用户单位沟通确定参观流程、确认典型用户单位现场是否有投影仪、协助典型用户单位编制相关文档、确认是否需要编制红头文件、确认典型用户单位可参与主讲人员及陪同参会人员等。售前顾问需要配合做好相关汇报资料。

客户参观考察典型用户单位，希望了解的信息包括以下几个方面：

（1）了解目前产品是真实可靠、切实可用的

公司说一百遍，都不如用户的一句话，因此潜在客户到实际用户单位参观考察的过程中，想要了解产品是否真实、用户是否可用。这时候可以与用户单位相关人员进行沟通，参观考察当天主要由用户进行介绍，说明产品在使用过程中带来的正面影响，这样更具有说服力。

（2）了解公司产品在实际情况下的应用情况

客户通过参观考察，了解相关产品解决方案的实际使用情况。这时可安排走访具体的使用部门，了解他们在什么情况下使用产品，使用效果如何。这时候客户经理要协调资源，提前做好安排，保证产品的顺畅运行，同时需要项目的技术负责人在现场，避免一些意外情况发生，可回答一些技术性问题。

（3）是否具有参考借鉴意义等

潜在客户在参观考察过程中，想通过真实的案例，了解他们是如何进行总体设计以及规划的，他们有什么先进的理念，他们的现状是什么样的，他们是如何解决问题的，是否具有可参考借鉴的内容，等等。潜在客户可通过参观考察、典型用户介绍以及现场的座谈交流了解这些情况。客户经理以及售前顾问要协助典型用户做好相关汇报及交流的材料，让潜在客户参观完了解到一些有参考价值的内容，产生共鸣，从而进一步认可公司提供的解决

方案。

潜在客户到典型用户单位参观考察时是比较容易接受别人观点的，因此整个考察过程需要经过精心准备和规划，给潜在客户留下深刻印象，从而对项目成功起到关键作用。

6.3 项目考察：总结先进经验，更好为客户服务

本章定义的项目考察的场景是在某个领域内，有一个项目很有影响力，成了行业内的标杆案例，一些其他地市的客户想要去了解其建设经验。这时候客户会邀请前期对接的潜在供应商共同前往，在学习先进经验的同时，根据本地的情况，提出更符合本地的解决方案。如果公司有幸作为陪同方去参观学习，一定好好把握这个机会，学习先进经验的同时，编制出更有优势的解决方案，也可以更好地提升改进公司的产品体系。

在项目考察过程中需要注意以下问题：

6.3.1 带着问题去考察

项目考察并不是漫无目的的，客户去其他地方参观学习，而你作为客户的陪同方参与到这个过程中，需要带着问题去考察。在这个过程中，让你的客户感觉到你很有经验，建立对你们公司有能力设计出更好产品的信心。

客户经理和售前顾问或其他项目成员要珍惜这种机会，因为与客户共同考察其他典型项目是一个很难得的机会，可以近距离了解目前市面上主要的产品及实施情况。参与陪同的客户经理、售前顾问等在现场不仅能够配合客户提问及了解客户想知道的情况，同时有能力总结出客户产品的情况，可以提出更好的改进产品的建议，以及更好地为客户服务。

参与考察的项目成员需要坚持以问题为导向，做好功课带着问题去考察。考察要有针对性，了解自身短板、经验盲区以及客户现状，准备好重点关注内容，从而确保考察有实效。

如果考察的项目有承建的公司存在，由于可能存在竞争关系，可能不太愿意说太多，因此，在考察现场，不必要强调自己是哪一个公司的，只需说明自己是客户中的一员即可。在考察过程中，针对准备的问题以及想了解的情况多多提问，多掌握第一手资料，力求准确、全面、透彻了解情况，不搞走马观花、蜻蜓点水式的考察，力求考察取得实效。

说明：把自己当作用户中的一员，与用户的步调一致，了解掌握用户最

想知道的情况。

6. 3. 2　吸收先进的经验

考察回来后，参与的售前顾问需要编写考察记录：

（1）针对客户，整理出客户关心的问题，针对客户现状整理出客户将要建设的内容的全景规划建议，同时将整理出来的内容向客户进行反馈，让客户感觉我们有能力做出更好的产品。

（2）针对公司内部，需要指出我们产品与其他公司相比有哪些优缺点，自身的短板在哪里，其他地方的经验有哪些是可以参考借鉴的，有哪些项目技术是我们可以吸收的，我们目前的产品还有哪些提升空间。就整理出来的内容与产品经理、项目经理、技术经理等人员进行沟通交流，大家共同讨论，策划出更符合客户需求、更具有市场潜力的产品。

案例

到其他城市的典型案例参观考察学习

公司承建某政府部门的项目，该项目顺利验收进入维保期，客户针对目前的政策要求，想继续建设二期项目，其他城市已有相关成果。该部门与该城市同级别的部门联系，想学习考察它们的建设经验。

公司的客户经理小李与客户建立了良好的商务关系，同时一期项目建设得也很顺利，受到了客户的好评，赢得了客户的信任，因此客户希望他们继续参与到二期的项目建设中，邀请他们共同到其他城市学习考察项目，学习其他地方的项目建设经验。

客户经理小李马上联系公司，申请了几位优秀的售前顾问，组成考察团共同前往。售前顾问准备好需要重点了解的问题，到考察项目地后也展现了专业的形象，与考察项目的相关人员交流学习相关经验。客户经理全程陪同，安排好客户的交通住宿等事宜。

参观考察回来后，售前顾问在一期建设的基础上，针对客户对二期建设的需求，同时参考考察的一些先进经验，整理出了二期项目建设的方案，获得了客户的认可。最后公司顺利地与客户签订了二期合作合同。

6. 4　实战案例：智慧水生态体系解决方案公司参观考察

背景：某公司主要从事智慧水生态相关研究，形成供排一体的智慧水生态服务体系，提供智慧排水、智慧供水等软件解决方案，同时提供智能水表等硬件设备。客户经理小李前期一直在对接某市水务集团有限公司，积极推动后期的合作，邀请客户到公司进行参观考察。

6.4.1 考察准备工作

为了进一步打消客户的顾虑，更好地促进后期的合作，客户经理小李积极推动客户到公司及典型用户地参观考察。通过与客户沟通交流，争取相关项目决策人参观考察。之后客户经理小李通过与公司交流确认客户参观考察方案。

小李作为总体策划人员，统筹考虑客户参观考察相关事宜。首先小李与客户确认了参观考察的时间及重点关注内容：客户希望看到公司已有的产品展示，及在某地的成功实施案例，借鉴可参考经验。

小李通过邮件向公司反馈，成立公司内部接待小组，向领导反馈相关情况，得到领导的支持，并预留相关领导的时间。同时确认售前顾问小王负责产品讲解。

客户经理通过典型用户的数据库筛选出可宣传可展示的用户供参观考察(做好典型用户案例库)。公司与典型用户商务关系良好；典型用户与客户的级别相同；典型用户使用产品的效果良好，在行业内已形成一定的影响力；与公司距离不太远，交通方便；典型用户之前也有配合参观考察的经历，有参观考察介绍的经验及资源，他们也愿意配合公司完成客户的参观考察交流。

通过前期的沟通准备，客户经理根据客户的时间、来访人员、参观考察内容、公司可参与人员等，编写了参观考察接待方案，同时组织动员各部门主要负责人及配合人员参加考察动员会，强调各部门需要完成的工作、在什么时间需要做好哪些工作，以及客户参观考察当天的配合工作，在团队内部形成客户参观考察的共识。建立内部沟通交流群，随时反馈情况，让大家都知道相关信息（确定考察的基本信息）。具体接待方案如下：

某企业领导莅临公司视察指导活动接待方案

某企业相关领导拟定于××月××日（星期几）上午9点莅临公司参观考察，具体细节如表6-4所示。

表 6-4　客户参观考察基本信息表案例

（一）客户基本信息

姓名	性别	单位	职务	电话
×××	男	某市水务集团有限公司	××部门经理	×××××××××××
×××	男	某市水务集团有限公司	××部门经理	×××××××××××

客户联系人：×××　　　　联系方式：

（二）客户来访目的

☑参观　☐业务洽谈　☐其他________

客户业务需求：

（三）客户级别

☑重点客户　☐一般客户　☐其他客户

（四）时间及安排

到达日期：____月____日	航班号、车次号： 从________至________ 出发时刻________到达时刻 8：30
离开日期：____月____日	航班号、车次号： 从________至________ 出发时刻 10：00 到达时刻________

（五）参观方式

☑产品　☑公司　☑用户单位　☐项目　☐其他

（六）行程安排

第一天：

1. 8：30 客户经理小李到站接车，9：00 到达公司，公司领导在单位门口迎接

2. 9：10—9：45 智慧水系大数据成果展厅，VR 设备查看，查看成果系列展示，售前顾问小王负责介绍展示产品

3. 9：45—11：45 在会议室召开座谈会

   公司介绍

   产品体系介绍

   双方座谈交流

4. 12：00 工作餐，安排入住酒店午休

5. 14：30 到酒店接送客户到典型用户单位参观

6. 15：00 到达典型用户单位

7. 15：00—16：45 典型用户单位系列成果参观

8. 16：45—17：45 双方沟通交流

9. 18：00—20：00 共进晚餐

10. 20：00 送客户回酒店休息

第二天：10：00 到酒店接客户送动车站

续表

（七）接待要求	
1. 迎接	迎接地点：□机场☑动车站□其他________
	迎接人员：☑客户经理☑司机□指定人员________
2. 住宿	入住酒店：□一类：五星　☑二类：四星　□三类：三星（快捷类）　□其他____
	房间类型：□标准间____间　□豪华间__3__间　□套房____间
	费用承担：□公司全部承担　☑客人完全自付
3. 用餐	是否需要用餐：☑是　　　　□否 用餐标准：　　　　　　陪同人员：
4. 会议室	☑鲜花☑姓名牌☑投影设备☑茶水☑水果□笔、本子
5. 参会人员	公司对应人员
6. 送行	是否安排车辆：☑是　□否　送达地点：________
（八）工作分工及资料准备	
行政部门	主要负责人：行政部门负责人（行政后勤事宜的统筹安排） 1. 负责公司办公环境的清洁，通知各部门整理桌面卫生 2. 预留参观路线，做好停车场车辆入库管理 3. 准备欢迎横幅、会议室布置（准备好鲜花、水果、姓名牌、投影设备、公司宣传册、产品宣传册、笔和笔记本等） 4. 酒店预订、餐厅预订 5. 公车预订，司机通知接车时间 6. 参观当天，准备好茶水 7. 其他行政后勤事宜
售前支持部门	主要负责人：售前支持部门负责人（汇报资料及现场汇报统筹安排） 1. 成果展厅介绍 2. 产品介绍资料准备及现场产品介绍 3. 协助典型用户编制介绍 PPT 等资料
销售部门	1. 客户经理做好全程统筹安排 2. 客户的到站接送，全程陪同用餐 3. 确定公司高管领导的时间，及时向高管反馈客户信息 4. 与典型用户对接，协助典型用户落实参观行程并编制需要的备案文档
产品部门	1. 公司内部参与座谈会，回答客户的技术问题 2. 典型用户考察陪同参与，解答客户问题
市场宣传部门	1. 现场拍照 2. 后期的宣传稿编写

6.4.2 参观考察第一天

客户经理到动车站接客户，同时让相关人员在公司做好接待准备工作。

（1）到公司参观考察

将客户接到公司后，公司接待团队人员与客户互相认识后，带领客户到公司的智慧水系大数据成果展厅。售前顾问小王结合成果展厅的实际模拟水生态的模型，向客户介绍智慧排水、智慧供水、智慧水表等一系列解决方案。通过展厅的大屏展示系统，可以看到解决方案的具体运行效果及各种统计数据，同时接待人员通过VR设备让客户体验产品效果。（展示公司综合实力）

参观完智慧水系大数据成果展厅之后，带领客户到公司的会议室进行交流。售前顾问小王向客户介绍公司情况，同时说明公司的产品体系，之后双方就感兴趣的内容进行交流，由小王回答客户的相关疑问。

交流结束之后，安排工作餐，安排客户入住酒店午休。

（2）到用户单位参观考察

下午客户经理到酒店接客户到典型用户单位参观考察，相关领导陪同。到达用户单位后，到用户具体使用的监测中心查看具体的产品使用情况，由之前确认的介绍人向客户介绍他们使用产品的情况。在监测中心的大屏上，介绍人向客户介绍他们在不同场景下使用产品的情况，同时介绍使用产品前后带来的效益变化，以及使用过程中一些经验总结。（了解公司产品在实际情况下的应用情况）

之后双方到用户的会议室进行沟通交流，介绍人回答客户的问题。

交流结束之后，安排晚餐，送客户到酒店休息。

6.4.3 参观考察第三天

客户经理早上到酒店接客户，将客户送到地铁站，完成本次的参观考察，后续配合客户完成考察过程备忘录等资料。

7　投标工作：用完全的准备去打赢这场没有硝烟的战争

招投标是售前工作中一个很重要的环节，一般招投标的工作流程包括招标、投标、开标和定标（见图 7-1），客户经理及售前顾问需要熟悉招投标相关法律法规体系内容，熟悉招投标的工作内容。在招标阶段，客户经理及售前顾问需要从客户的视角了解招标工作，更好地理解招标文件，在投标阶段更好地编写投标文件。标书编制涉及多个部门，同时标书编制的细节繁杂，需要规范化体系化的运作。现场投标过程中，按照正常程序参与现场的开标会，配合相关工作，持续跟踪及关注评标结果。招投标是一场没有硝烟的战争，前期所有的工作，目的都是赢下最后的博弈。

本章主要内容：

➢招标环节：从客户视角了解招标工作

➢标书制作：做好投标文件编写

➢现场投标：评标过程需要持续跟踪

➢实战案例："某市大数据管理规范编制"咨询服务公开招投标

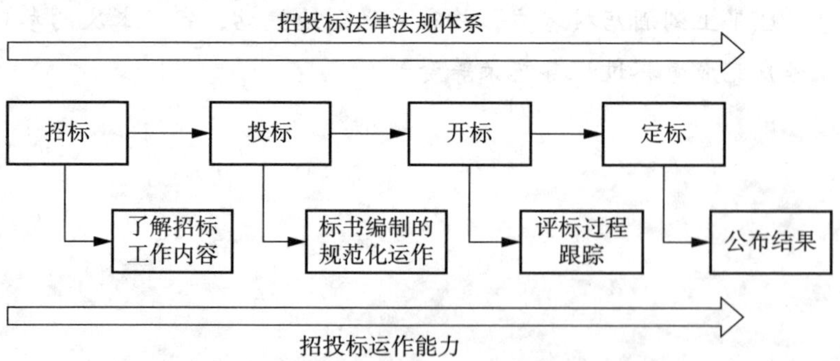

图 7-1　招投标工作环节

7.1　招标环节：从客户视角了解招标工作

在招标过程中，如有需要，采购商可编制资格预审文件，一般资格预审文件内容包括：资格预审申请函、法定代表人身份证、授权委托书、申请人基本情况表、近年财务状况表、近年完成类似项目情况表、正在施工的和新承接的项目情况表、近年发生诉讼及仲裁情况、其他资料。之后发布资格预审公告，在报名的单位中评审确定合格投标人，发送投标邀请书。

如不需要资格预审环节，可直接编制招标文件，采购商可委托有资质的招标代理公司进行招标。招标文件的内容主要包括招标人须知、招标项目的性质、招标数量、技术规格、招标价格的要求及其计算方式、评标的标准和方法、交货及竣工或提供服务的时间、投标人应当提供的有关资格和资信证明文件、投标保证金的数额或其他形式的担保、投标文件的编制要求、提供投标文件的方式、地点和截止时间、开标及评标的日程安排、主要合同条款等。招标文件编制完成后发布招标公告及发售招标文件。

招标文件正式公布后，客户经理可购买招标文件，参与后期投标工作。

7.1.1　招投标法律法规重点条款需了解

作为售前阶段的主要参与人，客户经理及售前顾问必须懂得招投标法律法规，当遇到不公平待遇时，学会利用法律武器保护自己，同时也需要时刻提醒自己不要犯不必要的错误。不要钻法律的空子，不要存侥幸心理。

关于招投标的法律法规体系，需要重点掌握的内容如表 7-1 所示。

表 7-1　部分招投标法律法规体系

序号	名称	类型	实施或修订时间	试用范围
1	《中华人民共和国招标投标法》	法律	2017 年	全行业
2	《中华人民共和国招标投标法实施条例》	法规	2019 年	全行业
3	《中华人民共和国政府采购法》	法律	2014 年	政府相关或享受财政资金的招投标活动全行业
4	《中华人民共和国政府采购法实施条例》	法规	2015 年	政府相关或享受财政资金的招投标活动全行业
5	《政府采购货物和服务招标投标管理办法》（财政部令第 87 号）	规章	2017 年	政府相关或享受财政资金的招投标活动全行业

注：客户经理及售前顾问需要了解招标环节的工作内容及招标文件编制的注意事项，发现发布的招标文件中不适宜之处，可提出质疑。

（1）哪些项目必须进行招标

《中华人民共和国招标投标法》第三条：“在中华人民共和国境内进行下列工程建设项目包括项目的勘察、设计、施工、监理以及与工程建设有关的重要设备、材料等的采购，必须进行招标：（一）大型基础设施、公用事业等关系社会公共利益、公众安全的项目；（二）全部或者部分使用国有资金投资或者国家融资的项目；（三）使用国际组织或者外国政府贷款、援助资金的项目。”

说明：项目是否必须招标由项目性质决定，涉及公众安全的大型基础设施，关系到社会公共利益等的项目，只要达到一定规模标准，就需要进行招标采购。例如建设一座桥梁，不论是国有企业还是私营企业，无论是使用国有资金还是私有资金，若达到国家规定的规模和标准，除非招标人本身具备合格建设资质条件并负责自行建设，否则这类项目都需要依法进行招标采购。

（2）招标文件主要内容

《中华人民共和国招标投标法》第十九条：“招标人应当根据招标项目的特点和需要编制招标文件。招标文件应当包括招标项目的技术要求、对投标人资格审查的标准、投标报价要求和评标标准等所有实质性要求和条件以及拟签订合同的主要条款。”

国家对招标项目的技术、标准有规定，招标人应当按照其规定在招标文件中提出相应要求。

招标项目需要划分标段、确定工期的，招标人应当合理划分标段、确定工期，并在招标文件中载明。

（3）投标人在递交投标书时应注意什么

《中华人民共和国招标投标法》第二十八条规定：“投标人应当在招标文件要求提交投标文件的截止时间前，将投标文件送达投标地点。招标人收到投标文件后，应当签收保存，不得开启。投标人少于三个的，招标人应当依照本法重新招标。在招标文件要求提交投标文件的截止时间后送达的投标文件，招标人应当拒收。”

说明：投标人必须按照招标文件规定的地点，在规定的时间内送达投标文件。大部分情况是参与投标的当天在规定的时间内将投标书送达现场，投标代表绝对不可以迟到，如果投标文件在规定时间内未提交，将直接被废标。

（4）什么样的情形被视为相互串标

《中华人民共和国招标投标法实施条例》第三十九条规定：“禁止投标人

相互串通投标。有下列情形之一的，属于投标人相互串通投标：（一）投标人之间协商投标报价等投标文件的实质性内容；（二）投标人之间约定中标人；（三）投标人之间约定部分投标人放弃投标或者中标；（四）属于同一集团、协会、商会等组织成员的投标人按照该组织要求协同投标；（五）投标人之间为谋取中标或者排斥特定投标人而采取的其他联合行动。”

《中华人民共和国招标投标法实施条例》第四十条规定：“有下列情形之一的，视为投标人相互串通投标：（一）不同投标人的投标文件由同一单位或者个人编制；（二）不同投标人委托同一单位或者个人办理投标事宜；（三）不同投标人的投标文件载明的项目管理成员为同一人；（四）不同投标人的投标文件异常一致或者投标报价呈规律性差异；（五）不同投标人的投标文件相互混装；（六）不同投标人的投标保证金从同一单位或者个人的账户转出。”

《中华人民共和国招标投标法实施条例》第四十一条规定：“禁止招标人与投标人串通投标。有下列情形之一的，属于招标人与投标人串通投标：（一）招标人在开标前开启投标文件并将有关信息泄露给其他投标人；（二）招标人直接或者间接向投标人泄露标底、评标委员会成员等信息；（三）招标人明示或者暗示投标人压低或者抬高投标报价；（四）招标人授意投标人撤换、修改投标文件；（五）招标人明示或者暗示投标人为特定投标人中标提供方便；（六）招标人与投标人为谋求特定投标人中标而采取的其他串通行为。”

说明：随着电子招投标的广泛推行，下列行为也会被认为相互串标：不同投标人的投标文件由同一电子设备编制、打印加密或者上传（不同投标人的电子投标文件上传计算机的网卡 MAC 地址、CPU 序列号和硬盘序列号等硬件信息均相同的）；不同投标人的投标文件由同一投标人的电子设备打印、复印；投标人递交的已标价工程量清单 XML 电子文档未按规定记录软硬件信息。

（5）投标报价注意事项

《中华人民共和国招标投标法》第三十三条规定：“投标人不得以低于成本的报价竞标，也不得以他人名义投标或者以其他方式弄虚作假，骗取中标。”

《中华人民共和国招标投标法实施条例》第五十一条规定：“有下列情形之一的，评标委员会应当否决其投标：（一）投标文件未经投标单位盖章和单位负责人签字；（二）投标联合体没有提交共同投标协议；（三）投标人不符合国家或者招标文件规定的资格条件；（四）同一投标人提交两个以上不同的投标文件或者投标报价，但招标文件要求提交备选投标的除外；（五）投标报价低于成本或者高于招标文件设定的最高投标限价；（六）投标文件没有对招标文件的实质性要求和条件作出响应；（七）投标人有串通投标、弄虚作假、行贿等违法行为。”

说明：投标报价时不得以低于成本的报价竞标，投标报价低于成本或者高于招标文件设定的最高投标限价，会被认为废标。

招标人设有最高投标限价的，应当在招标文件中明确最高投标限价或者最高投标限价的计算方法，并规定如果投标报价高于最高投标限价，其投标将做废标处理。

因此，投标人在投标时应特别关注招标文件中是否有最高投标限价。如果有最高限价，应注意不能超过最高限价；如果投标人认为最高限价过低，无利可图，可以选择放弃投标。

（6）哪些行为属于以不合理条件限制、排斥潜在投标人或者投标人

《中华人民共和国招标投标法实施条例》第三十二条规定：“招标人不得以不合理的条件限制、排斥潜在投标人或者投标人。招标人有下列行为之一的，属于以不合理条件限制、排斥潜在投标人或者投标人：（一）就同一招标项目向潜在投标人或者投标人提供有差别的项目信息；（二）设定的资格、技术、商务条件与招标项目的具体特点和实际需要不相适应或者与合同履行无关；（三）依法必须进行招标的项目以特定行政区域或者特定行业的业绩、奖项作为加分条件或者中标条件；（四）对潜在投标人或者投标人采取不同的资格审查或者评标标准；（五）限定或者指定特定的专利、商标、品牌、原产地或者供应商；（六）依法必须进行招标的项目非法限定潜在投标人或者投标人的所有制形式或者组织形式；（七）以其他不合理条件限制、排斥潜在投标人或者投标人。”

说明：招标人不得以特定区域或特定行业的业绩、奖项作为加分或中标条件。

（7）在政府采购活动中，供应商应具备哪些条件

《中华人民共和国政府采购法》第二十二条规定：“供应商参加政府采购活动应当具备下列条件：（一）具有独立承担民事责任的能力；（二）具有良好的商业信誉和健全的财务会计制度；（三）具有履行合同所必需的设备和专

业技术能力；（四）有依法缴纳税收和社会保障资金的良好记录；（五）参加政府采购活动前三年内，在经营活动中没有重大违法记录；（六）法律、行政法规规定的其他条件。”

采购人可以根据采购项目的特殊要求，规定供应商的特定条件，但不得以不合理的条件对供应商实行差别待遇或者歧视待遇。

说明：在招标文件中会列出供应商的具体要求，并要求在投标文件中放置相应的证明材料。例如针对第（一）项需要列出三证合一后的有社会信用代码的营业执照；针对第（二）项可用上一年度经会计师事务所审计的财务审计报告；针对第（三）项可用软件著作权、项目案例证明材料等；针对第（四）项需要提供缴纳税收和社会保障资金的证明材料，如果没有特别说明，提供三个月的证明材料即可；针对第（五）项，在投标文件中列出没有重大违法记录的声明。

（8）政府采购方式有哪些

《中华人民共和国政府采购法》第二十六条规定：“政府采购采用以下方式：（一）公开招标；（二）邀请招标；（三）竞争性谈判；（四）单一来源采购；（五）询价；（六）国务院政府采购监督管理部门认定的其他采购方式。”

公开招标应作为政府采购的主要采购方式。

说明：公开招标是政府采购最主要的采购方式。

邀请招标是采购人根据供应商或承包商的资信和业绩，选择一定数目的法人或其他组织（不能少于 3 家），向其发出投标邀请书，邀请他们参加投标竞争，从中选定中标供应商的一种采购方式。

竞争性谈判是指采购人或代理机构通过与多家供应商（不少 3 家）进行谈判，最后从中确定中标供应商的一种采购方式。

单一来源采购是指采购人向唯一供应商进行采购的方式。

询价是指采购人向有关供应商发出询价单让其报价，在报价基础上进行比较并确定最优供应商的一种采购方式。国企采购一定数量的电脑时会采用询价方式。

（9）政府采购中，可采用的邀请招标方式有哪些

《中华人民共和国政府采购法》第二十九条规定：“符合下列情形之一的货物或者服务，可以依照本法采用邀请招标方式采购：（一）具有特殊性，只能从有限范围的供应商处采购的；（二）采用公开招标方式的费用占政府采购项目总价值的比例过大的。”

说明：邀请招标应当向 3 个以上符合招标项目资格能力要求的特定的潜在投标人发出投标邀请书。有针对性地从已知了解的潜在投标人中，选择具有与招标项目需求匹配的资格能力、价值目标以及对项目重视程度均相近的投标人参与投标竞争。与公开招标相比时间较快。

（10）政府采购中，可采用竞争性谈判方式采购的情形有哪些

《中华人民共和国政府采购法》第三十条规定：“符合下列情形之一的货物或者服务，可以依照本法采用竞争性谈判方式采购：（一）招标后没有供应商投标或者没有合格标的或者重新招标未能成立的；（二）技术复杂或者性质特殊，不能确定详细规格或者具体要求的；（三）采用招标所需时间不能满足用户紧急需要的；（四）不能事先计算出价格总额的。”

说明：竞争性谈判的核心一是要有不少于 3 家供应商参与竞争，二是最终的结果必须要在谈判的基础上确定。

（11）政府采购中，可采用单一来源方式采购的情形有哪些

《中华人民共和国政府采购法》第三十一条规定：“符合下列情形之一的货物或者服务，可以依照本法采用单一来源方式采购：（一）只能从唯一供应商处采购的；（二）发生了不可预见的紧急情况不能从其他供应商处采购的；（三）必须保证原有采购项目一致性或者服务配套的要求，需要继续从原供应商处添购，且添购资金总额不超过原合同采购金额百分之十的。”

说明：一般项目过了维保期，需要继续运维的，为了继续使用之前的采购产品，保证技术的延续性，会采用单一来源方式采购。

7.1.2 流标情况有哪些

流标是指政府采购活动中由于有效投标人不足 3 家或对招投标文件实质性响应不足 3 家而不得不重新组织招标或采取其他方式进行采购的现象。流标在采购活动中时有发生，这会延长采购周期，导致采购效率下降。

产生流标的原因主要有以下几个方面：

（1）招标文件中对供应商应当具备的资质要求过高，导致有效的投标人不足 3 家而流标。

（2）招标文件中对采购内容的设备和型号配置要求不尽合理，往往指定品牌或限定一个品牌范围，在一定程度上限制了其他品牌供应商的投标，导致有效投标人不足 3 家而流标。

（3）预算价格制定得过低，根据《中华人民共和国政府采购法》第三十

六条规定，“投标人的报价均超过了采购预算，采购人不能支付的”应予废标，即投标报价超出预算价，就不可能中标。外地供应商由于路途较远，投标成本及中标后的履约成本相对本地供应商要高，由于预算价定得过低，外地供应商就会觉得划不来而不参加投标，而本地符合条件的供应商又少，会使得有效投标人不足3家而流标。

（4）付款方式过于苛刻，供应商如期履约后，需要很长时间后才可以收回全部合同价款，降低投标人信心。

（5）在招标文件中提出一些不切实际的要求。

（6）招标文件中废标的条款过多，投标人在编写投标文件时，一有疏忽就会导致废标，很可能导致最终符合招标文件要求的供应商不足3家而流标。

通过流标分析，为了有效防止流标情况发生，招标文件内容一定要全面严谨、公正合理，不添加任何歧视性条款；对于废标项也需要依法设定，不得随意增加。

7.1.3　废标类型需了解

废标是指在采购活动中，有人应标但是实质性响应招标文件的供应商不足3家。与流标情形不同，一个典型区别是流标是报名不足3家，废标是报名满3家，但是有一些供应商未做出实质性投标响应而废标，致使招标活动中供应商不足3家而流标。

国家有关法规关于废标的规定如下：

7.1.3.1　投标主体不合格

（1）投标文件中标明的投标人与资格预审的申请人在名称和组织结构上存在实质性差别；

（2）联合体通过资格预审后在组成上发生变化，含有未经过资格预审或者资格预审不合格的法人或者其他组织；

（3）联合体投标未附联合体各方共同投标协议；

（4）投标人业绩不满足招标文件要求；

（5）投标人的投标书、资格证明未提供或不符合招标文件要求。

7.1.3.2　投标程序不合格

（1）投标文件未按照招标文件的要求予以密封；

（2）投标文件没有投标人授权代表签字和加盖公章；

（3）未按规定的格式填写，内容不全或关键字迹模糊、无法辨认；

（4）无法定代表人出具的授权委托书；

（5）投标人未提交投标保证金或保证金金额不足、保函有效期不足、投标保证金形式或出具投标保函的银行不符合招标文件要求；

（6）逾期送达或者未送达指定地点；

（7）投标单位未参加开标会议；

（8）投标人递交两份或多份内容不同的投标文件，或在一份投标文件中对同一招标项目报有两个或多个报价，且未声明哪一个有效，按招标文件规定提交备选投标方案的除外。

7.1.3.3 投标文件不符合招标文件规定内容

（1）投标文件载明的招标项目完成期限超过招标文件规定的期限；

（2）明显不符合技术规格、技术标准的要求；

（3）投标文件载明的货物包装方式、检验标准和方法等不符合招标文件的要求；

（4）投标文件附有招标人不能接受的条件；

（5）投标有效期不满足招标文件要求；

（6）投标文件不满足招标文件技术规格中加注星号（*）的主要参数要求或加注星号（*）的主要参数无技术资料支持；

（7）投标文件技术规格中一般参数超出允许偏离的最大范围或最高项数；

（8）投标文件技术规格中的响应与事实情况不符或虚假投标。

7.1.3.4 违背公平公正原则

（1）投标人及其制造商与招标人、招标机构有利害关系；

（2）与其他投标人相互串通报价，或者与招标人串通投标；

（3）以他人名义投标，或者以其他方式弄虚作假；

（4）以向招标人或者评标委员会成员行贿的手段谋取中标。

以上流标及废标的情况可为客户经理及售前顾问编制投标文件提供指导借鉴意义，使其以严谨高标准的要求对待每一次的投标工作。

7.1.4 招标文件编制有要求

招标采购商发起招标流程后，不希望项目流标，项目流标意味着需要重新走一遍招投标采购流程，会导致采购周期延长、效率降低，因此招标采购商在经过前期的多方交流考察后，会综合考虑自身因素及潜在供应商的因素，设置商务要求及技术要求，以利于寻找最佳的潜在供应商，同时尽量避免流标情况以及被人质疑的情况发生。

客户经理及售前顾问需要了解招标文件的构成及招标文件中各种商务条款应该注意的事项。在拿到招标文件后，要更好地理解招标文件的内容，对于不合理的招标文件条款，学会利用咨询、质疑、投诉等合理的手段维护合法权益。

招标文件中的项目内容需要注意以下几点：

7.1.4.1　招标文件中对投标人资格要求说明

招标文件中对投标人的资格要求包括法定条件及不同行业内的特定条件内容。

（1）法定条件

符合《中华人民共和国政府采购法》第二十二条规定的条件。

第一，具有独立承担民事责任的能力；

第二，具有良好的商业信誉和健全的财务会计制度；

第三，具有履行合同所必需的设备和专业技术能力；

第四，有依法缴纳税收和社会保障资金的良好记录；

第五，参加政府采购活动前三年内，在经营活动中没有重大违法记录；

第六，法律、行政法规规定的其他条件。

（2）特定条件

采购人可以根据采购项目的特殊要求，规定供应商的特定条件，但不得以不合理的条件对供应商实行差别待遇或者歧视待遇。

第一，非国家规定的强制性或国务院明令取消的资质、认证、目录等不可作为投标人的资格要求。

第二，不得以某一品牌特有的技术指标作为资格条件。

第三，制造商、代理商出具的协议或授权函（包括经营、代理、售后等）不作为资格条件。

7.1.4.2　在招标文件中需要注明采购项目的预算价格

采购人应在对市场行情进行充分调查的基础上，提出所需采购项目的预算价，预算价不得高于近期同类产品的政府采购价，并作为最高限价。但不得设定最低限价，在招标文件中必须注明预算价，并明确规定超过预算价的报价为无效报价。发布招标公告时，应公告预算价。

7.1.4.3　同一品牌同一型号产品的多家供应商应当作为一个供应商计算

根据国际惯例以及《中华人民共和国政府采购法》公开竞争的立法精神，政府采购的竞争是指符合采购人采购需求的不同品牌或者不同生产制造商之间的竞争，原则上同一品牌同一型号产品只能有一家投标人，但应当在招标文件中对此做出明确规定。

为了避免同一品牌同一型号产品出现多个投标人的现象，应当在招标文件中明确规定，同一品牌同一型号产品只能由一家供应商参加。如果有多家代理商参加同一品牌同一型号产品投标，应当作为一个供应商计算。公开招标以外采购方式以及政府采购服务和工程，也按此方法计算供应商家数。投标产品应在招标货物一览表中标明。

案例

同一品牌型号的原因导致流标

一家企业有多台高性能服务器需求，在招标文件中明确说明：同一品牌同一型号产品投标的，作为一个供应商计算。投标当天只有3家投标商，其中有两家投标商提交的方案中产品的品牌及型号相同，因此算作一家投标商，由于现场投标厂家不足3家导致招标流标。

7.1.4.4　关于评标方法

招标文件中需要列明本采购项目采用的评标方法，一般包括综合评分法、最低评标价法、性价比评标办法、最低价中标法、按照标底确定中标的办法、双信封评标办法、两阶段招标评标办法等。由于综合评分法、最低评标价法使用的频率比较高，重点说明这两项评标方法。

（1）综合评分法

综合评分法把涉及的招标人各种价格、技术、商务、加分条款等内容按照评审因素得分及所占权重，折算成一定的分数值，总分为100分。评标时，对投标人的每一项指标进行符合性审查、核对并给出分数值，最后汇总比较，取分数值最高者为中标人。

必须在招标文件中事先列出需要考评的具体项目和指标以及分数值。

分数值的标准不能太笼统。不可以制定“价格分”为40分，而没有细则；例如“技术分30分”，需要列明包括哪些考核指标，如何计算给分或者扣分的标准。

若允许联合体投标，则招标文件中必须规定联合体只能以其中一方具备的条件作为评标依据，并要求投标供应商在投标文件中必须明确以联合体的确定一方的条件参与商务部分的评标。

对货物项目，价格因素权重在 45%～60%，商务因素权重不得高于 15%；对服务项目，价格因素权重为 10%～30%，商务因素权重不得高于 25%。投标人注册资金作为商务部分评标因素时，该项总分最高不得超过 2 分。

（2）最低评标价法

以价格为主要因素确定中标候选供应商的评标方法，即在全部满足招标文件实质性要求的前提下，依据统一的价格要素评定最低报价，以提出最低报价的投标人作为中标候选供应商或者中标供应商的评标方法。试用于标准规格统一的商品及通用服务项目。

7.1.4.5　若需要技术演示，需要说明标准及方法

招标采购单位若需要通过现场演示或测试来体现某些投标产品的效果，则需要在招标文件中载明演示、测试的标准和方法，并提供适当的软硬件条件，演示、测试应在评标阶段完成。演示、测试不超技术部分的 20%。除此以外，招标采购单位不得在招标文件中要求中标候选供应商在合同签订前再次进行产品演示、测试，并以演示、测试结果作为是否签订合同的依据。

7.1.4.6　以业绩作为评分条件的，不可设置地域性限制

以业绩作为加分因素的，招标文件应明确要求投标人提供该业绩项目的中标公告（提供相关网站中标公告的下载网页并注明网址）、中标通知书复印件、采购合同文本复印件，以及能够证明该业绩项目已经采购人验收合格的相关证明文件复印件（原件备查）。以业绩作为评分条件的，不可设置地域性限制。

7.1.4.7　允许作为加分项的条件

允许将中小企业的经营年限、产品业绩、企业信誉、依法纳税记录和职工社会保险缴纳等情况作为加分内容。

特定行政区域或特定的业绩、专利、商标、品牌或供应商奖项可作为加分项。

7.1.4.8　不可作为加分项的条件

除部委行政主管部门以及国家质量测评机构的评奖外，地域性的评奖不

作为加分条件。

制造商、代理商出具的经销代理协议、授权函、售后服务授权函不作为加分条件。

7.1.4.9 加分项有限制的条件

以非国家强制性认证资格的认证、银行资信证明、资质证书等作为加分条件的，每项加分不超过1分。投标人应最大限度地满足招标文件提出的技术、商务需求，优于招标文件的可适当加分，但每项不得超过3分。

商务、技术指标单项分值差不得超过3分。

7.1.4.10 采购产品技术需求设定合理性

除政府采购法律制度明确规定以外，不得以任何方式和理由在采购文件中指定或者变相指定品牌、型号、产地等。采购需求中的技术、服务等不能要求指向特定供应商、特定产品；不得以供应商产品独一无二的技术参数、性能指标作为实质性响应内容，不得通过设置技术参数、性能指标排斥潜在供应商公平参与竞争，不得照搬照抄个别供应商产品的技术参数、性能指标。

7.1.4.11 采购多种货物时要合理划分合同包

采购多种货物时要合理划分合同包，不得把不同性质、类别的货物作为一个合同包进行采购。

7.1.5 公司资质证书要管理

在投标过程中需要使用公司的资质证书，参与相关投标活动。因此公司中需要有专门的人员定期对公司的资质进行申请、维护及升级。在招投标活动过程中，要避免产生技术很先进，但是因为相关资质证书未申请或是不满足而无法参与投保活动的情况产生。

可以建立企业证书管理台账（见表7-2），有什么证书、证书什么时候到期、针对某类项目还缺什么证书等一目了然。

表7-2 企业证书管理台账

序号	证书名称	类型	证书经营范围	批准时间	批准部门	有效时间	备注
		资格证书					
		专利证书					

续表

序号	证书名称	类型	证书经营范围	批准时间	批准部门	有效时间	备注
		产品测试报告					
		获奖证书					
		项目成员从业资格证书					
		……					

注：通过对公司资质证书的管理，可以很好地结构化公司的认识。

案例

因资质证书未及时更新，投标文件应标项不得分

一家公司之前参与一个投标项目，招标文件要求一项资质证书，由于资质证书在开标日刚好过期，因此这项很遗憾地没有得分。

说明：需要建立清晰的公司资质证书的台账，需要在资质证书到期前进行更新替换。

7.2 标书制作：做好投标文件编写

经常可以听到客户经理抱怨，之前客户关系都已经稳固了，结果投标的时候，因为提交的投标书一个细节问题被废标或因为文档失误被扣分，最后导致流标或是丢单。前期所有的项目准备都是为了最后投标阶段的奋力一搏，成功了才能获得项目的入场券，投标阶段是不允许犯任何低级错误的。为了最大程度地减少错误，提高工作质量，做好各方的协同配合，需要做好投标文件的编写。

随着“互联网+”的发展，充分发挥市场机制作用，推动招投标从线下转到线上，实现招投标行业与互联网的深度融合，在原有打印胶装纸质标书的基础上，需要在各地的招投标平台上制作及上传电子标书。有些城市已经不需要提交纸质标书，通过上传电子标书，开标当天现场解密标书即可。因此除了需要了解标书的编制策略外，还需要了解电子标书的制作规范。

说明：编制投标文件是一项既需要策略，也需要细心、耐心的工作，需要团队通力合作完成。

7.2.1 标书编制的规范化运作

投标工作是一项技术活，有些人面对厚厚的招标文件，繁杂的商务细节、技术细节，一不小心就会掉入“商务坑”和“技术坑”中。为了尽量降低标书编制过程的出错率，同时提高标书编制的效率，需要建立投标规范，并由公司团队进行体系化运作。

在编写标书的过程中，至少涉及两个部门：一个是销售部门（市场或者商务），另一个是售前部门（对应产品技术部门）。两个部门协同编制投标文件。编制投标文件的流程关键节点包括：项目报名；成立投标小组；研读招标文件；标前答疑；标书编制；标书报价；标书整合；标书审核定稿；电子标书制作；打印盖章密封；投标演示资料准备；预演彩排。如图 7-2 所示。

为了让招标小组人员清晰地了解投标工作计划，可列出具体的计划表格，如表 7-3 所示。

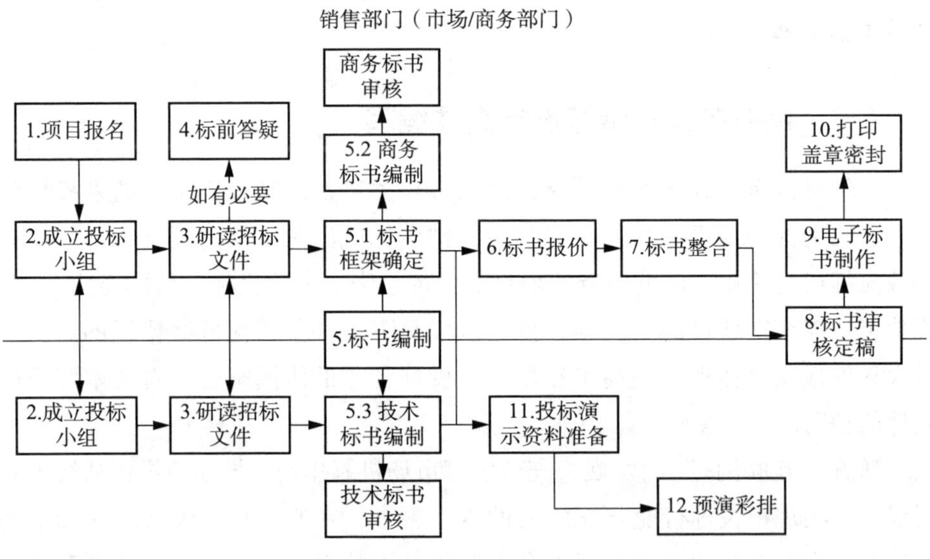

图 7-2 标书编制规范化运作流程

表 7-3　投标项目计划安排表

项目基本信息			
项目名称			
开标时间		开标地点	
招标人信息			
招标单位		招标代理公司	
报名截止时间		投标保证金	
招标公司账户		联系方式	
投标小组人员			
投标小组长		销售部负责人	
售前部负责人		客户经理	
售前顾问		技术顾问	
投标计划			
投标阶段	截止时间	负责人	任务说明及注意事项
标前答疑		客户经理	投标公告中的相关问题
投标报名		客户经理	网上报名成功，下载确认回执，同时下载招标文件
投标保证金提交		客户经理	按照要求提交投标保证金，确认回执
投标代表确认		客户经理	确认投标代表人
技术方案编写		售前顾问	按照招标文件要求编写技术方案
技术方案审核		售前部负责人	技术方案审核
商务方案编写		客户经理	按照招标文件要求编写商务方案
商务方案审核		销售部负责人	商务方案审核
投标报价确认		客户经理/销售部负责人	确认投标报价
标书整合排版		客户经理	实现商务和技术部分的整合排版
整体标书终审		客户经理/销售部负责人/售前顾问/售前部负责人	对整体标书进行审核定稿
电子标书制作		客户经理	到相关网址完成电子标书的制作
打印盖章封装标书		客户经理	按照招标文件要求对标书进行打印盖章及封装等工作

续表

投标计划			
投标阶段	截止时间	负责人	任务说明及注意事项
现场投标		客户经理/售前顾问	现场进行投标，带上招标文件要求的原件材料
投标保证金退回		客户经理	投标结束后，跟踪投标保证金的退回

7.2.1.1 项目报名

客户经理到当地的政府采购网上对需要投标的项目进行报名，获取招标文件，同时交纳必要的项目投标保证金，有些公司内部对于保证金的汇款也需要走审核流程，需要在交纳保证金截止时间前，合理安排汇款时间。汇款时注意转出的账户以及是否标明招标编号或项目名称。在确认支付成功后，需要确认保证金是否成功到账或是被退回，需要及时换取保证金收据或是回单，按照招标文件要求执行。

7.2.1.2 成立投标小组

投标工作一般涉及两个部门，是一项跨部门协作工程，需要成立投标小组，根据标书的大小，投标小组需要设定不同的人数，参与的角色如表 7-4所示。

表 7-4 投标参与角色

角色	主要任务
客户经理（1~*N* 名）	负责商务标书编制，报价文件编制，整体标书的进度把控，整体标书的排版合稿，以及定稿后的打印、胶装、盖章、封装等工作。现场作为投标代表参与投标
售前顾问（1~*N* 名）	负责技术标书的编制
销售部门负责人	对标书中的策略问题进行定夺，进行商务标书的审核定稿
售前部门负责人	对技术标书内容进行审核及定稿
技术顾问	一些售前顾问无法确定的技术问题，可咨询技术顾问

由于标书编写涉及跨部门协作，需要设立一位投标负责人，负责投标工作的整体协调及沟通工作，建立沟通交流群，带领投标小组研读招标文件，就团队中成员提出的招标文件中的疑问进行咨询，负责整体投标文件的质量把控等工作。

7.2.1.3　研读招标文件

获取招标文件后，一定要仔细研读招标文件。

客户经理和售前顾问对投标的资质要求、商务要求、技术要求、相关服务要素等内容进行讨论，确定项目投标以及实施的风险，分析项目的可行性，分析项目中有哪些商务及技术坑、是否有被竞争对手控标的痕迹、在商务要求中是否有明显的倾向性、是否有排他性、投标门槛设定是否符合要求、可能参与的竞争对手情况、本公司的投标优势和劣势等，以确定投标策略。

需要注意查看的内容：

（1）商务要求

商务内容包括商务偏离表、资格证明文件要求、投标人要求、财务要求等内容。

（2）技术要求

技术部分内容包括技术偏离表、建设背景、建设目标、建设内容、技术指标、建设工期、售后要求、培训要求等内容。

（3）评分要求

查看标书的评分要求，了解专家对各项打分的依据，评分依据中的内容在投标文件中也要进行响应。

（4）废标项

一定要注意废标项，废标项的内容一定要一个字一个字地抠，在标书编制过程中一定要完全响应。

（5）合同条款

查看招标文件中关于合同条款的内容，在投标文件中可以针对合同条款内容进行响应。

将招标文件中需要响应的部分全部筛选出来，例如，售前顾问需要响应技术条款，需要在招标文件中将分布在技术章节、商务章节中涉及技术部分的内容、格式说明中附件内容、合同章节等有关技术内容筛选出来，在投标文件中响应。在招标文件中，可采用不同的方法标注：

第一，增加招标文件章节的层级标题格式，方便在导航窗口中快速定位。

第二，可以以不同的颜色标注重要内容。

第三，可在重要内容处添加标注。

7.2.1.4　标前答疑

在研读招标文件的过程中，会有大量的疑问，要把所有的问题都记录下来，在沟通小组中进行讨论。招标文件中如果说明有标前答疑会，可以参加，让甲方或招标代理公司给出解释。若没有标前答疑，可以进行电话咨询，只有将这些问题弄明白，才可以在编写招标文件的过程中有的放矢，做到心中有数，更好地推进标书的编写。

7.2.1.5　标书编制

按照投标文件的组成，由客户经理负责编写商务标书及报价内容，售前顾问负责编写技术标书。投标组长一定要列好投标总计划，明确各自分工，同时提醒在规定的时间内完成内容。客户经理和售前顾问应充分沟通，根据投标时间，倒序安排编写、初审、终审、装订，确保在开标前一天完成标书的所有内容，按照《投标项目计划表》，让参与编制标书的人员按时完成内容。

（1）标书框架确定

技术标书有时章节层级较多，客户经理与售前顾问需进行沟通交流，确定好标书的整体框架，否则后期商务标书与技术标书整合时的格式调整将是一项大工程。标书的整体框架需要符合招标文件要求，合理构建投标文件的结构，要求内容完整、排版清晰，便于评标专家核对及查找。整体框架编排完成后，需结合招标文件对投标文件的结构进行检查核对，防止出现遗漏及错误。

构建标书框架时需要注意以下问题：

一是针对投标文件资格性条款、实质响应条款、废标条款及“＊”号标志的条件及要求必须逐条响应，避免项目出现流标废标；

二是对于资格性条款需完全逐条清晰、明确响应；

三是符合性条款按照招标文件要求必须响应时需做出完整响应；即使要求可选择性响应且公司也不符合该要求，也应在结构框架中体现并做出原因说明（或标注“无”）。

商务标书与技术标书的章节安排有如下形式：

第一，技术方案和商务方案交叉结合；

第二，技术方案作为整体标书的附件。

技术标书与商务标书交叉结合的投标方案目录格式如图 7-3 左所示，技术方案作为投标方案的附件时如图 7-3 右所示。

资料清单	目录
1.投标函	资料清单
2.开标一览表	第1章 投标函
3.投标分项报价表	第2章 开标一览表
4.重要条款（带★或*条款）响应表	第3章 投标分项报价表
5.技术规格和商务偏离表	第4章 重要条款（带★或*条款）响应表
6.投标人的资格证明文件	第5章 技术规格和商务偏离表
7.评分因素对照表	第6章 投标人的资格证明文件
8.同类业绩	第7章 评分因素对照表
9.项目组配置方案	第8章 同类业绩
10.技术方案	第9章 项目组配置方案
11.培训方案	第10章 招标代理服务费承诺书
12.售后服务方案	第11章 投标保证金缴交凭证
13.招标代理服务费承诺书	第12章 投标人提交的其他资料
14.投标保证金缴交凭证	附件：技术方案
15.投标人提交的其他资料	

图 7–3　目录格式

确定好投标文件的整体框架后，明确哪些内容由客户经理编制、哪些内容由售前顾问编制，并在规定时间内完成相应内容。

（2）商务标书编制

按照招标文件要求构建好标书的整体大纲之后，对于商务标书的内容，就像做填空题一样，往里面增加公司相应的资质内容。在编制招标文件的过程中一定要时刻回顾，小步快走，防止偏离。应注意放入投标文件中的资质、证明等资料需与原件细细核对，不要因为缺失或遗漏、过期资质而导致失分。

商务标书制作完之后，需要编制商务偏离表。商务偏离表需要点对点地回答采购商提的问题是否完全响应，同时需要说明响应的位置在哪里，方便评标专家对标书进行打分。

商务标书编制完之后，需要商务标书编制小组内部进行审核，需要自检以及小组成员之间交叉进行检查，需要多次对标书进行审核。有条件的可将标书打印出来进行审核。

（3）技术标书编制

技术标书是与采购商建设内容相关的技术说明文件，用以评价投标人的技术实力和经验。技术复杂的项目对技术文件的编写内容及格式均有详细要求，投标人应当认真按照规定填写。

在研读招标文件的基础上，售前顾问需要编写技术方案标书及技术响应表。在编制过程中，若有问题，随时沟通；发现问题，立即解决。技术标书编制有以下几个要点：

➢在编写标书过程中，有要求的内容都需要响应，但是不要过度承诺；

➢技术应答的顺序与技术评分表顺序一致，方便专家查看；

➢技术应答的字体、字号以及应标文件封面格式等严格遵循招标书的要求。

以下内容为针对投标文件技术方案作的总结，可在实际标书编制过程中灵活应用。

1）章节安排。

在整体标书的框架下，需要继续确定好技术标书的内部框架，列好技术标书的章节。在章节安排上需要对招标文件的要求完全响应，需要响应招标文件的内容有技术评分表中的内容、招标企业采购内容说明部分、废标项、商务部分有涉及技术说明的内容、对招标格式说明章节中的技术内容。

第一，技术评分点逐条响应。

在招标文件中一般会有技术评分点列表以及采购内容技术说明章节，分布在不同章节中，技术评分点主要是专家评分的依据，采购内容技术说明章节是对采购内容的详细说明。技术评分点列出的评分要点有时候与招标企业采购内容说明章节中的内容不完全一致。专家在对投标文件进行打分的时候，会重点查看技术评分点，因此需要对技术评分点及采购内容说明章节中的内容同时响应。

例如技术评分项中一项内容如图 7-4 所示。

根据投标人对项目背景、建设内容、项目现状、需求分析及总体建设方案的说明。 在 1~8 分评分，优 6~8 分，良 3~6 分，一般 1~3 分。

图 7-4　技术评分

而在招标文件的采购内容及项目说明中的内容如图 7-5 所示。

第二部分采购内容及项目说明
（一）项目背景 （二）建设目标 （三）建设原则 （四）建设依据 （五）建设内容要求

图 7-5　采购内容及项目说明

技术评分项中有项目背景、建设内容、项目现状、需求分析及总体建设方案。采购内容及项目说明中包括项目背景、建设目标、建设原则、建设依据、建设内容要求。二者不完全一致，评分项中的内容必须逐条响应，这是评审专家重点查看的地方，直接影响评分，采购内容章节中也需要进行响应。因此在投标文件技术方案章节安排中需要列出的标题为项目背景、建设目标、建设原则、建设依据、建设内容要求、项目现状、需求分析、总体建设方案。

第二，采购内容及项目说明（采购内容技术说明）内容完全响应。

招标文件的采购内容及项目说明（采购内容技术说明）内容需要全部响应，注意标 *╱☆ 号部分为废标项，必须完全响应，如不响应则视为无效投标。

第三，商务部分内容正常响应。

在招标文件中的商务部分会有交付时间、交付地点、验收说明、培训说明、进度说明、售后服务等内容，也需要在技术方案中体现。这时候需要按照招标文件的内容进行响应，尽量不要过度响应。如招标文件要求 1 年质保期，不要承诺 2 年质保期，除非有其他特殊考虑。

第四，招标文件中对投标文件格式说明的内容需要响应。

招标文件中，最后一个章节一般为招标文件格式说明，有时候招标代理公司会套用模板，在套用模板的过程中，可能会对不相关的内容也作了要求，这部分内容在技术部分中也要进行说明。

图 7-6 所示的招标文件要求的内容中，项目组织实施方案、本项目投入仪器设备情况一览表、规章管理制度一览表、后续服务计划等内容一看就是其他项目复制粘贴过来的，不符合本次项目的建设内容。但是既然出现在招标文件中了，也需要在技术方案中进行编写。

2）内容填充。

将所有的章节列完后，进行具体的内容编写。收集所有可以收集的资料，在编写的过程中，需要先将招标文件中的内容进行复制粘贴，之后再做具体的扩展。

3）编写技术和服务要求响应表。

技术偏离表是点对点地对招标文件中关于技术要求的内容进行说明，需要说明招标文件中每一项技术要求是属于“无偏离”“正偏离”还是“负偏

10.1 投标文件应包括下列部分：
（1）封面；
（2）目录；
（3）投标书；
（4）开标一览表；
（5）投标价格表；
（6）政策适用性说明表；
（7）技术条款偏离表；
（8）商务条款偏离表；
（9）项目组织实施方案；
（10）本项目投入仪器设备情况一览表；
（11）规章管理制度一览表；
（12）后续服务计划；

图 7-6　复制粘贴内容

离"，一般在技术偏离表中都写着"无偏离"。同时需要说明每一项技术要求在投标文件中的具体位置在哪里，标注出具体的章节及页数，方便专家进行审核打分。后期对技术方案有任何调整，影响到章节及页数，都需要对技术偏离表中的相关内容进行更新。

编制技术偏离表的过程也是再次对技术方案内容进行审核，查看招标文件要求的内容是否完全响应。

4）投标文件审查。

技术方案标书的审核需要自审以及小组内部成员交叉审核。尽量不出现错误。

重点审查内容：

第一，在标书的编制过程中，会应用到之前投标文件的内容，一定注意不要出现其他城市的名字。

第二，通过"年""日""工作日"等关键字段全文搜索检查项目工期是否符合招标文件。

第三，检查质保期和售后服务是否符合招标文件要求。

第四，检查单位名称是否统一。

第五，检查图片中的地名是否出现错误。

第六，在编写标书过程中有参考网络资料的，注意用语表达，不要口语化。

第七，所有的章节层级、序号、表格题注、图表题注采用自动编号。

第八，注意全文的格式、字体行距统一。

7.2.1.6　标书报价

投标报价文件是标书的核心内容，报价文件必须按照招标文件要求的格式制作。大多数情况下标书的报价由客户经理及其部门负责人确定。

关于投标报价前后不一致情况的处理：①投标文件中开标一览表（报价表）内容与投标文件中相应内容不一致的，以开标一览表（报价表）为准；②大写金额和小写金额不一致的，以大写金额为准；③单价金额小数点或者百分比有明显错位的，以开标一览表的总价为准，并修改单价；总价金额与按单价汇总金额不一致的，以单价金额计算结果为准。

关于投标报价，需要查看招标文件对于投标报价评审要求。

（1）综合评分法中采用低价优先算法

低价优先算法是以最低价为基准的综合评分法，即价格和分数是比较明确的，价格越高，价格分数越低。综合评分法中采用低价优先算法的不得去掉最低价及最高价。

案例

综合评分法中的低价优先法

整体项目采用综合评分法，其中的价格分采用低价优先法计算，即满足招标文件要求且投标价格最低的投标报价为评标基准价，其价格分为满分。其他投标人的价格分统一按照下列公式计算：投标报价得分=（评标基准价/投标报价）×100。因落实政府采购政策需进行价格扣除的，以扣除后的价格计算评标基准价和投标报价。

有5家公司进行投标，均不需要因落实政府采购政策进行价格扣除，其报价以及得分如表7-5所示。

表7-5　综合评分法中的低价优先法案例

投标公司	投标报价/万元	基准价/万元	计算公式	投标得分
A	110	100	(100/110)×100	90.91
B	100（最低价基准价）	100	(100/100)×100	100

续表

投标公司	投标报价/万元	基准价/万元	计算公式	投标得分
C	140	100	(100/140)×100	71.42
D	180	100	(100/180)×100	55.56
E	250	100	(100/250)×100	40

从表7-5中可以看出，B公司的投标报价是低价，获得最高分。

财政部令第87号第六十条规定“评标委员会认为投标人的报价明显低于其他通过符合性审查投标人的报价，有可能影响产品质量或者不能诚信履约的，应当要求其在评标现场合理的时间内提供书面说明，必要时提交相关证明材料；投标人不能证明其报价合理性的，评标委员会应当将其作为无效投标处理。”

此时，投标企业确实需要综合考虑，在满足招标文件要求、满足产品配置要求情况下，可以满足最苛刻的报价条件，能够经得住上述条款的考验。

报价需凭借公司实力报价，能在不亏本的情况下报最低价。同时需要准备好能够证明报价合理性的证明材料，以备专家在投标现场核验。

（2）综合评分法

招标文件给出具体的基准价的计算方法，有些招标文件关于综合评分法的公式会有差异，因此需要结合招标文件具体计算。这种综合评分法的价格及评分是不明确的，需要根据投标现场投标代表报价的情况确定。

案例

一种综合评分法

评标基准价计算方法如下：

$$S=\frac{a_1+a_2+\cdots+a_n}{n}$$

式中：

S——评标基准价。

a_i——供应商的有效报价（$i=1, 2, \cdots, n$），当供应商数量<5时所有投标报价均参与评标基准价计算；当供应商数量≥5时，最高投标报价与最低投标报价均不参与评标基准价计算。

n——有效报价的供应商个数。

采购清单报价总分40分，采购清单总报价等于评标基准价，获得基础分

40 分，每高于基准价 1 个百分点扣 1 分，基础分扣完为止；每低于基准价 1 个百分点扣 1 分，扣完为止（四舍五入）。

有 6 家公司进行投标，其报价以及得分如表 7-6 所示。

表 7-6　综合评分法案例

投标公司	投标报价/万元	基准价/万元	投标得分
A	300	230	10
B	190	230	23
C	280	230	18
D	200	230	27
E	180	230	18
F	250	230	31

基准价计算：有 6 家投标，去掉一个最高价 300 万元及最低价 180 万元。

$$S=(190+280+200+250)/4=230\text{（万元）}$$

A 公司：（300－230）/230＝30%（四舍五入），高出 30%，报价分数为 40－30＝10（分）。

B 公司：（190－230）/230＝－17%（四舍五入），低出 17%，报价分数为 40－17＝23（分）。

C 公司：（280－230）/230＝22%（四舍五入），高出 22%，报价分数为 40－22＝18（分）。

D 公司：（200－230）/230＝－13%（四舍五入），低出 13%，报价分数为 40－13＝27（分）。

E 公司：（180－230）/230＝－22%（四舍五入），低出 22%，报价分数为 40－22＝18（分）。

F 公司：（250－230）/230＝9%（四舍五入），高出 9%，报价分数为 40－9＝31（分）。

这种综合报价法，价格高分数低，价格低分数也低，防止了恶意低价中标情况的发生。

如果招标文件给出预算，可在满足招标文件配置要求的情况下，比预算稍低一些报价。例如 200 万元项目，可按照 185 万～199 万元的价格进行报价。

如果没有预算，比较难报价，可按照实际情况评估招标文件内容，合理评估项目报价。

从表 7-6 中也可以看出，280 万元和 180 万元的价格分数是一样的，而这里面差了 100 万元的利润，因此在了解招标文件价格分数计算规则后，在同样分数的情况下，选择高价报。

7.2.1.7　标书整合

客户经理对标书进行整合后，再次进行检查，结合招标文件中的要求与投标文件中的相应内容进行核实，并对所做的投标文件进行认真检查以免出现编排错误、信息错误、文字错误、结构错乱、跳页、跳行、跳字或出现其他与投标文件无关的资料内容。对放入投标文件的所有资质、合同、证明等相关资料需与原件核实，以免出现错误。

7.2.1.8　标书审核定稿

整合及检查后的投标文件发送给投标小组进行最后的审核及定稿。投标小组按照《投标文件逐项检查表》对投标文件进行审查，最后的审核及定稿工作至少要安排在投标前 3 天，先把投标文档通过邮件或是讨论小组发送给相关领导及投标小组成员，给大家一点时间进行审核，之后可以召开投标文件核定讨论会。投标组长可对招标文件内容进行说明，同时与各位领导进行充分沟通交流后，确保投标文件无大错误，输出投标文件的最终定稿文件。

表 7-7 为《投标文件逐项检查表》示例，根据招标文件要求对要提交的投标文件内容进行整理，不同领域可在此基础上进行改造。

表 7-7　投标文件逐项检查表

项目名称			
检查日期			
序号	检查内容	检查项	结果确认
一	投标文件		
1	资格及资信证明文件	投标函中的项目名称、招标编号、投标人代表等名称是否正确	
2		投标人的资格及资信证明文件扫描上传是否清晰，是否倾斜	
3		证明文件是否齐全	
4		是否附上投标保证金凭证	

续表

序号	检查内容	检查项	结果确认
5	报价文件	大写金额和小写金额是否一致	
6		报价表与投标文件中相应内容是否一致	
7		单价金额小数点或者百分比是否有明显错位	
8		投标报价是否大于最高限价	
9		报价货币单位是否正确	
10		是否有招标文件规定的价格扣除证明材料？若有，是否已经附上证明文件	
11		是否有招标文件规定的加分证明材料？若有，是否已经附上证明文件	
12		总价与分项报价是否有矛盾	
13	商务标书	商务标书是否按照招标文件要求全部列出	
14		所有资质证书是否都在有效期内	
15		废标项是否全部满足	
16		投标人名称与营业执照、资质证书、银行资信证明文件等是否一致	
17		投标代表人员信息及证件信息对应	
18		相关证明文件扫描上传是否清晰	
19		交付时间、交付地点、交付内容是否符合招标文件要求	
20	商务条件响应表	响应表中招标文件要求商务条件是否全部列出	
21		投标响应列出的章节及页码是否正确	
22		是否出现招标文件规定不允许负偏离的实质性要求	
23	技术标书	招标文件要求的采购内容是否全部响应	
24		项目实施范围是否符合招标文件要求	
25		项目工期是否符合招标文件要求	
26		质保期和售后服务是否符合招标文件要求	
27		项目实施人员是否符合招标文件要求	
28		项目实施人员证书是否过期，是否符合招标文件要求	
29	技术和服务要求响应表	响应表中招标文件做出的技术和服务要求是否全部列出	
30		投标响应列出的章节及页码是否正确	
31		是否出现招标文件规定不允许负偏离的实质性要求	

续表

序号	检查内容	检查项	结果确认
32	整体标书排版	投标文件中项目编号及项目名称是否与招标文件一致	
33		投标文件中的字体、段落等格式是否符合招标文件要求	
34		投标文件目录是否完整，页数是否更新一致	
35		页眉、页脚是否正确	
36		页码是否缺失	
37		图片中的文字是否出现其他项目的名称或是地点	
38		出现其他城市的名字	
39		单位名称是否统一	
二	电子投标文件		
40	电子投标文件	电子投标文件是否已上传	
41	报价文件	电子投标文件的分项报价一览表、纸质投标文件的分项报价一览表是否一致	
42	CA 证书	CA 证书能否正常使用	
三	签字、盖章、打印、封装		
43	签字	涉及签字的地方是否全部签字	
44	盖章	需要加盖公章的地方是否全部盖章	
45		是否加盖骑缝章，骑缝章是否覆盖每一页	
46		胶装封印标书封面是否加盖公章	
47	打印	是否按照招标文件要求打印正本及副本份数	
48	封装	封装封面是否盖章，内封条外封条信息是否正确	
四	开标现场准备文件		
49	委托人身份证原件及授权委托书原件是否携带		
50	投标文件正本及副本是否携带		
51	招标文件要求携带的正本文件是否携带		
52	开标时间地点是否确认		

7.2.1.9 电子标书制作

将制作好的纸质标书上传到招标文件要求的公共交易平台，按照要求的评审节点编制电子投标文件。

不同行业需要上传标书内容不一定完全相同，一般包括资格及资信证明部分、报价部分、技术部分、商务部分。可在招投标平台中下载用户手册查看具体操作说明，主要步骤如下（前四个步骤没有顺序要求）：

第一，导入资格及资信证明文件：导入已编制好的PDF文件。

第二，导入及填写报价文件：导入已编制好的PDF文件，在系统中填入报价相关信息。

第三，导入商务文件：导入已编制好的PDF文件。

第四，导入技术文件：导入已编制好的PDF文件。

第五，标书盖章：在系统中完成单页或是批量标书的盖章。

第六，标书加密：在系统中完成电子标书的加密之后，保存到对应的路径下。

第七，投标文件上传：电子标书制作完成后，需要到投标报名的采购网上传加密的投标文件。

第八，刻录光盘：将电子标书刻录光盘或是拷贝到U盘等移动介质中，装入信封中进行封口，现场投标时提交。防止系统上传的电子标书无法解密。

7.2.1.10　打印盖章密封

客户经理完成投标文件打印稿后，应再次逐页检查标书是否存在问题，若发现问题，及时补救，方可装订盖章。最后按照招标文件要求对招标文件进行胶装、盖章并做好封标工作。

在招投标阶段，由于投标文件的签字或盖章不符合要求而导致废标的情况也时有发生。盖章不仅是一个体力活，也需要耐心和细心。投标文件动辄几百页，甚至上千页，需要每一页都盖章，绝对考验耐心和体力。虽然相关法律法规都未对投标文件的盖章进行相应的说明，但可根据以往投标的经历，总结投标文件的打印、盖章、密封等注意事项。

案例

因标书没有密封，导致废标

之前投标现场遇到一家投标厂商，在现场递交投标文件时，由于投标文件未密封盖章，现场直接被判定为废标。

点评：投标工作无小事，不要忽视盖章及密封等工作细节。

关于盖章的几个注意事项：

第一，需要使用单位的公章进行盖章。

第二，正本盖红章，如果招标文件写明以正本为主，则副本可以采用盖红章后的正本进行复印。

第三，每一页盖完章之后，不要忘记骑缝章。

第四，把投标文件打包封装之后，在外包装的正面贴上封面，包装文件的背面及两端贴上封条，在封面及封条四角分别加盖公章。

7.2.1.11　投标演示资料准备

售前顾问在编制完技术方案内容后，确定招标文件中是否有现场演示产品的要求，如有要求，在将技术方案内容提交给客户经理之后，就要开始着手准备现场讲标的内容。需要注意招标文件中讲标的呈现方式是直接查看已有产品说明演示，还是允许 PPT 介绍。

案例

确定好现场是否可用 PPT 进行演示

之前参加一个投标，招标文件要求在 20 分钟内按照要求演示产品。一家投标代表用一份制作好的精美 PPT 进行讲标，最终评标结果为 0 分。因为招标文件明确要求需要用成果产品演示，PPT 介绍无法确认投标代表是否有实力研发出甲方所需要的产品。

点评：针对可现场演示的有形或无形产品的项目，一定要确定现场演示的方式，如果需要成型产品的演示，制作的 PPT 只能作为辅助。

讲标演示的时间通常都是有限制的，比如 15 分钟、20 分钟，在这个时间段内，如何将公司介绍、商务优势、技术优势、产品解决方案等内容进行合理分配，需要在准备阶段仔细斟酌。招标文件如要求现场演示实际产品，以 PPT 的形式介绍产品是不得分的，PPT 也可以准备，但是 PPT 准备的内容需要突出重点。一般保持 PPT 的演讲时间不超过 3 分钟，根据这个标准制作简短的几页 PPT 即可。PPT 的内容可以是公司的简单介绍，简要介绍产品体系的总体情况即可。PPT 简单介绍完之后，迅速开始演示实际的产品成果。如果产品体系较复杂，现场讲标过程可以放弃 PPT，直接开始实际产品的演示，以求在有限的时间做完产品的介绍。

根据招标文件的要求准备演示产品，一定要确保产品演示在投标现场不出现错误。因此投标演示准备要重点准备产品内容，需要与技术部门沟通，确保产品内容符合招标文件，如果有出入需要协调技术人员开发满足招标文件内容的产品，由于时间有限，满足演示要求即可。售前顾问一定要熟悉产品内容，熟悉产品演示套路，在投标现场按照招标文件要求演示系统，说明解决方案，给现场专家留下有条理、有优势、符合采购商要求的印象。

7.2.1.12　预演彩排

将投标演示的 PPT 以及演示产品准备好之后，就要不断地模拟练习。所谓好记性不如烂笔头，一般投标演示时间有限制，因此要精心准备演讲稿，不断练习，固化投标演示的流程、内容，做到每一环节每一句话都“心中有数”。

模拟投标演示现场，与相关人员进行预演，在模拟演示中听取观众意见，不断进行修正。也可以用录屏软件，对自己的演讲过程进行记录，反复观看，及时做出调整。

投标演示人员需要结合招标文件的要求，模拟投标现场，在公司内部进行演示，在规定的时间内讲解完所有的重点内容，做到主次分明、思路清晰、语言流畅，其他相关人员提出具体的意见。同时要准备专家可能会提出的问题，如公司整体情况、项目案例、服务方式、本地化服务保证、特殊功能的实现方式等。

出发前检查高清转换接头等设备是否携带齐全。可以的话最好携带可用的备用电脑。

7.2.2　电子标书需谨慎

随着互联网对各行业的深入影响，“互联网+各行业”成为发展的趋势。目前各地市投标要求在原有纸质标书的基础上，制作电子标书，即既要打印纸质标书，也需要制作电子标书。电子标书和纸质标书的做法大同小异，但是电子标书制作增加了加密及上传的环节。电子标书是发展趋势，有些城市已经逐步使用电子投标方式，不需要打印纸质标书，制作好电子标书，并加密上传，开标当天不需要带上纸质标书，现场投标解密即可，实现全程线上招标、投标、评标、定标。

各地市都有自己统一使用的电子招投标平台，功能大同小异，需要以地区为单位，招标单位、投标单位、代理公司均需要在交易平台上进行注册，办理备案手续，招投标平台审查备案企业相关资质后，备案企业才可以在招投标平台上从事相关活动。

投标企业需要了解自己计划投标的项目发布在哪一个招投标平台上，在平台中完成必要注册操作，同时办理平台操作所需要的CA证书（电子证书锁，用于标书的加密和解密。目前有些省市使用的系统较先进，已经不用CA证书，可直接在线完成标书的加密和解密操作），之后才可以在该平台上参加投标项目的报名，下载招标文件。

制作电子标书需要准备CA（有要求的招投标平台）、电子招标文件，下载安装制作电子招投标所需要的软件。

在制作电子标书的过程中，按照电子招投标平台的用户手册进行操作，切忌随意操作，导致信息出错，产生废标。电子标书制作需要注意以下几点：电子招标文件具有唯一性，即用A公司的CA下载的招标文件B公司是不能使用的；电子标书在制作过程中，会读取电脑硬盘的特征码，上传时会读取上传的IP，即一个公司仅可以上传一份标书，如果用同一台电脑或同一个IP上传不同公司的投标文件，会被认定为串标，后果很严重。

案例

电子标书更易查出相互串标投标

某市公共资源交易中心评标委员会根据电子辅助评标系统“雷同性分析”，发现部分投标人的投标文件存在三大问题：

第一，“标书之间的硬件信息”相同，即在同一台电脑上编制电子标书。

第二，“电脑机器码”相同，即在同一台电脑上编制报价文件。

第三，“软件加密锁码”相同，即使用相同的造价软件加密锁在不同的电脑上编制商务标。

评委会将此类投标视为投标人相互串标投标，对涉及问题单位的投标予以否决，对存在问题的单位予以“通报批评”。

点评：现在的科技越来越先进，不要存在侥幸心理，电子招投标的红线一定要守住。

7.3 现场投标：评标过程需要持续跟踪

所有的准备都是为了这个环节，参与投标的投标团队一定要准时到达现场。如果招标文件中有讲标需求，需要客户经理和售前顾问同时参与投标，客户经理作为投标代表参与，售前顾问作为现场讲标人参与，如果是重要的投标项目，企业领导也会亲自参加。如招标文件未要求现场讲标，客户经理作为投标代理参与投标即可。去投标现场一定不能迟到，迟到即废标。一定要带上招标文件中要求原件的资质资格证书，同时要保证证书未过期。在投标现场不到最后一刻千万不要放弃。

投标代表到达现场之后，按照招标代理的要求，完成递交投标文件、投标代表签字、现场解封电子标书等一系列操作。

关于讲标，一般会现场抽签，或按照递交投标书签到时间安排讲标顺序。讲标过程需要注意以下几点：

7. 3. 1　注意着装

投标团队要注意着装，最好以正装出席，给评标专家留下职业形象良好，同时很重视这个投标的印象，先获取足够的印象分。

7. 3. 2　讲标注意事项

招标文件对于讲标的时间有要求，一般 10~20 分钟，投标现场都会严格按照时间要求由招标代理公司或甲方代表计时，到时间就不允许再讲了，因此售前顾问在准备讲标的时候，必须严格按照讲标时间准备内容，不断练习，在公司内部预演彩排。由于时间限制，若希望在有限的时间内让评标专家听到重要的内容，售前顾问最好按照招标文件列出的评分要求进行演示，方便专家进行评分。

在回答评标专家的问题时，一定要沉着冷静，如实回答专家的问题，不要夸夸其谈。尊重专家的每一个问题，不要有正面的冲突。

投标结束后需要注意以下问题：

（1）及时归还投标所用资质证书的文件原件。

（2）若是中标，客户经理需要及时跟踪领取中标通知书并拟定合同。

（3）客户经理需要确认是否要递交中标服务费，提前确认金额，在内部提出申请流程，在要求的时间内转出。

（4）客户经理办理退投标保证金：根据招标文件要求，明确退保证金流程，及时跟踪保证金退回情况。

7. 4　实战案例：“某市大数据管理规范编制”咨询服务公开招投标

背景：某市要求在已有国家相关标准的基础上，结合《××市政务信息资源共享管理暂行办法》和《××市政务数据开放管理暂行办法》，制定数据采集、数据质量提升、数据共享、数据开放、数据分析、安全管理等数据管理规范，形成统一完善的××市大数据规范体系，支撑大数据的深化整合与应用，实现政府大数据信息资源的有效共建和跨部门高度共享，大幅提升政府大数据综合利用水平，有效避免电子政务领域重复投资、盲目建设，提高政府部门的工作效率，促进政府决策科学化，推动社会管理精细化，实现民生服务人性化，提升社区管理民主化。

采购商在政府采购网上进行公开招投标。开标时间为 8 月 29 日 9：30（北京时间）。项目预算 40 万元人民币，投标保证金 8000 元人民币。

采购范围：××市大数据规范研究编制。

咨询服务成果包括：

（1）《××市大数据现状与需求分析报告》

（2）《××市大数据规范体系》

（3）《××市大数据绩效考评办法》

（4）《××市大数据管理方案》

（5）《××市大数据应用指南》

A 咨询公司参与投标，在公司内部按照标书编制的规范化运作进行标书的准备工作。由于该项目没有组织标前答疑，也不需要现场讲标演示，主要内容包括：项目报名，获取招标文件；成立投标小组；研读招标文件；标书编制；标书报价；标书整合；标书审核定稿；电子标书制作；打印盖章密封；现场投标等。

7.4.1 项目报名

A 咨询公司的客户经理小张到当地的政府采购网上报名，下载招标文件，同时交纳必要的项目保证金。

7.4.2 成立投标小组

A 咨询公司内部成立投标小组，商务组由 3 名成员组成，2 名客户经理及部门负责人，技术组也由 3 名成员组成，包括 2 名售前顾问及部门负责人。如图 7-7 所示。

商务组小张 8 月 9 日完成报名，建立公司内部沟通交流群（××市大数据规范研究编制投标交流群），同时将获取的招标文件发到群中供大家研读。

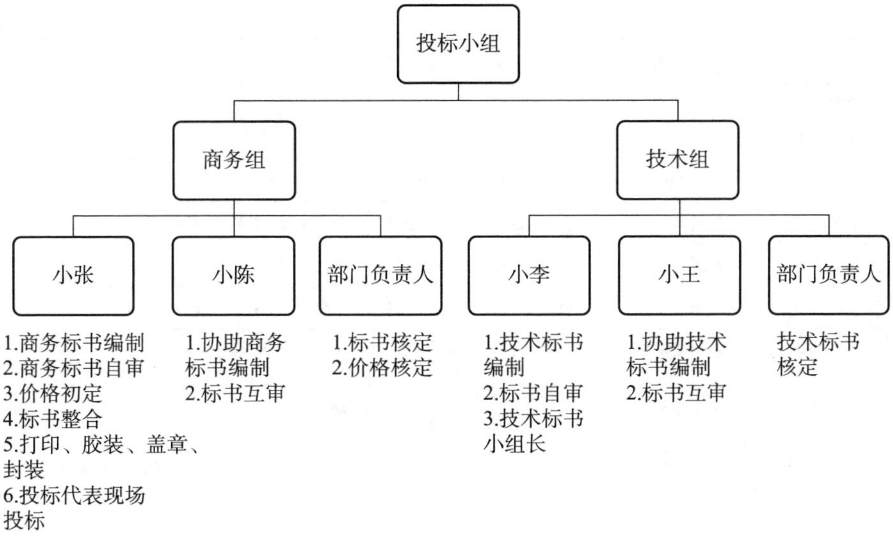

图 7-7　投标小组

将《投标项目计划安排表》发到交流群中，让投标小组成员清晰了解投标的计划及截止时间（见表 7-8）。

表 7-8　投标项目计划安排表

项目基本信息			
项目名称	××市大数据规范研究编制		
开标时间	8 月 29 日 9：30	开标地点	××市行政服务中心开标室
招标单位		招标代理公司	
报名截止时间		投标保证金	8000 元
招标公司账户		联系方式	
投标小组人员			
投标小组长	小张	销售部负责人	销售部门负责人
售前部负责人	售前部门负责人	客户经理	小张、小陈
售前顾问	小李、小王	技术顾问	无
投标计划			
投标阶段	截止时间	负责人	任务说明及注意事项
标前答疑	无	客户经理小张	投标公告中的相关问题
投标报名	8 月 9 日	客户经理小张	网上报名成功，下载确认回执，同时下载招标文件

续表

项目基本信息			
投标保证金提交	8月9日	客户经理小张	按照要求提交投标保证金，确认回执
投标代表确认	8月9日	客户经理小张	确认投标代表人
技术方案编写	8月18日	售前顾问小李、小王	按照招标文件要求编写技术方案
技术方案审核	8月20日	售前部门负责人	技术方案审核
商务方案编写	8月21日	客户经理小张、小陈	按照招标文件要求编写商务方案
商务方案审核	8月23日	销售部门负责人	商务方案审核
投标报价确认	8月23日	客户经理小张/销售部门负责人	确认投标报价
标书整合排版	8月25日	客户经理小张	实现商务和技术部分的整合排版
整体标书终审	8月26日	客户经理小张/销售部负责人/售前顾问小李/售前部负责人	对整体标书进行审核定稿
电子标书制作	8月27日	客户经理小张、小陈	到相关网址完成电子标书的制作
打印盖章封装标书	8月28日	客户经理小张、小陈	按照招标文件要求对标书进行打印盖章及封装等工作
现场投标	8月29日9：30	客户经理小张/售前顾问小李	现场进行投标，带上招标文件要求的原件材料
投标保证金退回		客户经理小张	投标结束后，跟踪投标保证金的退回

7.4.3 研读招标文件

投标小组成员研读招标文件，讨论招标文件需要注意的事项，在招标文件中进行批注，并用颜色突出表示。

招标文件主要有七章内容：

第一章　投标邀请

第二章　投标人须知前附表

第三章　投标人须知

一、总则

二、投标人

三、招标

四、投标

五、开标

六、中标与政府采购合同

七、询问、质疑与投诉

八、政府采购政策

九、本项目的有关信息

十、其他事项

第四章　评标

一、评标委员会

二、评标

三、其他规定

第五章　招标内容及要求

一、项目概况

二、技术和服务要求

三、商务条件

四、投标要求

五、报价要求

六、验收条件及标准

七、售后服务

八、知识产权

第六章　政府采购合同（参考文本）

第七章　投标文件格式

7.4.4　任务分工

7.4.4.1　标书框架搭建

客户经理小张与售前顾问小李共同协商标书的框架，根据招标文件要求，确定标书的框架分为三部分内容：

第一部分　报价部分

（1）开标一览表

（2）投标分项报价表

（3）招标文件规定的价格扣除证明材料（若有）

第二部分　商务部分

（1）投标函

(2) 投标人的资格及资信证明文件

(3) 标的说明一览表

(4) 技术和服务要求响应表

(5) 商务条件响应表

(6) 投标保证金

(7) 投标人提交的其他资料（若有）

第三部分　技术部分（附于第二部分“投标人提交的其他资料”后面）

标书框架确定好之后，客户经理及售前顾问各自分工，按照《投标项目计划安排表》时间要求，在截止日期前完成及审核相应内容。

7.4.4.2　商务标书编制

客户经理小张负责标书框架中的第一部分及第二部分的编制，客户经理小陈在这个过程中可协助小张编制相应内容，并进行核对检查。第一部分报价部分及第二部分商务部分，在招标文件中已给出具体的模板及编写要求，客户经理小张按照要求填写相关内容，同时将公司对应的证明材料放到相应位置，需要注意投标文件中的资质、证明等资料与原件的一致性及有效期。

第一部分及第二部分编写完之后，需要进行多轮审核，客户经理小张先进行自审，客户经理小陈再次进行审查，最终发给部门负责人进行审核。

7.4.4.3　技术标书编制

售前顾问小李负责第二部分中的“技术和服务要求响应表”及第三部分技术部分的内容编写。售前顾问小王协助小李编制技术部分标书内容。

由于技术标书没有统一章节要求，在响应招标文件要求的情况下，可自行组织技术部分的章节安排，作为附件材料附于第二部分“投标人提交的其他资料”后面。

(1) 章节安排

章节内容安排根据招标文件“第五章　招标内容及要求”、技术因素评标细则、政府采购合同、投标文件格式的内容、废标项等章节要求，综合确定技术部分的章节安排，示例如下：

1 绪论

1.1　采购范围

1.2　项目工期要求

1.3　编制依据

2 建设目标

3 成果内容

3.1　服务要求

3.2　咨询内容

3.2.1　××市大数据现状与需求分析报告

3.2.2　××市大数据管理规范体系

3.2.3　××市大数据绩效考评办法

3.2.4　××市大数据管理方案

3.2.5　××市大数据应用指南

3.3　咨询成果

3.4　成果形式

3.5　成果归属

4 项目周期安排

5 验收条件及安排

6 售后服务

7 知识产权

（2）内容填充

根据招标文件要求，先将招标文件中的内容进行复制粘贴，之后再结合××市的现状，编制出可落地、可实施、符合要求的技术方案标书。

（3）编写技术和服务要求响应表

根据招标文件给出的“技术和服务要求响应表”列出技术方案标书中响应招标要求的具体内容及具体的章节或是页数，方便评标专家寻找内容及评分。

“技术和服务要求响应表”需要按照招标文件要求进行填写。示例如图 7-8所示。

合同包	品目号	技术和服务要求	投标响应	是否偏离及说明
一	一-1	采购范围	第三部分 第1章 1.1 采购范围	无偏离
	……			
……				

图 7-8　填写示例

(4) 投标文件审查

售前顾问小李编写完技术方案后，按照《投标文件逐项检查表》进行自检，之后售前顾问小王再次进行检查，避免出现低级错误。针对已经自审及互审后的技术方案，售前部门负责人再次进行审核。

7.4.5 标书报价

本项目采用综合评分法：

价格因素得分满分为30分。

价格分采用低价优先法计算，即满足招标文件要求且投标价格最低的投标报价为评标基准价，其价格分为满分。其他投标人的价格分统一按照下列公式计算：投标报价得分=（评标基准价/投标报价）×价格权值×100。

该项目的预算为40万元，在满足招标文件要求的情况下，通过评估内部工作量，客户经理小张初步报价为35.9万元。客户经理小张就报价内容与其部门负责人沟通，获得其部门负责人的认同。

7.4.6 标书整合

售前顾问小李将审核后的技术方案标书在规定时间内提交给客户经理小张进行标书的整合，完成格式调整。客户经理小张、小陈，售前顾问小李、小王再次对整合后的标书进行检查。

7.4.7 标书审核定稿

将整合后的标书发送给各部门的领导进行审核，同时协调各部门领导的时间，按照《投标文件逐项检查表》进行标书核定的会议讨论，实现标书的最终定稿。

7.4.8 电子标书制作

客户经理小张登录某市的公共交易平台，通过CA证书登录账户，按照要求的评审节点编制电子投标文件，制作完成之后，客户经理小张再次检查电子标书内容，客户经理小陈对完成的电子标书再次进行核对。

7.4.9 打印盖章密封

招标文件要求：

纸质投标文件应符合：报价部分的正本1份、副本4份，技术商务部分的正本1份、副本4份，电子文本（使用PDF格式）1份。

(1) 全部投标文件（包括正本、副本、电子文本）均应密封，其中：投标文件的技术商务部分与报价部分不得合并密封（将已单独密封的技术商务部分连同已单独密封的报价部分再次进行密封不视为合并密封），投标文件的电子文本应单独密封。

（2）密封的外包装应至少标记“项目名称、招标编号、所投合同包、投标人的全称”等内容，否则造成投标文件误投、遗漏或者提前拆封的，招标人不承担责任。

客户经理小张及小陈按照招标文件的要求，进行投标文件的打印、胶装、盖章及密封。

7.4.10　现场投标

客户经理小张按照招标文件要求，准备需要携带的正本原件证明材料及投标文件。

客户经理小张及售前顾问小王在开标时间前到达开标地点，递交投标文件，配合招标代理机构核查相应的材料。

7.4.11　投标结束

投标结束后，客户经理小张及时归还投标所用资质证书的原件。

最终确定A咨询公司中标后，客户经理小张及时跟踪领取中标通知书并拟定合同。

客户经理小张确认是否需要递交中标服务费，提前确认金额并在内部提出申请，在要求的时间内转出。

客户经理小张根据招标文件要求，及时跟踪保证金退回情况。

客户经理小张在合同签订后，需要将中标合同上传到当地的采购网。

8 合同签订：做好合同签订及持续跟踪管理服务

招投标工作结束后，如果顺利中标，接下来就进入合同签订环节。合同签订是售前跟踪的结束，是项目正式落地开始实施的起始阶段，客户经理及售前顾问需要将项目售前相关资料移交给项目经理，同样需要做好项目的售中及售后持续跟踪管理，保证项目的顺利实施，增加二次成交的可能性。

本章的主要内容：

➤工作交接：保证后续项目的顺利实施

➤持续跟踪：做好客户及项目的持续跟踪管理

➤总结分享：形成团队宝贵的知识财富

➤实战案例：房产项目三维模型数据合同签订及项目实施

8.1 工作交接：保证后续项目的顺利实施

合同代表着一个项目的正式落地，它的重要性不言而喻。各家公司都特别重视合同管理，都设置了详细的规章制度，如合同编号规则、合同编制、合同评审、合同变更、合同解除、合同归档、合同借出等规定。

针对公开招投标的项目，合同的价格及付款方式需要按照投标文件的规定确定。关于合同的具体服务内容，客户经理需要让公司的项目团队成员确认，作为项目实施以及验收的依据，需要明确项目实施的边界。合同编制好之后，最好交给公司的法律顾问再次审核。内部确认好合同没有问题后，再与甲方企业进行沟通，双方达成一致意见之后盖章签字。公开招投标的项目，在合同签订后，需要将合同扫描件上传到采购网上进行公示。

说明：合同每一条款都必须认真对待。

合同编制完成标志着一个项目的售前阶段结束，项目实施阶段开始，需要售前顾问将前期的工作交接给项目经理，以保证后期项目的顺利实施验收。

有些公司可能没有专职售前顾问岗位，售前阶段由项目经理具体负责，项目经理全程参与项目的售前及售后工作，配合客户经理完成具体事宜，这样就不存在项目交接问题。当公司发展到一定规模，会设置具体的售前顾问岗位，将项目经理资源释放，设置不同岗位不同要求，实现专职专事，在项目合同正式签订后，项目正式进入实施阶段，才会指定具体的项目经理负责后续的工作，此时需要客户经理和售前顾问整理编写《售前资料移交表》，将资料移交给项目经理，协助项目经理顺利开展工作。

（1）交接内容

需要将售前阶段相关的结果文件移交给项目经理，以协助项目经理更好地实施项目。移交的内容包括但不限于以下内容：

➢主要客户基本信息

➢售前需求调研成果表

➢售前方案

➢售前演示 PPT

➢投标文件

➢合同文件等

编写《售前资料移交表》，方便资料的核对，如表 8-1 所示。

表 8-1　售前资料移交表

序号	资料名称	移交时间	移交人	接收人
1	主要客户基本信息	2022 年 3 月 5 日	售前顾问小王	项目经理小陈
2	售前需求调研成果表	2022 年 3 月 5 日	售前顾问小王	项目经理小陈
3	售前方案	2022 年 3 月 5 日	售前顾问小王	项目经理小陈
4	售前演示 PPT	2022 年 3 月 5 日	售前顾问小王	项目经理小陈
5	投标文件	2022 年 3 月 5 日	售前顾问小王	项目经理小陈
6	合同文件	2022 年 3 月 5 日	售前顾问小王	项目经理小陈
7	其他	2022 年 3 月 5 日	售前顾问小王	项目经理小陈

（2）交接时机

为了防止出现项目断档现象，避免在售前阶段客户经理及售前顾问过度承诺客户，在后期项目实施过程中无法满足客户需求而导致项目无法验收的情况发生，最好在售前阶段预指定一名项目经理，作为公司内部的技术顾问，把握项目的边界，对售前顾问编写的方案进行核实，实时了解项目动态信息，在项目交接过程中，也能够很快地了解项目信息，保证项目信息前后一致性。

案例

售前顾问小李在负责前期项目的时候，会要求项目管理部门协调一位具体的项目经理，共同参与到售前项目的前期过程中。项目经理可以不需要参与到具体的方案编制、方式汇报等具体工作中，但是每一次售前顾问发出的材料，项目经理都需要进行审核，把控项目的边界及技术细节，防止项目前期及后期的矛盾现象发生，产生互相推诿的情况。

点评：售前阶段最好安排一名项目经理对售前项目的项目边界进行把控，时刻让项目经理了解项目售前情况，保证项目的顺利实施。

如果售前阶段，项目资源有限，未指定一名项目经理，在合同签订后才指定一名项目经理，此时可以召开项目移交会，客户经理及售前顾问应该详细地向项目经理说明客户的基本情况、项目的背景情况、项目的建设内容等，同时将相关资料移交给项目经理，保证项目经理能够顺利进入项目实施阶段。

8.2 持续跟踪：做好客户及项目的持续跟踪管理

在项目实施的过程中，不同人员负责不同工作，对于客户经理及售前顾问来说，合同签订并不意味着结束，后续还有相关工作要负责。

在项目实施阶段，项目经理负责项目的实施。

客户经理需要定期回访客户，维护商务关系，推进项目回款、项目验收等相关工作。

售前顾问最好定时回访客户，了解项目开展情况，补充项目案例库，积累项目经验知识，形成行业内经典案例，为其他售前项目的推广沉淀案例资料。

8.2.1 做好项目的售中服务

在项目的实施过程中，售前顾问要定期与项目经理交流，了解项目实施的情况，验证前期项目跟踪提交的解决方案的优缺点，为其他的售前项目积累经验。

客户经理对内要配合项目经理做好项目的服务工作，对外要配合项目组做好与客户沟通事宜。涉及的主要工作包括项目各阶段的费用申请工作、项目实施过程中的沟通协调等。

合同签订后，客户经理需要按照合同签订的支付方式及请款日期，按照规定的程序准备必要的资料，向甲方发起项目经费的申请。

售前阶段的结束，并不意味着客户经理及售前顾问工作的结束，他们需要持续跟踪售中及售后阶段。

客户经理在项目实施过程中做好项目的服务工作：在项目启动的时候，积极参与项目启动会，强调项目合同内容及主要工期；在项目实施过程中，配合项目组做好与客户的沟通工作，了解关键里程碑节点项目实施情况；在项目实施内容需要变更时，组织牵头与客户的项目变更交流，将与客户交流的信息及时反馈给项目组；在项目验收阶段，与用户确认好验收的时间和条件，协调项目组做好项目验收的准备工作，做好验收会议的统筹工作。如表8-2所示。

表8-2　项目实施过程跟踪内容表

阶段	主要工作内容
客户关系维护	全过程维护客户关系，定期拜访客户
经费申请	按照合同签订支付方式及请款日期，按照规定程序准备必要的资料，向甲方发起项目经费的申请
项目启动	参与项目启动会，强调项目合同内容及主要工期
项目实施	了解关键里程碑节点项目实施情况 项目实施内容需要变更时，组织牵头与客户的项目变更交流 将与客户交流的信息及时反馈给项目组
项目验收	推进项目验收，与用户确认验收的时间及条件 协调项目组做好项目验收准备工作 组织验收会议，做好验收会议的统筹工作

8.2.2　项目售后的持续跟踪

项目通过验收并不意味着工作的结束，客户经理与售前顾问需要持续做好项目的售后服务，定期拜访客户，配合项目组一同解决用户在使用产品中遇到的各种问题，提高公司的售后服务质量，增加公司的信誉。做一个项目并不意味着只有一次合作机会，应通过售前、售中、售后不断持续的服务，建立与客户长期合作的关系，包括签订维保合同、挖掘新的需求、实现新业务的合作等。

案例

某公司建立的售后项目服务制度

第一，每一位项目组成员都必须清楚了解售后服务质量的重要性，要有“顾客第一”的服务理念。

第二，项目验收后，项目进入售后服务期，项目经理作为主要负责人参与客户的问题解决。

第三，客户经理负责后期的客户关系维护，定期拜访客户。

第四，接到每一位客户的报修或是咨询电话，必须对每一位客户的需求进行登记，及时解决客户遇到的问题。

第五，将客户的问题及解决的问题记录到《售后项目问题跟踪表》中。

点评：售后服务做得好，可以持续带来新的合作机会。

售后服务是公司一项很重要的服务，必须重视，有条件的情况下，可明文规定具体的售后服务制度。所有公司都希望与客户的关系能够长期维持，因此需持续做好客户关系管理，让客户一开展某项业务，就能想起你的公司，或是将新的客户源介绍给你。大部分的客户也喜欢与熟悉的公司合作，这就是“买熟悉、不买生”。

随着技术的不断发展，客户的需求也会不断增加，原有的产品也需要更新换代，因此做好客户的售后服务工作，可以不断挖掘新的需求，给公司带来新的商机。

8.3 总结分享：形成团队宝贵的知识财富

售前阶段工作的关键里程碑或者整体阶段结束后，客户经理及售前顾问可分别从商务角度及技术支持角度对整体售前协同打单工作进行总结，编写《售前项目总结》，对售前体系的流程、方法、工具进行总结，提出可持续优化改进的意见，逐渐总结提炼出基于实践的最佳售前体系，实现行业业务、管理实践、知识的积累和沉淀。

对售前阶段工作进行总结后，将售前项目过程中的相关资料提交到售前知识库中，不断积累和丰富售前知识库，同时在公司内部分享售前打单经验。

说明：团队成员的工作经验是项目的宝贵财富。

一般售前阶段可总结分享的时机有：部门定时总结分享；或者合同签订后的一个完整售前项目总结分享；或者当完成一个售前活动时的总结分享，比如针对实际案例的需求调研分享、方案编写分享、演示交流分享等。

部门定时总结分享会：在固定周、月或年度等交流会上，由部门领导组织，形成售前定时交流分享会，形成学习型组织氛围。客户经理及售前顾问分享近段时间售前工作的心得体会，大家互相探讨工作经验。同时不断完善售前体系中的工具、流程、方法模板等内容。最后将所有的售前资料，包括PPT、文档等资料存入售前知识库中，形成知识储备，实现价值。

完整售前项目总结：在一个完整的售前项目结束后（完成初步拜访、需求调研、方案编写、售前演示、客户参观、招投标工作等环节），由主要的客户经理及售前顾问从商务角度及技术角度分别分享售前项目的经验，包括分享售前项目的整体过程策略、如何使用已有的工具模板、方案编写经验、售前沟通交流经验、相互配合工作等，总结成功的经验，反思失败的原因，全面整理客户提供的资料，获取竞争对手的资料，改善已有的工具模板，为今后的售前项目提供一些可参考的建议。所有的资料需要按照规范存放到售前知识库中。

一次售前环节的总结：售前项目形式多样，很多售前支持工作并不会完整经历所有的售前环节，往往只是经历了其中的一个或是部分环节，因此在完成一次售前环节的过程后，视情况进行售前经验的分享。可对客户的需求痛点等现状进行阐述，对我方采取的解决方案或呈现的方式等工作内容进行总结分享，为下一次类似的工作提供借鉴。

案例

某公司的培训机制比较完善，有定期针对全公司的培训，也有各种专题培训，各部门也有自己内部的分享培训会。该公司的售前部门在每周的例会上会不定期邀请相关人员分享各类知识内容，例如邀请客户经理分享销售方面的知识。部门内部的售前顾问在完成一次售前活动，或全过程跟踪完一个售前项目后，也会定期分享项目跟踪的心得，大家共同交流讨论、探讨学习。

8.4　实战案例：房产项目三维模型数据合同签订及项目实施

背景：某市自然资源和规划局采用三维辅助决策系统辅助城市设计和

建筑景观评审，要求就该市开发商的有关项目规划、报建方案审批建立三维模型。因此开发商在房产项目报建过程中，需要寻找相关公司建立项目三维模型。

某公司致力于空间数据处理、三维建模、可视化仿真等技术领域研究。最近通过售前活动的跟踪，及客户经理小李和售前顾问小王的努力，成功中标某投资有限公司在该市房产项目报建方案的三维模型数据的生产加工及展示。

8.4.1 合同编制

客户经理小李在投标文件和公司关于合同编制要求的基础上，对合同进行编制，明确合同的一些重要条款（注意合同中的每一个条款细节）：

合同标的：明确数据建模的范围、模型精细程度；

合同总金额：合同的总价格；

交付时间：合同签订后的三个月；

交付地点：投资有限公司总部；

交付条件：经过该市质量监督站检验合格并出具报告；

验收条件：经过该市质量监督站检验合格并出具报告，提交相关技术设计、项目总结、质检报告电子文档一份，纸质版三份；

付款方式为分期付款：采用三次付款方式，首付款40%，初验支付50%，1年免费售后服务期支付10%；

售后服务期：1年免费售后服务期。

对其他一些合同内容，包括合同有效期、违约责任、知识产权、解决争议方法、不可抗力等，也进行了明确。

小李将合同编制完成后，启动公司内部合同评审流程，经相关领导及法律顾问审核，获得公司内部一致同意后，与投资商客户企业就合同内容进行沟通交流。经过双方的沟通交流，达成一致意见，签字盖章后，合同顺利签订。

小李将合同按照公司合同管理的规定进行归档备案。

8.4.2 工作交接

公司内部迅速成立项目小组，并指派项目经理小陈、客户经理小李与售前顾问小王将前期的相关资料移交给项目组成员，同时编制了《售前资料移交表》（见表8-3）。并召开项目移交会说明客户要求、前期跟踪项目的具体情况，保证项目顺利进入实施阶段。

表 8-3　售前资料移交表

序号	资料名称	移交时间	移交人	接收人
1	主要客户基本信息	2022 年 3 月 1 日	小王	小陈
2	售前方案	2022 年 3 月 1 日	小王	小陈
3	售前演示 PPT	2022 年 3 月 1 日	小王	小陈
4	投标文件	2022 年 3 月 1 日	小王	小陈
5	合同文件	2022 年 3 月 1 日	小王	小陈

8.4.3　首付款请款

合同顺利签订，且公司内部项目正式启动后，客户经理小李根据客户企业内部请款流程协助准备需要的材料，启动首付款请款流程。

8.4.4　项目实施

在项目实施的过程中，客户经理定期拜访客户，维护客户关系，同时了解项目实施的情况，了解关键里程碑节点项目实施的情况。客户经理与项目经理时常就项目的关键信息向客户企业的关键人员进行汇报，让其了解项目的进展情况。售前顾问定期与项目团队以及客户进行交流，了解项目实施情况，更好地从大的项目周期中总结售前经验，同时做好项目案例库的整理，为后续其他售前项目提供借鉴。(做好项目售中服务)

项目顺利实施，快到项目验收的时候，客户经理积极推进项目验收，与客户企业沟通可验收的时机，项目组成员也比较给力，按照合同的要求顺利完成合同规定的内容，三维模型建立后，项目组成员出具了具体的质检报告，完成了验收需要的文档资料。

项目完成的三维模型被顺利导入某市自然资源和规划局采用的三维辅助决策系统，完成了该房产项目方案评审工作。客户较满意，这时候客户经理顺势向客户提出了项目验收的要求。由于三维模型成果获得了客户企业内部的一致好评，客户企业项目关键负责人积极配合公司完成项目的验收工作，同时支付了项目的初验款。一年免费维护期过后，客户经理申请了剩余的10%尾款。

8.4.5　售后的持续跟踪

在售后服务期内，客户经理持续做好客户的商务工作，由于公司的项目实施情况较好，售后服务到位，公司成为该投资有限公司的三维技术支撑单位，签订了战略合作协议，带来了后续的一系列合作项目。

8.4.6 项目总结分享

客户经理、项目经理在项目的总结分享会上，各自从商务角度及项目实施角度对项目的经验进行了分享，同时对项目资料进行归档，形成团队宝贵的经验。

第3篇

对内售前团队管理体系

建立售前运营战略体系的另一个重要内容是对内建立售前团队管理体系，通过售前团队的组建和管理，制定合理的售前管理规范，有效地运营售前团队，实现售前支持工作的“零缺陷”。通过对售前顾问的培养，建立凝聚力强、素质高、不断成长的售前团队，更好地完成售前支持工作，更好与客户经理高效协同打单，更好地为客户提供售前咨询服务，从而更好地将售前顾问式服务体系的应用效果发挥到最大。

售前团队的领导者和管理者承担着组建售前团队和管理售前团队的职责，对于打造一支高素质、高效率的售前团队起着至关重要的作用。售前团队需要保护每一位售前顾问的积极性和创造性，主动关怀每一位团队成员的生活工作情况，肯定每一位团队成员的工作成果。售前团队管理者需要具备以下特质：

（1）扮演教练的角色

售前团队管理者需要了解每一位成员的工作情况和个人技能，合理安排每一项工作，激发售前顾问的工作潜能。在日常工作中提供必要的辅导或是技巧培训，提升售前顾问的工作能力，增强售前顾问的工作信心。对售前顾问的绩效做出评估，当存在问题的时候，给予必要的指点，辅助其改正提升。

（2）拥有豁达的胸襟

作为团队的管理者，需要有广阔的胸襟，时常与售前顾问沟通交流，听取他们在工作上的意见，也反思自己在工作方面的相关决策或是工作安排是否合理。尊重每一位成员，保护每一位成员的隐私，在与团队成员沟通交流的过程中，注意倾听和理解。

对于团队成员的离职，要做到与其认真沟通交流，分析原因，尽量挽留。对于去意已决的成员，给予真诚的祝福。对于离职后的员工，依然把他当作良师益友，不间断地联系以表达关怀和祝福，也许以后仍然有合作的机会。

（3）制定清晰的部门管理规范

制定清晰的售前部门的工作目标、工作职责、工作方法，制定各项便捷的工具模板。避免不必要的冲突和麻烦，为售前顾问与其他部门的配合打下良好的基础，提高整体售前团队的工作绩效。同时在规范执行的过程中主动认真思考制定的相关政策、方法是否可行，是否需要及时进行调整。

在售前顾问的工作过程中，了解其工作状态、工作绩效，给予必要的指导，协助其完成工作，适当进行各种专题培训。主动帮助每一位售前顾问，让其在工作方面有较大的成长，为公司留住每一位优秀的售前顾问。

在售前顾问工作中，为其提供必要发展机会和晋升空间，让其看到未来的发展规划。同时尽可能地实施公平的薪酬福利体系，让售前顾问觉得其工作能力得到认可，可稳定团队成员的工作情绪，创造良好的工作氛围。

售前部门的团队管理者有责任和义务通过各种方法让售前部门发展得更好，让售前顾问获得各方面能力的成长，同时尽可能为售前顾问争取更多的福利和发展机会。

9 组建团队：搭建售前团队，明确售前职责

组建售前团队包括组织架构、工作职责、能力模型等内容。不同企业的组织架构不同，因此售前组织架构也不相同，一般包括兼职型、全职型和复合型。管理者需要根据售前组织架构对售前团队管理规范进行调整，制定出最适合的售前管理规范。通过优化售前顾问团队，对售前顾问的工作职责、能力模型进行定义，明晰售前顾问在售前运营战略体系中的定位。

9.1 组织架构：确定售前团队的组织架构

不同公司的组织架构及规模不同、战略定位不同，因此售前组织架构也不尽相同。有些公司有专门的售前顾问团队，有些公司由产品经理担任售前顾问角色，有些公司由项目经理担任售前顾问角色，有些公司由销售或是市场经理担任售前顾问角色。不同的售前团队的组织架构可总结为兼职型、全职型、复合型，三种类型各有优缺点，不同公司往往会根据自己的发展情况不断调整，选择当下公司最适合的组织架构模式。

9.1.1 兼职型

公司没有专门的售前部门，没有专职的售前顾问，售前顾问主要由各职能部门（或是某一产品线）中的产品经理、项目经理、技术工程师、客户经理等员工担任。在售前活动中，需要客户经理进行协调。主要结构如图 9-1 所示。

由其他人员兼职担任售前顾问，有优点也有缺点，适合公司规模较小、无专职售前顾问的组织架构，主要如表 9-1 所示。

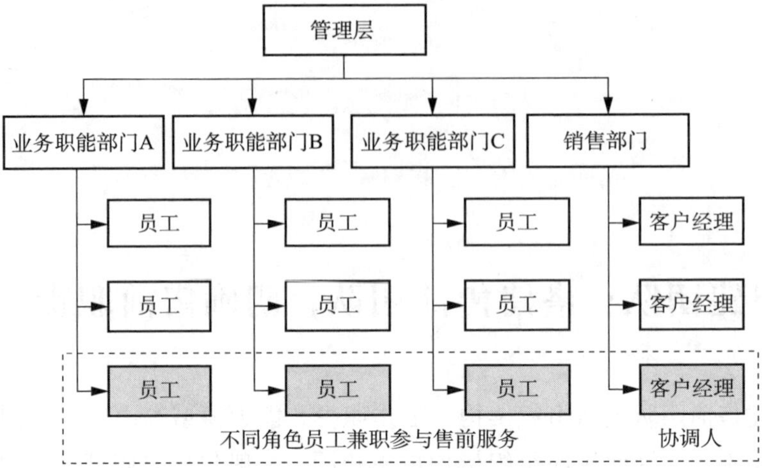

图 9-1　兼职型组织架构

表 9-1　兼职型售前顾问优缺点

优点	缺点
➢各职能部门中的人员专职服务于本部门，可以保证售前资源的独享性 ➢兼职售前顾问由产品经理、项目经理、技术工程师或是客户经理担任，因此对于某一产品的业务、项目经验或是技术细节较熟悉，可以在某一方面较好地和客户进行沟通交流 ➢产品经理兼职售前顾问可以第一时间获取客户信息以及竞争对手产品优势，可以直接改进产品功能 ➢项目经理可以在前期担任售前顾问，在后期担任项目经理，对项目的前后情况都较了解，有利于项目的实施 ➢客户经理担任售前顾问，可以以商务思维结合售前技术介绍，较快推进售前工作	➢无售前团队管理机制，售前知识、售前资料无法很好地积累和传承 ➢由于个人精力有限，不同岗位都有对应的岗位能力要求，个人无法掌握全部的知识体系 ➢兼职售前顾问的售前服务质量无法完全保证 ➢很难对所有的兼职售前顾问进行专门的售前技能培训 ➢由于时间精力有限，产品经理、项目经理等人员已有相关工作，有时很难有充裕的时间完成售前工作，或协调出时间配合客户经理完成相关工作

9.1.2 全职型

与兼职型售前团队组织架构相比，全职型售前团队组织架构又可分为两种情况：

（1）各职能部门设立售前顾问岗位，未设立专职售前部门。此种售前支持模式与兼职型售前模式类似，但是售前活动不再由兼职人员负责，而是由职能部门内的售前顾问承担。主要架构如图 9-2 所示。

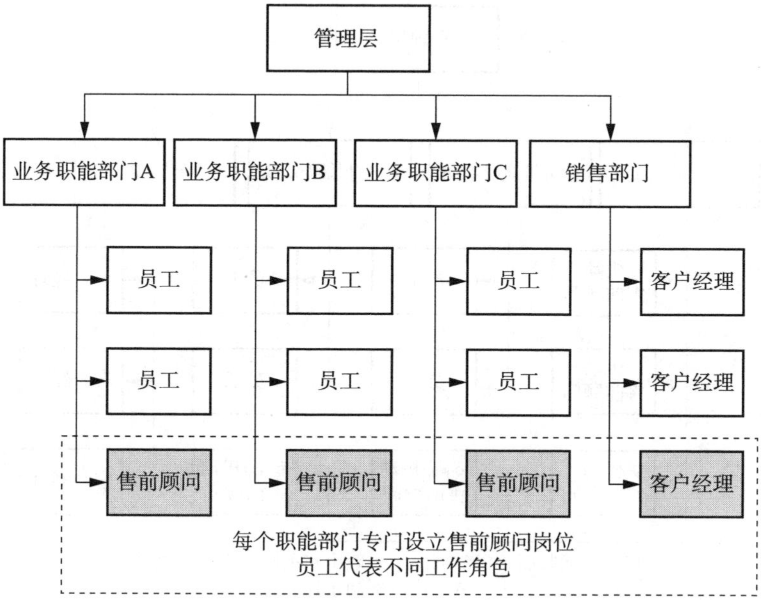

图 9-2　未设立售前部门的全职型组织架构

各职能部门设立售前顾问岗位、未设立专职售前部门主要优缺点如表 9-2 所示。

表 9-2　全职型 1 优缺点

优点	缺点
➢职能部门的售前顾问对部门的产品体系以及项目实施经验比较了解，可以针对本产品很好地和客户进行沟通交流，在已有产品基础上，提供针对客户需求的定制化解决方案 ➢能够实现售前资源的独享，能够较好配合客户经理完成本产品的售前服务过程 ➢与自己部门的产品经理、项目经理、技术研发等人员沟通较多，可以就产品进行全方面的沟通交流，可以全方位掌握本部门的产品体系	➢售前顾问只对本部门的产品体系了解，对其他部门的产品不了解，只能支持本部门的售前工作，会造成售前资源的浪费 ➢各职能部门的售前顾问岗位独立工作，属于单兵作战模式，售前资源无法实现充分共享 ➢各职能部门的售前顾问交流较少，无法形成知识共享，售前顾问的成长较慢

（2）各职能部门未设立售前顾问岗位，公司设立了专职的售前支持部门，有全职的售前顾问岗位，统一由专职售前部门提供售前支持服务。

公司里有专门的售前顾问团队，在专业的售前顾问团队中，有专职售前顾问和机动售前顾问。专职售前顾问服务于各职能部门或专职服务于某项固定业务，机动售前顾问根据工作的需要支持各类业务的售前活动。主要架构如图 9-3 所示。

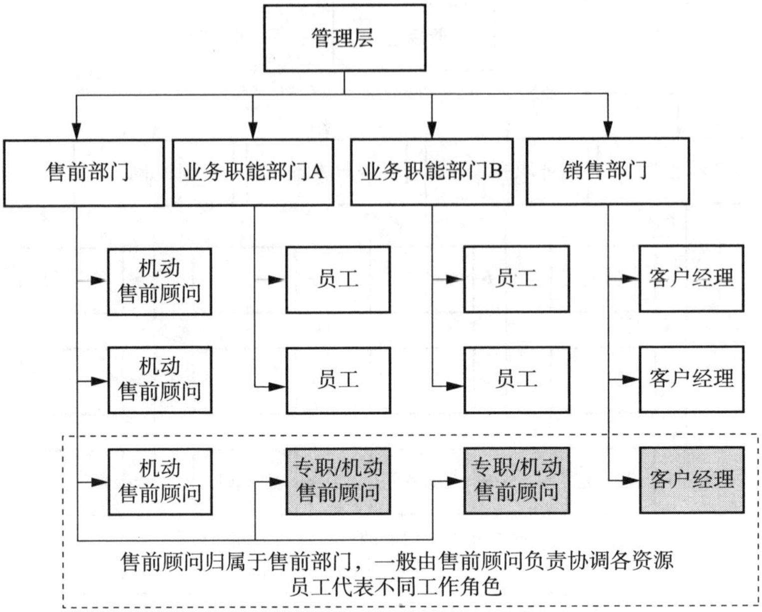

图 9-3　有售前部门的全职型组织架构

该模式（职能部门未设立专职售前顾问，公司设立专职售前支持部门）主要优缺点如表 9-3 所示。

表 9-3　全职型 2 优缺点

	优点	缺点
专职型售前顾问	➢对专职的业务知识了解较深刻，可成为某一业务领域的专家 ➢保证各业务职能部门售前资源的独享性 ➢虽然专职型售前顾问是服务于某项业务的售前顾问，但是在售前部门内也需要经过专门的售前技能培训，能够较好地完成售前服务工作 ➢售前顾问之间形成良性沟通，形成分享型文化	➢擅长某一业务，对其余业务不了解 ➢会造成售前资源的浪费 ➢公司需要配备足够的售前顾问
机动型售前顾问	➢对公司内各业务领域知识都较了解，对公司业务的广度有了解 ➢可随着工作的需要，负责不同类型的售前服务支持工作 ➢公司可以合理地利用机动型售前顾问	➢对某一个业务的深度了解不足，有时候针对客户的问题无法完全回应 ➢对售前顾问的综合能力要求较高，需要售前顾问能够快速学习不同业务知识 ➢售前顾问会非常繁忙 ➢学习所有业务知识需要售前顾问花费大量时间精力

9.1.3　复合型

复合型售前团队的组织架构是在公司的组织架构中，各职能部门设立专职售前顾问岗位，公司内部同时也设立了专职的售前支持部门，招聘专职售前顾问。在资源有限或某些大型项目的售前支持中，同时融合了全职型和兼职型售前支持模式，由售前顾问或客户经理担任协调人，协调各部门产品经理、技术工程师、项目经理或职能部门内的售前顾问等人员共同组成售前团队参与前期的售前活动。主要架构如图 9-4 所示。

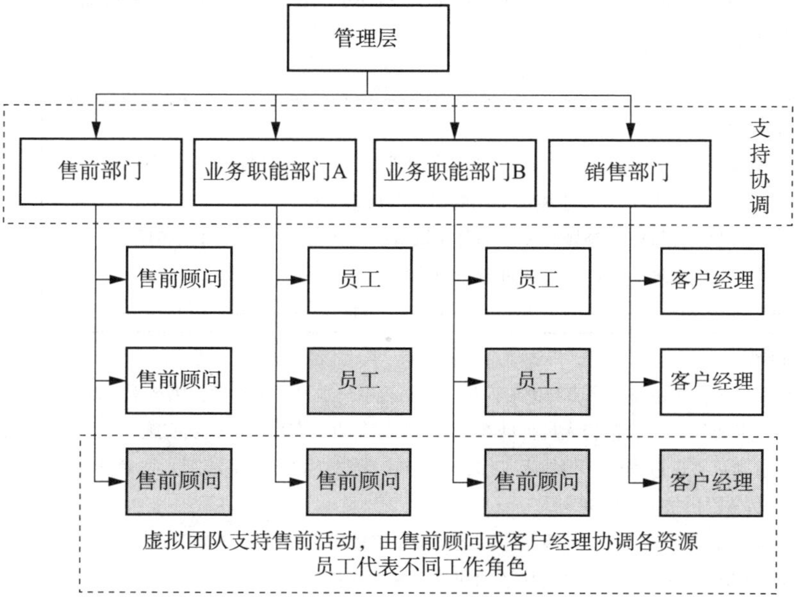

图 9-4　复合型组织架构

这种模式适用于公司部门较多、业务较多、分支机构或分公司较多的情况，职能部门内的售前顾问可支持本部门内的售前顾问工作，在无法承担相关工作的时候，可申请售前支持部门内的机动售前顾问共同服务售前活动。这可以提高售前服务的质量，在公司内部形成良好的工作循环模式。通过此种方式，可以实现售前资源的最大化利用。

复合型售前支持模式（职能部门设立售前顾问岗位，公司设立专职的售前支持部门）的主要优缺点如表 9-4 所示。

表 9-4　复合型优缺点

优点	缺点
➢具有兼职型和全职型的优点，充分发挥团队的力量，为赢取订单形成最优团队 ➢合理利用公司的售前资源	➢需要公司招聘足够数量的售前顾问 ➢临时组成的虚拟团队，需要有沟通交流磨合期 ➢对售前部门的售前顾问要求较高，其需要了解公司全业务知识体系

9.2　工作职责：明确售前团队的工作职责

不同公司售前顾问的工作职责不尽相同，图 9-5 中内容来源于招聘网站对售前顾问的职责描述。

职责描述：
1. 从事政务行业售前支撑工作，包括需求调研、方案设计、规划及项目落地
2.负责组织投标工作、行业相关产品的研究和评审工作
3.协助负责制订行业各领域总体及细分领域解决方案，支撑行业市场拓展
4.推动行业生态环境建设，定期进行行业分析

职位描述：
1.作为解决方案售前顾问，与销售人员一起跟进客户项目，为客户提供技术咨询、方案设计、技术交流服务，配合销售人员推动客户项目落地，直至客户项目成功实施，并推进二次销售
2.负责项目跟进过程中其他技术工作，包括PoC测试、技术标书编写、技术方案、讲解及演示产品、用户技术应答等
3.支持合作伙伴，进行产品及技术方案培训、赋能以及相关项目支持工作
4.支持市场相关工作，包括市场活动演讲、展会支持等
5.收集整理友商信息，进行竞争分析，反馈给产品研发部门

图 9-5　招聘网工作职责描述

通过招聘网站各单位对于售前工作职责的描述，可以发现需求调研、方案编写、售前演示交流、招投标工作等是售前顾问的主要工作内容。不同公司对于售前顾问的定义不同，可能还包括公司安排的其他一些工作内容。本节结合售前顾问式服务体系内容，具体阐述售前顾问的工作职责。

9.2.1　售前顾问式服务体系工作内容

通过前面的介绍，售前顾问式服务内容包括发现商机、挖掘需求、解决方案、演示交流、参观考察、投标工作、合同签订等活动，售前顾问承担售

前活动工作。售前项目的类型多种多样，售前顾问在售前活动中会遇到各种各样的情况，可能只参与其中一项活动或多项活动。售前顾问在售前各活动中的主要工作内容如图 9-6 所示：

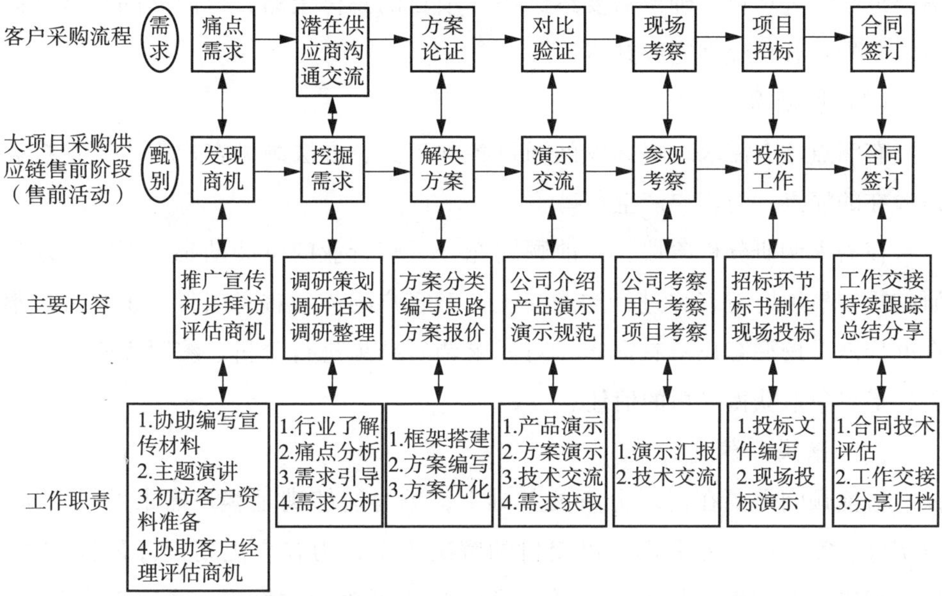

图 9-6　售前支持工作内容

（1）发现商机

发现商机中售前顾问参与的活动包括推广宣传、初步拜访、商机评估等，在不同活动中配合参与不同的工作。

在推广宣传中，专职市场推广人员会编制宣传材料，在对产品不了解的情况下，会要求售前顾问协助编制宣传材料初稿，由市场推广人员进行加工润色，或者市场推广人员编制好宣传材料，售前顾问协助查看是否有业务方案的错误描述。在一些行业大会或是产业大会中，有时会需要售前顾问参与主题演讲。主要通过市场推广宣传传播公司的核心价值理念，介绍公司产品的核心技术优势、服务优势和增值服务等，可以提高公司的知名度，获取社会的关注度，从而实现品牌塑造、挖掘潜在商机。

客户经理通过不同渠道获取并挖掘潜在客户，需要售前顾问协助初步拜访，介绍公司的产品体系，初步判断客户的需求以及态度。售前顾问在拜访前需要从客户经理处初步了解基本背景信息，之后尽可能多地收集客户资料信息。针对客户想做的项目，准备好初步的方案汇报 PPT。到达客户现场后，做好产品的汇报以及与客户的沟通交流，进一步了解客户的需求。

客户经理在评估商机时可与售前顾问配合共同完成商机评估，确定是否需要继续跟进项目，确定需要继续跟进项目的总体策略，售前顾问在这个阶段需要配合客户经理完成具体工作。

（2）挖掘需求

有痛点才有需求。售前顾问通过各种工具、方法洞见客户需求，挖掘客户潜在的痛点，与客户产生共鸣。

在需求调研分析阶段，售前顾问充分了解行业的发展动态，制定需求调研的规划事项，与客户进行沟通交流，对客户的需求进行引导，识别客户潜在的痛点，挖掘客户潜在需求，对需求调研结果进行分析，编写需求调研报告，最终争取获得客户的信任。

（3）解决方案

售前顾问需要在需求分析的基础上，编写能够满足客户需求的可落地、可实施、完整的、专业的、可交付的解决方案，为客户规划设计最佳方案。通过解决方案的编写打消客户关于项目是否可落地的疑虑，赢得客户认可，争取使公司技术参数入选项目选型标准，成功屏蔽竞争对手。

（4）演示交流

在演示交流环节，售前顾问制定售前演示交流策略，准备售前演示交流资料（主要包括 PPT、产品软件等资料），最后到客户现场进行售前演示交流，在交流过程中，以丰富的经验、专业的职业素养，介绍企业文化、产品价值、公司实力等。同时再次收集确认客户的需求，获取下一步行动的承诺。

（5）参观考察

在参观考察过程中，售前顾问配合客户经理做好客户当天到访的产品汇报以及技术交流等工作内容。进一步增加客户的信心，赢得客户认可。

（6）投标工作

在投标阶段，售前顾问与客户经理配合，编写投标文件的技术内容，如果需要现场讲标，准备对应产品演示资料，现场参与投标以及讲标工作，确保投标工作顺利进行，增加赢单的概率。

（7）合同签订

在合同签订环节，售前顾问配合客户经理评估合同条款技术内容。项目正式进入实施阶段，售前顾问需要将前期所有的资料移交给项目经理，并将售前阶段的过程文档归档到公司的资料库中。在项目实施的过程中，售前顾问定时与用户保持良好的沟通交流和回访，了解项目情况，可将项目实施的经验作为案例资料，为下一次的售前交流积攒资料。

在售前活动结束后，售前顾问需要对售前项目的整体情况进行总结，对现有的支持流程、方法、工具等进行分析，提出持续改进的意见，总结提炼基于实践的最佳售前管理体系，实现行业业务、管理实践、知识的积累和沉淀。

9.2.2　其他工作

（1）培训活动支持

售前顾问拥有较好的文案编写、PPT 制作及沟通演示等能力，对业务熟悉，对公司产品熟悉，经常与客户沟通交流，可以较好地完成培训工作。培训主要分为针对公司内部的培训，针对客户、合作伙伴等的外部培训。可以很好地结合案例将产品或是业务知识进行传达，实现较好的培训效果。

（2）市场相关信息收集及反馈

平时主动收集区域市场竞争对手信息，或者在与客户沟通交流中获取竞争对手信息，并将行业相关动态及市场信息反馈给公司相关部门。

（3）知识学习管理

售前顾问需要积极主动学习行业业务知识、新的技术和售前技巧，研究公司产品在行业应用中的解决方案，积累公司典型案例知识，不断提高自己的业务能力、售前沟通演示能力、需求调研及方案编写能力，适应公司和市场不断发展的需要。

（4）企业规定的其他相关工作

不同企业对于售前工作职责定义不同，售前顾问需根据企业的相关规定，完成其他相关工作。

9.3　能力模型：确定售前顾问必备的能力

一个好的售前顾问的标准是什么呢？不同人有不同的看法，这里收集了一些大家对于售前顾问的看法：

➢熟悉公司、产品、方案和行业知识，是产品专家、技术专家、行业专家；

➢了解相关行业的技术和产品发展动态，了解主要竞争对手的情况；

➢业务能力强，方案内容接地气；

➢能够和销售相互配合、相互理解、协同打单；

➢凡事有交代，事事有回应；

➢专业知识扎实，现场沟通交流气场强；

➢引导用户向公司产品需求靠拢；

➢售前活动各阶段都能较好地和客户沟通；

➢赢得客户的认可；

➢熟练掌握 Office、WPS 等软件；

➢熟悉招投标法律法规及程序；

➢有远见、有知识、有见解；

➢善于沟通交流等。

相信每一位从事售前工作的人员都希望自己达到较高的水准，实现升职加薪，从而走向人生巅峰。接下来将介绍售前顾问的岗位能力模型，并对其进行量化分析。

为了实现持续性的职业发展，售前顾问需要成为具备多种能力的“特种兵”，售前顾问的岗位能力模型如图 9-7 所示。售前顾问能力模型分为四个层次，从下到上分别为基本素质、知识体系、业务能力、成果显示。

详细的售前顾问岗位能力说明如图 9-8 所示。

9.3.1 基本素质

售前顾问基本素质主要包括辅助工具、材料收集习惯、商务礼仪、工作态度、抗压能力、应变能力、快速学习等方面（见图 9-9）。基本素质相当于一座大厦的地基，属于售前岗位的敲门砖。售前顾问应在良好的工作习惯和必备的通用技能的基础上，能够快速掌握售前顾问其他必备能力，适应售前的高压工作。

图 9-7　售前顾问的岗位能力模型

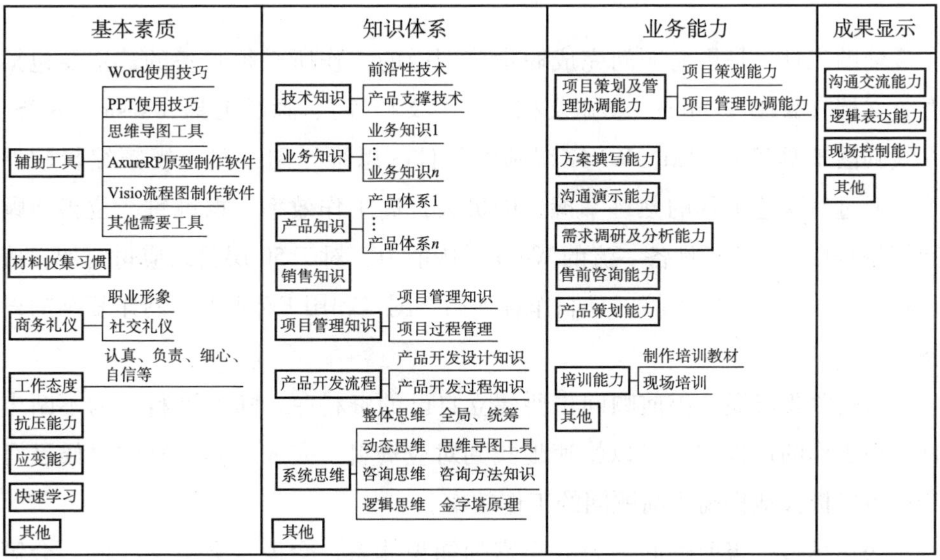

图 9-8　售前顾问岗位能力模型说明

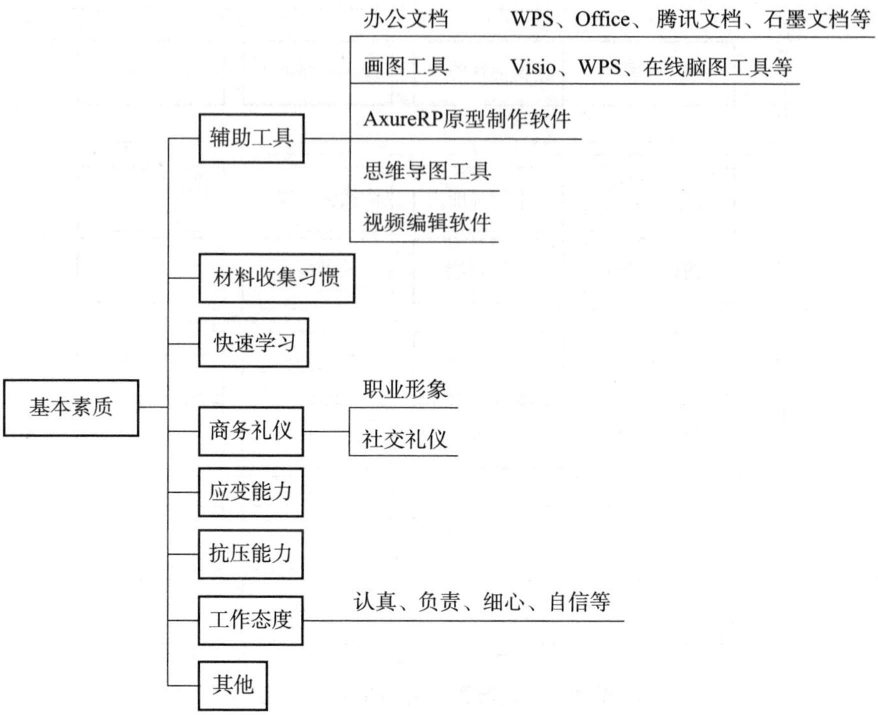

图 9-9　基本素质说明

辅助工具：是售前顾问完成职责范围内的工作所必须具备的，主要包括办公文档（WPS、Office、腾讯文档、石墨文档等）、画图工具（Visio、WPS、在线脑图工具等）、AxureRP 原型制作软件、思维导图工具、视频编辑软件等。通过对这些工具的熟练掌握，能极大提高工作效率。据说每一位售前顾问都是 Office 大师，具备一流的 Word 排版能力，对于 50 层目录应付自如；擅长利用画图工具、PPT 等工具制作各种拓扑图，利用 Excel 工具制作复杂的设备清单。

材料收集习惯：售前顾问需要建立自己的资料库，随着资料库的不断丰富，在工作的过程中，可以快速地找到对应资料，完成工作。有的时候已有资料可以极大地提高售前顾问的工作效率。

快速学习：售前顾问需要有丰富的知识体系，会说、会写、会问、会策划。由于经常需要支持全新知识领域的项目，因此需要售前顾问有主动以及快速的学习能力，迅速寻找资源，理解新知识，做到心中有数，才能更好地为客户提供咨询服务，配合销售提高赢单的概率。

商务礼仪：售前顾问时常需要面对不同的客户，和不同人员打交道，因此必须要掌握必备的商务礼仪知识，给人留下良好的印象。

应变能力：售前顾问在与客户沟通的过程中，经常会出现与准备的内容不相符的情况，比如客户提问一些售前顾问不太了解的知识，或者在客户现场电脑系统出现故障等，需要售前顾问随机应变，懂得察言观色、审时度势。

抗压能力：售前顾问属于台前工作，要与大量的人员沟通交流，会出现很多不可预知的情况。售前顾问需要经常出差，可能早上在单位编写方案，下午就要出差，面临的压力比较大，因此需要具有强大的抗压能力。

工作态度：不管什么时候，售前顾问都需要拥有认真、真诚、负责、细心、自信等的工作态度，凡事有交代，事事有回应。在与客户沟通的过程中，用实力和真诚的态度逐步取得客户的信任，不吹嘘也不弄虚作假，做事先做人，虚心接受别人提出的意见。让公司的客户经理、技术人员、领导、客户能放心、安心地交办任务给你。

售前顾问的基本素质还有很多，需要售前顾问在工作生活当中不断积累。

9.3.2　知识体系

知识体系包括技术知识、业务知识、产品知识、销售知识、项目管理知识、产品开发流程、系统思维等方面（见图 9-10）。

技术知识、业务知识和产品知识是售前顾问必须掌握的知识。售前顾问需要对前沿技术如大数据、人工智能、云计算、物联网等技术有所了解，同时掌握本公司的产品体系及解决方案所用到的技术知识。售前顾问需要了解业务知识，才能更好领会产品的每一个功能可以解决的问题。一个公司的产品体系较多，售前顾问需要尽可能掌握公司产品知识，才能在与客户沟通交流的过程中，针对客户的痛点需求，寻找公司匹配的产品体系，尽可能地减少后期项目实施的工作量。

如果一位刚入行的售前顾问没有完全掌握技术知识、业务知识和产品知识，在客户面前读了一遍事先准备好的 PPT 资料，接下来对于客户提出的问题完全不知道该如何回答，就浪费了一次与客户交流的机会，也可能给客户造成公司极不专业的印象，丢失一个获取项目的机会。在编写方案的过程中，如果对于技术知识不了解，那么写出来的方案就空有其表，经不起任何的推敲；若是不了解业务及产品知识，那么写出来的方案就空洞乏味，完全题不达意。

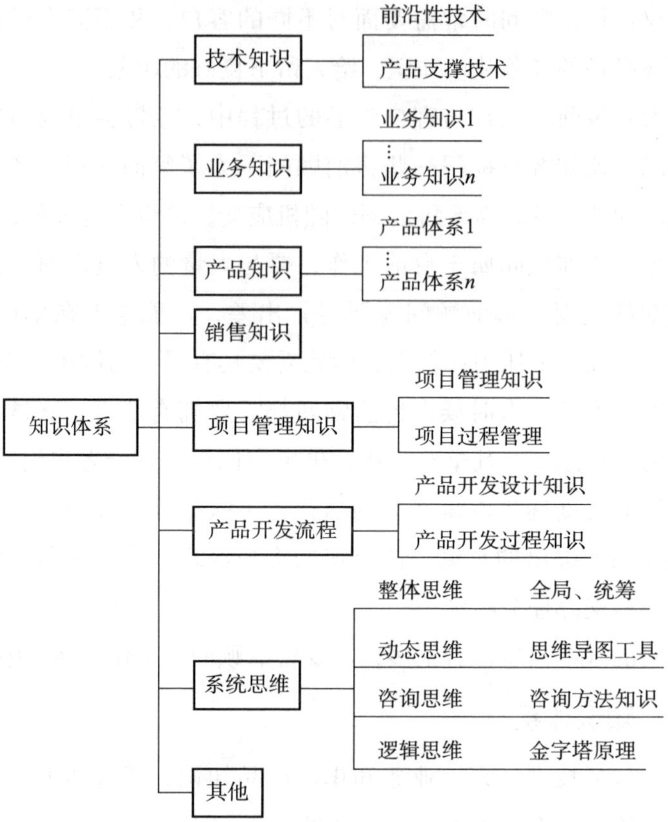

图 9-10　知识体系说明

售前顾问需要与客户经理良好地配合，更好地推进项目落地，因此售前顾问需要掌握基本销售知识，与客户经理默契配合。售前顾问站在客户经理的角度看待问题，与之互相理解，具有更敏锐的洞察力去发现商机。

售前顾问需要掌握项目管理知识。项目知识是公司长期运作思路、方法精华的提炼和凝结，可以帮助售前顾问快速掌握项目运作全貌。在售前项目支持的过程中可利用项目管理知识管理协调项目，在项目实施阶段也可以配合项目经理更好地完成项目。

售前顾问需要掌握产品开发流程。售前顾问在需求调研及与客户沟通交流、编写解决方案等售前活动中，利用产品开发流程知识去规划设计新产品解决方案，尽量减少方案中不符合实际的情况，为后期项目的实施减少风险。

系统思维对于售前顾问至关重要，售前顾问需要了解整体思维、动态思维、咨询思维和逻辑思维等知识，在售前实践中不断积累经验，更好地指导自己在售前活动中的工作，更好地提升售前咨询服务的质量。整体思维从全局、从宏观角度看待问题，了解技术趋势和动态，关注客户行业背景与应用。售前活动是动态变化的，售前顾问应随着动态事物的变化及认知的变化，不断地调整售前思路。项目能够成功签单的一大决定性因素是售前顾问能否站在客户的角度去解决客户的问题，因此售前顾问需要掌握售前咨询思维，看清问题的本质，从根本上挖掘客户需求，赢得客户认可。逻辑思维主要体现为结构化思维，或者金字塔原理，是售前顾问工作的指导方法，在方案编写、PPT 制作、售前演示沟通交流中都需要采用结构化思考方式；能帮助售前顾问“以假设为导向，以事实为依据，进行结构化的论证”，即快速形成假设，分析问题，给出解决方案，让客户听得懂、记得快，从而在激烈的竞争环境中，实现有效沟通，获取更多的利益。

9.3.3　业务能力

在基本素质和知识体系的基础上，售前顾问需要掌握售前活动必备的业务能力，主要包括项目策划及管理协调能力、方案撰写能力、沟通演示能力、需求调研及分析能力、售前咨询能力、产品策划能力、培训能力等（见图 9-11）。这些是售前顾问最核心的能力要求，在售前顾问式服务体系的篇章中，对相关活动及能力进行了说明，售前顾问需要在售前项目的实践中不断积累、不断总结，从而不断更新迭代知识体系。

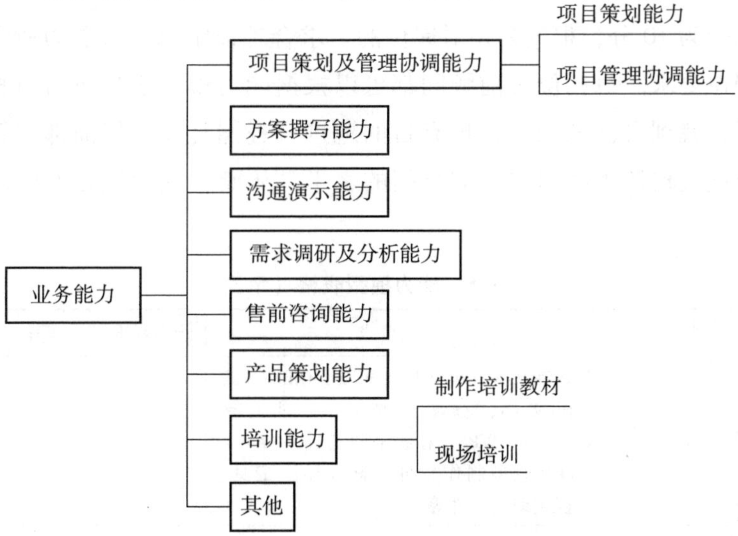

图 9-11　业务能力说明

9.3.4 成果显示

俗话说“台上一分钟，台下十年功”，成果显示主要是售前顾问展示各类工作成果，是对各类型知识积累的最终检验，主要包括沟通交流能力、逻辑表达能力、现场控制能力等（见图 9-12）。售前顾问需要与不同人员进行沟通交流，拥有沟通交流能力，可以做到高情商对话；在与客户沟通汇报的过程中运用逻辑表达能力，能够实现有效沟通，让客户听得懂；在与客户沟通交流过程中，拥有现场控制能力，能够有效地控制汇报交流的场面，让整个汇报氛围友好和谐，实现有效沟通。

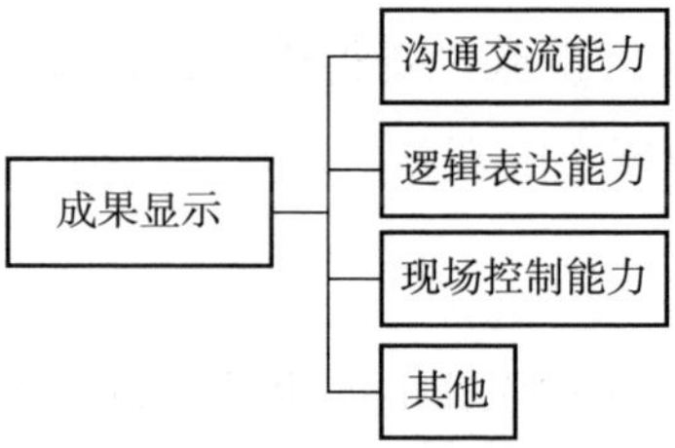

图 9-12 成果显示说明

9.3.5 能力评估

通过对售前顾问的能力进行分析，可将售前能力模型进行量化，如表 9-5所示。表中列出了售前岗位所需要的岗位能力要求，假设每一种能力要求的满分为 10 分，根据公司对岗位的要求合理设定每一种能力所需要达到的基本岗位要求。每一位售前顾问都可以根据能力模型表格进行自检，填入现有水平，找到自己的短板，再有目的地进行查漏补缺。售前部门管理者也可以通过此表格调查部门内售前顾问的水平，从而合理地制订部门内的培训计划。

表 9-5 能力模型表格（示例）

能力层	能力维度	能力要求	能力标准	满分	现有水平
基本素质	辅助工具	熟练掌握办公文档（WPS、Office、腾讯文档、石墨文档）、画图工具（Visio、WPS、在线脑图工具）、AxureRP 原型制作软件、思维导图工具、视频编辑软件等	3	10	1
	材料收集习惯	建立、丰富、完善个人资料库	3	10	1

续表

能力层	能力维度	能力要求	能力标准	满分	现有水平
基本素质	快速学习	快速理解新业务知识	3	10	1
	商务礼仪	掌握必要的个人形象及社交礼仪	3	10	1
	应变能力	根据不同状况，灵活应对	3	10	1
	抗压能力	强大心理素质应对售前高压工作	3	10	1
	工作态度	认真、负责、细心、自信等工作态度	3	10	1
	平均水平		3	10	1
知识体系	技术知识	了解前沿性技术及产品支撑技术	3	10	1
	业务知识	掌握公司内部产品对应业务知识	3	10	1
	产品知识	掌握公司产品体系知识	3	10	1
	销售知识	掌握销售知识	3	10	1
	项目管理知识	掌握项目管理知识及过程，指导售前活动	3	10	1
	产品开发流程	掌握产品开发所对应的流程知识，指导售前活动	3	10	1
	系统思维	掌握整体思维、动态思维、咨询思维、逻辑思维等知识	3	10	1
	平均水平		3	10	1
业务能力	项目策划及管理协调能力	掌握项目策划能力及管理协调能力	3	10	1
	方案撰写能力	熟练掌握售前不同阶段不同方案编写技巧	3	10	1
	沟通演示能力	掌握方案演示、产品演示、技术交流等能力	3	10	1
	需求调研及分析能力	利用各种工具方法等挖掘客户潜在需求，识别客户痛点，并进行分析	3	10	1
	售前咨询能力	掌握售前咨询方法论知识	3	10	1
	产品策划能力	针对客户需求，策划能够解决客户问题的产品体系	3	10	1
	培训能力	掌握培训课件制作以及对内对外培训技巧	3	10	1
	平均水平		3	10	1

续表

能力层	能力维度	能力要求	能力标准	满分	现有水平
成果显示	沟通交流能力	掌握与不同人员的沟通交流能力	3	10	1
	逻辑表达能力	运用逻辑表达能力，实现有效沟通，获取更多的利益	3	10	1
	现场控制能力	在与客户沟通交流过程中，有效地控制场面，获取客户更多的需求，实现有效的沟通	3	10	1
	平均水平		3	10	1

为了更好地表达岗位基本要求、岗位满分与现有水平之间的关系，可以从不同维度制作售前岗位能力模型图，直观地了解售前顾问目前所拥有的能力与标准和满分之间的差距，确定需要重点培训的内容。培训实施后再对售前顾问的能力进行评估也可清晰直观地查看培训前后的变化。

以基本素质、知识体系、业务能力、成果显示维度能力层的平均水平为标准制作的能力模型图如图 9-13 所示。

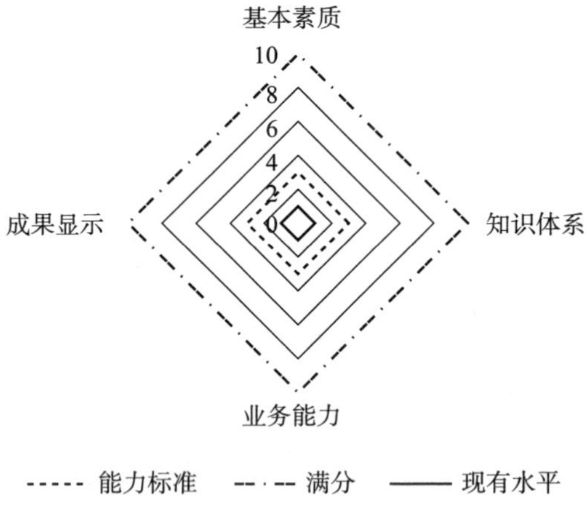

图 9-13　能力模型图（能力层）

以基本素质、知识体系、业务能力、成果显示包括的具体能力维度作为标准制作的能力模型图如图 9-14 所示。

也可以针对某一层的能力制作能力模型，主要应用场景是在某个专题培训中，针对售前顾问的某一方面的能力进行评估。比如在业务能力的专项培训中，针对业务能力中项目策划及管理协调能力、方案撰写能力、沟通演示能力、需求调研及分析能力、售前咨询能力、产品策划能力、培训能力制作能力模型图，如图 9-15 所示。

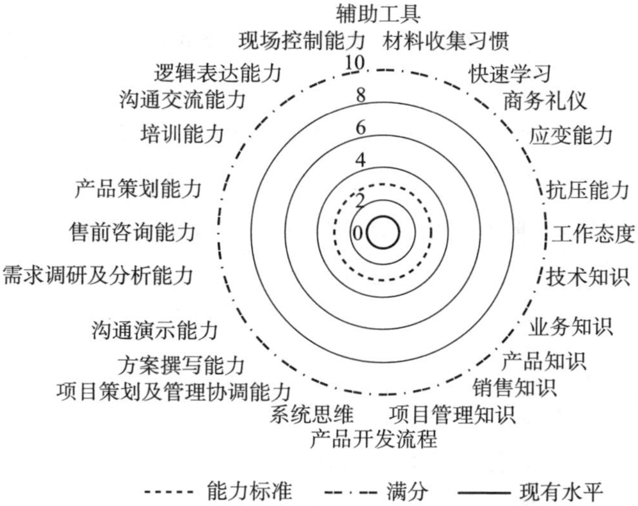

图 9-14　能力模型图（细节能力维度）

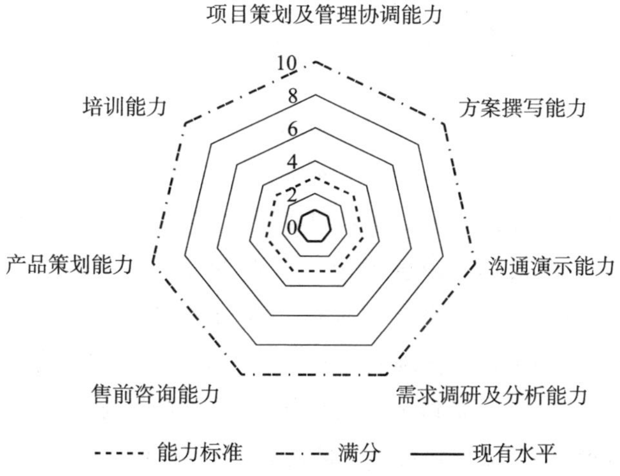

图 9-15　能力模型图（业务能力层）

9.4　实战案例：一家全国性公司的多种组织架构混合的售前团队

背景：一家全国性的软件公司，经过不断发展，在公司成立后，由于公司的规模、公司现状、公司需要等情况，先后经历了兼职型、全职型、复合型的售前团队架构，并根据售前顾问的工作内容确定了售前顾问的工作职责、售前顾问需要具备的能力模型、售前顾问的岗位级别。

成立初期：

在成立初期，由于产品简单、业务单一，公司研发出的产品基本都能满足客户的需求，公司没有设立售前顾问岗位，公司的售前团队主要以兼职型为主，简单的售前技术咨询由客户经理兼职担任售前顾问为客户解答，或者是项目经理、产品经理兼职担任售前顾问参与前期的售前支持，配合客户经理完成相关技术支持事宜。由于公司规模小、人员少，通过产品经理完成售前咨询工作，直接进行产品设计迭代以及改进。在人员不足的情况下，有些职务全程由项目经理担任，参与项目的前期、项目实施以及售后的全过程。

业务发展期：

随着业务不断扩展，公司规模不断扩大，研发产品线增多，业务不断深耕细作，产品经理需要花更多的精力进行产品迭代设计，项目经理需要实现对项目的管理，可以偶尔兼任售前工作，但是由于本职工作受限已经无法长时间从事售前工作，此时公司就出现了专职的售前顾问岗位，配合客户经理开展售前工作。公司总部设立了专职的售前支撑部门，招聘专职的售前顾问，配合客户经理完成售前技术支持工作。

业务上升期：

由于业务发展，该公司在全国各地都设立了分公司，为当地的客户提供本地化服务。公司总部设立各产品研发中心，负责产品的设计、研发、培训、市场化销售指导等工作，各分公司将产品在本地市场进行销售，基于本地情况进行二次开发，满足本地业务需求。由于公司规模扩大，业务广，产品线多，对于软件产品开发每一个步骤都设立专门的部门，招聘专业人士。例如负责产品设计的产品部门、产品美化设计的UI部门、产品研发的研发部门、产品测试的测试部门、产品销售的销售部门、产品售前技术支持的售前支持部门、产品实施的项目经理部门、产品售后的运维部门等。

分公司成立初期，需要总部的售前顾问进行售前支持，因此常常可以看到售前顾问到全国各地支持售前项目。由于有些项目售前周期长，总部售前顾问需要支撑全国各地项目，无法长时间驻扎在当地进行售前支持。根据公司战略规划以及发展需要组建了复合式售前支持团队：总部设立了专门的售前支持部门，招聘了专业的售前顾问；分公司也招聘了售前团队。架构如图 9-16所示。

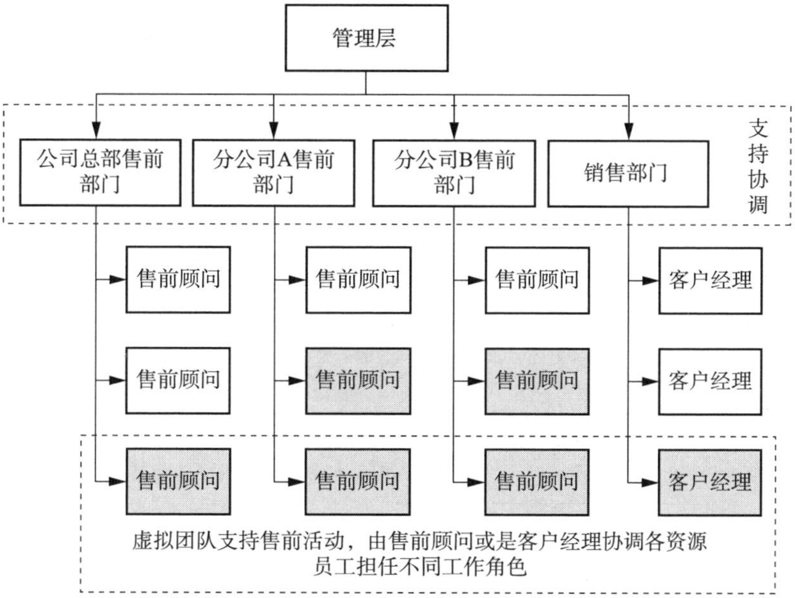

图 9-16　该公司售前团队架构

公司总部售前顾问与分公司售前顾问之间的关系如表 9-6 所示。

表 9-6　分公司与总部顾问区别

维度	公司总部售前顾问	分公司售前顾问
谁管理	公司总部售前部门领导	公司总部售前部门领导
谁培训	公司总部培训	公司总部培训/当地个性化培训
项目支持范围	全国项目支持	支持分公司项目

明确售前顾问的工作职责：

公司针对售前支持部门编制了售前顾问的工作职责，明晰售前顾问的工作内容，保证售前顾问顺利开展各项工作，如表 9-7 所示。

表 9-7　售前团队工作职责

序号	工作职责	工作内容说明
1	支持市场推广宣传	协助市场推广人员编制或是审核宣传材料，参与市场活动的主题演讲、主题会议的现场展会支持等内容
2	客户现场需求调研	售前顾问充分了解行业的发展动态，制定需求调研的规划事项，通过各种工具，与客户进行沟通交流，对客户的需求进行引导，识别客户潜在的痛点，挖掘客户潜在需求，对需求调研结果进行分析，编写需求调研报告

续表

序号	工作职责	工作内容说明
3	售前方案编写	售前顾问需要在需求分析的基础上，编写能够满足客户需求的可落地、可实施、完整的、专业的解决方案。编写的方案类型包括解决方案、项目建议书、项目可行性研究报告、投标方案技术部分、合同方案技术内容等
4	售前演示交流活动	制定售前演示交流策略，准备售前演示交流资料，到客户现场进行售前演示交流。在交流过程中，以丰富的经验、专业的职业素养介绍企业文化、产品价值、公司实力等。主要场合包括客户的初步拜访、客户现场非正式的技术交流、正式的演示交流、公司介绍、参观考察的汇报交流、投标答疑演示等
5	业务培训	对合作伙伴或是客户进行产品及技术方案的培训 对公司内部员工进行产品及技术方案的培训，总结售前活动经验并分享，开展售前部门的集训等
6	信息收集整理	收集整理友商的信息以及其他市场信息，反馈给产品经理、项目经理及客户经理，协助完成产品的迭代以及商机分析
7	售前资料库整理	将售前阶段沉淀的售前资料，包括市场信息、售前方案、演示资料等内容上传到售前知识库中
8	实施项目过程了解	合同正式签订后，项目经理负责项目的实施，售前顾问需要定期了解项目实施问题，定期拜访客户，协助完成二次合作。同时了解前期方案对项目实施的影响，避免在其他项目中编写不可实现内容，同时积累项目产品案例库，更好地为客户提供解决方案
9	其他工作	针对公司售前组织架构、售前顾问式服务体系、售前培训等提出建议
其他说明： 分公司售前顾问支撑本地化售前项目，有需要可以申请总部售前顾问进行协助 总部售前顾问支撑全国各地项目，同时负责售前部门的培训指导工作 分公司售前顾问需要接受总部的售前部门统一安排的培训		

确定售前顾问的能力模型：

该公司依据售前顾问的工作职责明确售前顾问的能力模型，主要包括基本素质、知识体系、业务能力、成果显示四大能力层，将能力模型作为团队学习、培训、考核的依据，如表9-8所示。

表 9-8　售前顾问能力模型示例

能力层	能力维度	能力要求
基本素质	辅助工具	熟练掌握办公文档（WPS、Office、腾讯文档、石墨文档）、画图工具（Visio、WPS、在线脑图工具）、AxureRP 原型制作软件、思维导图工具、视频编辑软件等
	材料收集习惯	建立、丰富、完善个人资料库
	快速学习	快速理解新业务知识
	商务礼仪	掌握必要的个人形象及社交礼仪
	应变能力	根据不同状况，灵活应对
	抗压能力	强大心理素质应对售前高压工作
	工作态度	认真、负责、细心、自信等工作态度
知识体系	技术知识	了解前沿性技术及产品支撑技术
	业务知识	掌握公司内部产品对应业务知识
	产品知识	掌握公司产品体系知识
	销售知识	掌握销售知识
	项目管理知识	掌握项目管理知识及过程，指导售前活动
	产品开发流程	掌握产品开发所对应的流程知识，指导售前活动
	系统思维	掌握整体思维、动态思维、咨询思维、逻辑思维等知识
业务能力	项目策划及管理协调能力	掌握项目策划能力及管理协调能力
	方案撰写能力	熟练掌握售前不同阶段不同方案编写技巧
	沟通演示能力	掌握方案演示、产品演示、技术交流等能力
	需求调研及分析能力	利用各种工具方法等挖掘客户潜在需求，识别客户痛点，并进行分析
	售前咨询能力	掌握售前咨询方法论知识
	产品策划能力	针对客户需求，策划能够解决客户问题的产品体系
	培训能力	掌握培训课件制作以及对内对外培训技巧
成果显示	沟通交流能力	掌握与不同人员的沟通交流能力
	逻辑表达能力	运用逻辑表达能力，实现有效沟通，获取更多的利益
	现场控制能力	在与客户沟通交流过程中，有效地控制场面，获取客户更多的需求，实现有效的沟通

确定售前顾问的岗位级别：

公司确定售前顾问的岗位级别，作为薪酬管理的依据，也能够识别不同级别员工，制订有针对性的培训计划。公司将售前顾问划分为四个级别：初级售前顾问、中级售前顾问、高级售前顾问和专家级售前顾问（见图 9-17）。

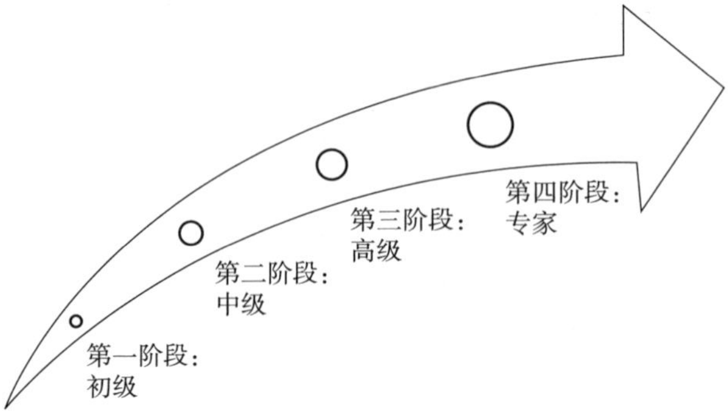

图 9-17 售前顾问岗位级别

（1）初级售前顾问

初级售前顾问具备以下特征：

➢具有良好的工作态度；

➢初步掌握售前知识体系；

➢了解所在公司产品及业务知识；

➢积极主动地储备自己的各项知识能力；

➢初步掌握售前业务能力：需求调研及分析能力、方案编写能力、PPT 制作及演示沟通能力。

（2）中级售前顾问

中级售前顾问具有优秀售前顾问的基本特征，包括：

➢良好的工作基本素质；

➢专业知识深厚，熟悉技术与产品的功能细节，熟悉各产品的业务场景、流程和案例；

➢掌握售前业务能力，具有独立售前活动支持能力；

➢洞察、挖掘客户潜在需求痛点，能够在售前各阶段完成相应的方案编写；

➢能够制作高质量的、符合客户需求的 PPT 汇报材料，较好地完成与客户的演示沟通交流；

➢能够主动收集市场信息、文档信息等资料；

➢完成部门方案模板、PPT 模板等资料的制作。

（3）高级售前顾问

高级售前顾问除具备中级售前顾问的所有特征外，还包括：

➢能够把握行业趋势，实现产品的前期研究与整体规划；

➢制定售前项目支持的整体策略，实现售前项目的协调和管理；

➢较好地把控沟通交流现场，能够较好地完成与客户高层的对话；

➢识别客户潜在痛点，从整体上规划制订产品解决方案，形成行业内的标杆案例；

➢指导初级售前顾问、中级售前顾问的工作。

（4）专家级售前顾问

专家级售前顾问具有以下特征：

➢具有多年丰富的行业经验和技术背景；

➢对市场信息较为敏感，对未来的政策及市场发展方向具有准确的前瞻性，能够参与公司整体的产品策划；

➢在业界具有一定的影响力，能够协同制定公司的战略发展方向，能够制定公司售前运营战略；

➢能够持续不断地完成售前支持体系流程的优化和过程改进；

➢能够指导初级、中级和高级售前顾问完成工作。

10 建设团队：创建和谐的团队文化

加强售前团队的建设，主要内容有培训机制、团建活动、激励体系等，可以提高售前支持效率，保证售前服务质量。

售前培训机制包括对内及对外培训，同时鼓励售前顾问进行自我培训。对内培训包括售前顾问对公司其余部门进行培训，同时售前部门领导为售前顾问制定培训路径图，实现售前顾问的成长。对外培训包括对现有用户、潜在用户、合作伙伴和供应商的培训，提高用户对公司产品的认可以及建立与合作伙伴良好的工作关系。

团建活动在部门建设中占据着重要的地位，包括部门集训、主题活动、兴趣俱乐部、运动会、部门聚餐和户外旅游等内容。团建活动可以增加团队间的沟通交流，减少不必要的误会和麻烦。培养较好的团队合作精神，提高团队协作能力，进而提高团队工作效率，提高员工的归属感。

通过物质激励和精神激励，提高售前顾问的工作动力，提升售前团队整体的工作实力和战斗力，进而提高售前团队的整体绩效，同时能够为企业留住人才，营造良好的工作氛围。

10.1 培训机制：创建成长型的团队氛围

由于市场竞争不断加剧，也为了给客户提供更好的售前咨询服务，售前顾问需要不断地汲取知识，不断地学习新知识、新技巧，因此需要根据团队建设的目标建立学习型组织，建立培训机制。建立售前部门的培训机制，在售前团队中引导形成学习和互动氛围，培养创新型、复合型、专职型的售前顾问，提高工作技能，培养售前顾问的归属感和对企业文化的认同感，使得团队的整体实力不断增强。培训过程要标准化和体系化，包括培训计划、培训 PPT、考试方式等内容。

培训是企业文化建设中的一个重要部分，是知识和经验的传承，能够让企业在发展的过程中不断积累和沉淀相应的知识和经验，变成企业的软实力。加强售前顾问的培训，科学地制订培训计划，对售前顾问进行能力模型评估，根据评估结果个性化制定培训计划和课程体系；对培训后的结果进行评估考核，将知识转化为“生产力”，提高售前服务质量。鼓励售前顾问进行自我学习，可以制定奖励条件，提供部分经费，让售前顾问主动去学习、去思考，努力提升个人工作能力。以知识库为基础，提供多种互动式网络学习方式，满足售前顾问对于不同知识的需求，使其明确知道学习什么，在哪里可以找到相关资料，有学习的目标和动力。

企业根据战略发展会有企业大学、培训大学、培训部门、培训组、人资部门等职能机构对培训进行统一的管理，分为对内培训和对外培训。对内培训包括公司层面的一级培训和各职能部门内部举行的二级培训。对外培训是为推进业务和维护关系而对现有客户、潜在客户、合作伙伴、供应商等进行的培训。

企业一般会在年初或者季度制订培训计划，首先对培训项目进行评估，制定与企业战略一致的培训项目。对培训项目进行需求调研，分析项目的需求，制订培训计划。按照时间安排实施培训，对培训效果进行评估改进，将所有的资料归档入库。

总体培训机制如图 10-1 所示。

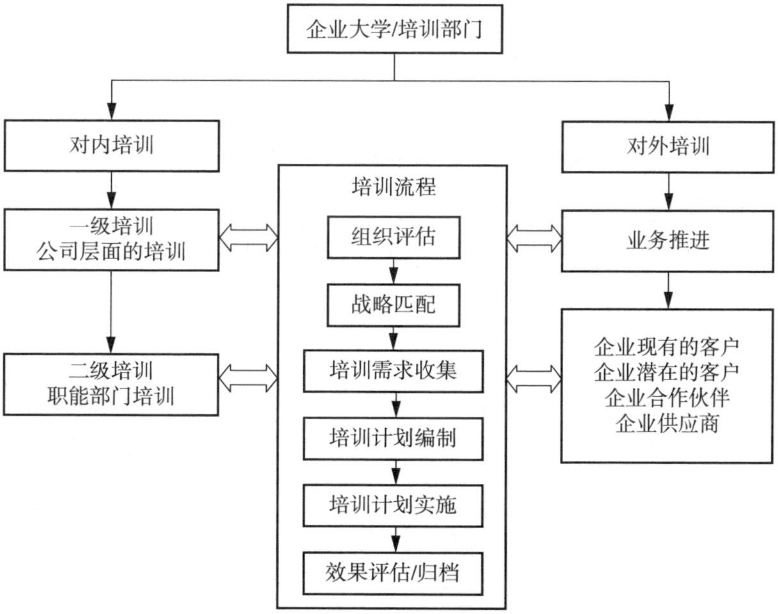

图 10-1　培训机制

10.1.1 引入丰富多样的培训形式

培训形式包括对内培训、对外培训和自我培训，对内和对外培训一般由公司或是售前部门组织，同时鼓励售前顾问不断地进行自我培训，实现工作技能的不断提升，如图 10-2 所示。

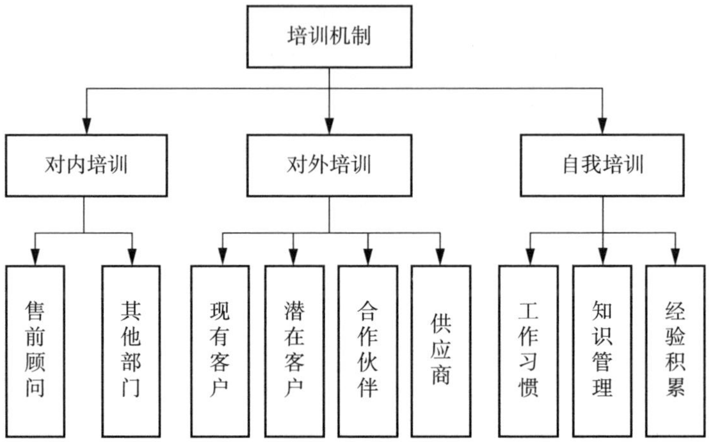

图 10-2 培训形式

10.1.1.1 对内培训

对内培训是针对公司内部人员的培训，包括售前部门内部的二级培训，是售前顾问作为内训师，为公司其他部门所开展的培训。

（1）培训类别

培训类别一般包括新员工培训、日常培训、针对性培训。

➢新员工培训

根据售前顾问职能岗位的定责定级，对售前顾问进行培训，使得售前顾问获取应知应会的知识。

➢日常培训

日常培训是一种常态化的培训机制，一方面是售前部门在固定时间或者某一项售前活动结束后进行内部的分享学习；另一方面是售前顾问作为培训师对其他部门进行培训。

为了强化售前职业技能的掌握，全方位掌握和不断提高培训技能，根据知识的更新或政策的变化调整需要学习业务知识。可以在周例会、月例会等会议上，或是某一项售前阶段活动结束后，进行相关知识的分享。

售前顾问作为培训师，应按照培训部门的要求，对公司内部的销售、技术工程师等人员开展公司产品知识、业务知识的培训。

➢针对性培训

针对某一技能、某一产品或是业务知识开展的针对性培训，可以是固定的一段时间、某一场所等，也可以结合部门的团建活动开展，增进员工之间的交流，促进后续工作的开展。

（2）培训方式

培训方式主要包括聘请外部讲师、内部讲师执行培训、外派学习知识/技能、头脑风暴、管理者日常辅导、内部传帮带教（导师制）、外部标杆游学、项目学习、视频学习、绩效结果诊断分析、封闭式集训（见图 10–3）。培训方式无所谓最坏和最好，应合理利用各种方式。售前部门领导人可以根据公司发展战略，定期向公司申请资源，组织相关培训。

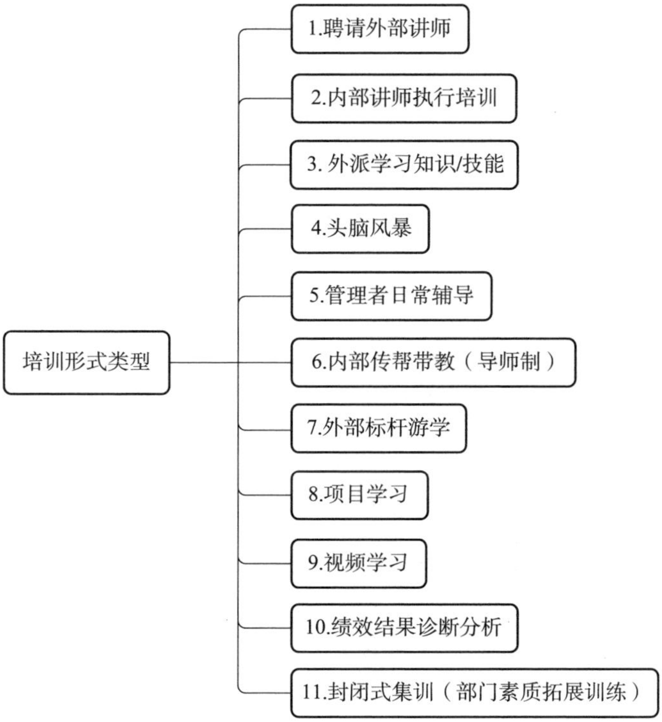

图 10–3　培训方式类型

➢聘请外部讲师

聘请有经验的专职外部讲师就某一专题对企业员工进行培训。

培训讲师培训技巧够专业，能够导入新的概念，使员工突破封闭式思维。但是外聘讲师不熟悉公司业务，难以形成体系，需要辅助内训师跟踪培训。可定期开展。

➢内部讲师执行培训

由公司内部的企业培训师进行培训，内训师熟悉公司业务，培训的针对性强，培训成本低。但是很多内训师不擅长授课技巧，课堂乏味。

可构建内部的专业内训师团队，进行专业的培训，对内训师进行相应奖励。

➢外派学习知识/技能

组织或是外派员工到外国、外省或专门的机构进行学习，专业性强、成本较高，需要将外派学习的成果转化为内训，实现知识转化、技能转化。

为防止“学好走人”现象，需要签订服务期限合同，最重要的是具有高效的激励措施。

➢头脑风暴

售前团队在正常融洽和不受任何限制的气氛中以会议形式进行讨论、座谈，打破常规，积极思考，畅所欲言，充分发表看法。针对性强、成本较低，能够及时发现潜在问题，容易及时补漏。但是难以形成系统。

➢管理者日常辅导

在日常工作中，由部门领导日常辅导，能够及时发现问题解决问题，但是不够系统，领导精力消耗大，有时无法顾及所有人。

可以采用建立会议制度、沟通员工问题、进行过程辅导等解决方法，实现优化、转化、固化和传承知识经验。

➢内部传帮带教（导师制）

建立内部的导师制度，成本低、见效快、实效性强，能够使员工能力持续增长，但是导师精力有限，覆盖范围小，无法顾及所有人。

可建立有效的导师激励措施。

➢外部标杆游学

外派售前顾问到其他标杆企业进行参观学习，或者到具有一定影响的会议论坛等进行学习，成本较低，可实现员工的思维突破，发现别人的长处，找到自己的短处。

➢项目学习

安排售前顾问到具体的项目学习，遇到问题多，可以促进思考，能够切身感受项目实施的过程，并向项目经理和业务专家学习。能够快速掌握业务知识，学习项目实施经验，同时将所学知识转化为实践经验。

售前顾问精力消耗大，需要合理安排学习时间，避免员工产生排斥心理。

➢视频学习

可将制定好的培训内容事先录制成视频，由售前顾问安排时间自行学习，定期进行考核。视频学习成本低，时间灵活。但是缺乏互动性，会降低学习兴趣。

需要由专门的内训师制作高质量的视频课件，或者寻找精准的学习资源。定期进行学习内容考核。

➢绩效结果诊断分析

针对工作中的绩效问题进行专门性培训，成本低，实时性强，能够及时发现问题和解决问题，可以很好地解决点线问题，但是比较难系统解决问题。

需要对绩效结果进行分析，寻找问题所在，进行专门分析。

➢封闭式集训（部门素质拓展训练）

将售前顾问安排在一个地方集中进行学习，交流工作心得，学习不同售前顾问的工作经验，无形中拉近同事之间的关系，增强团队的凝聚力，方便后续的工作配合，适合分散工作的部门组织。但是成本高，可定期开展。

10.1.1.2　对外培训

售前顾问可能会担任对外培训讲师，负责对企业现有客户、企业潜在客户、企业合作伙伴和企业供应商进行培训，实现品牌塑造以及业务推进。

10.1.1.3　自我培训

售前顾问的自我培养不是一朝一夕的事，而是一个长期的过程，需要售前顾问在平时多多积累和学习。售前顾问的自我培训包括自我知识管理、自我目标管理、自我压力管理等内容。

（1）自我知识管理

在“信息爆炸”的当今社会，售前顾问要确保跟上时代而免于被淘汰必须持续地学习，便于随时对知识进行完善、提取、分享、应用和创新，从而塑造并提升个人的核心竞争力，有利于职场上的竞争以及长期的职业生涯发展，进而实现人生目标和人生价值。前文我们讨论过售前部门需要建立部门内的知识库，对于售前顾问而言，同样需要实现自我知识管理。

人类天生具有遗忘的特性，积累、获取和检索知识的能力在当今社会显得非常重要。售前顾问在平时的工作生活中需要有意识地对知识进行系统的、有效的管理，不要让工作变成重复地寻找各种资料的无意义的过程，这样不仅会造成工作效率低下，而且完成的成果内容质量也无法保证。

通过对个人知识的管理建立个人知识体系，便于有针对性地进行个人知识的积累和完善，避免知识因被遗忘而流失；有利于个人知识的检索和提取，减少个人时间与精力的耗费，提高工作效率；有利于将知识资源应用于实际工作以获得良好的工作绩效；有利于展现个人的学习能力，并通过参与知识创新交流，谋求更多的发展机会；可以实现持续性的学习并更新个人专业知识，提高工作技能，提升个人价值和核心竞争力。

知识管理的过程通常包括数据的收集整理、信息的学习及分类存储、对知识的迭代更新以及最后实现对知识的创新应用（见图 10-4）。

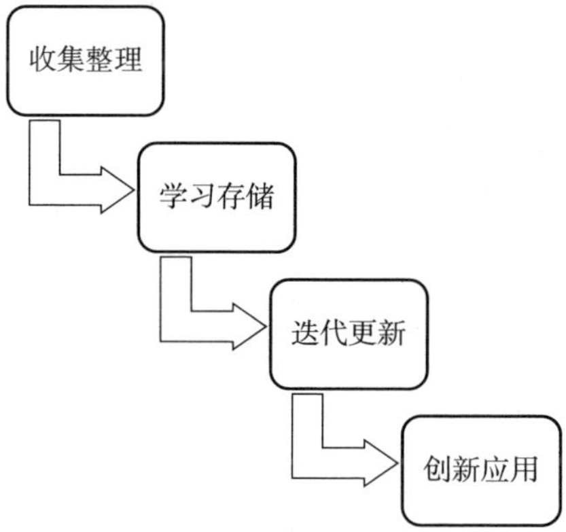

图 10-4　知识管理的过程

➢收集整理

通过不同的渠道对获取的信息进行整理分类，同时建立索引方便日后的资料寻找。在收集整理资料的过程中，要学会甄别，并不是资料收集得越多越好，因为收集一份资料就需要花时间对其进行分类、整理、设定标签，如果一份资料使用频率低或是几乎不使用的话，可以将其从资料库中删除。

➢学习存储

好记性不如烂笔头，可在平时学习的过程中将知识记录下来，或是总结自己的感悟。在记录过程中以主要信息的摘录为主，以全文记录为辅，把内容很好地整合分类呈现出来。随着时间的推移、知识的不断积累，就会发现制作的方案质量越来越高，工作效率越来越高。

保存知识的工具推荐有道云笔记、印象笔记、石墨文档、腾讯文档、幕布等工具，对所学习的知识进行记录。使用这些云笔记具有便于归类、有移动端和网页端、便于携带和同步保存、可分享好友、便于快速搜索等优势。

➢迭代更新

随着知识的积累，发现之前记录的“绝密内部知识”“你不可不知的知识点”有点过时，我们需要迭代更新我们的知识。我们常说要给工作生活减负，保持“断舍离”的态度。在知识积累上我们也不要被不断积累的材料所绑架，时常更新整理资料库，整理知识库。

完全不用的资料或知识库可删除。对于已存在的并有再利用价值的知识资料重新进行定位，思考其可用的范围。对资料的利用范围进行更新后，可更新其索引方式。

➢创新应用

考核知识掌握情况的最好方式是将知识应用到实际工作中，对于售前顾问来说，写的方案越来越好，效率越来越高，可以挖掘出用户更深层次的需求，等等。平时也可以将自己的知识进行分享，你分享的过程，也是对自己知识的再梳理，你会发现分享过程中也会有很多收获。

（2）自我目标管理

在生活中，在工作中，不论处于哪个年龄阶段，不管从事何种行业，为了到达终点，都需要有目标管理。有目标才有动力，目标管理是提高执行力的有效方法。剥洋葱法就是从将来到现在，从大目标到小目标层层分解。比如三年后你想要成功出版一本书，那么第三年就要有一部成熟的作品在市面上流通并获得一定的知名度，第二年开始要有很好的构思创意，并完成相应的作品，第一年你要掌握相关的写作技巧，第三个月你必须已经开始有计划地学习，第一周就要列出相应的学习计划。这样我们就知道我们现在需要做什么了。

（3）自我压力管理

售前顾问时常出差，辗转全国各地进行售前演示、产品宣讲，时常在飞机上、动车上制作 PPT 或方案。售前顾问同样需要面对许多突发状况，需要处理各种未知的麻烦，需要关心战略、关心应用、关心业务，需要探索应用、探索价值，需要承受更大的压力，而长期处在重压下，会严重影响身体健康。内分泌学家和压力研究者汉斯·塞利（Hans Selye）认为当具有毁灭性的、过度的压力持续一段时间后，引起应激反应的强大激素便会拖垮身体免疫系统，塞利将身体适应这种困境所表现出来的症状称为“一般适应症候群”（GAS）。这一适应过程针对的是一般性的压力，而长期的、一般性的压力对我们的伤害最大。GAS 有三个阶段：一是警觉阶段，二是搏斗阶段，三是衰竭阶段。在第二和第三阶段，身体的免疫系统逐渐“精疲力竭”，此时无论是器官还是身体的某一部分都是最虚弱、最容易染病的。压力会影响免疫系统，可能会使我们感染上平时可以抵抗的疾病。因此售前顾问要学会压力管理，防止可能发生的疾病。

案例

售前顾问一个高压工作情景

某公司需要投一个重要的异地标，主要由公司在当地的分公司负责，由于金额比较大，公司上下都比较重视，分公司也申请了公司总部经验丰富的售前顾问团队负责投标工作，包括标书的编写、投标演示及答疑。投标演示时间为 20 分钟，需要演示 7 个系统，不能拖延时间。公司专门成立投标小组，由售前顾问小王负责标书的编写及投标演示和答疑工作，由相关研发人员负责演示系统的研发。

在接到这份工作后，售前顾问小王压力陡然增加，加班加点地完成标书的制作，提前 3 天抵达分公司所在地。由于需要现场演示 7 个系统，售前顾问小王在忙于标书制作的同时，也和研发人员召开过几次会议，沟通现场演示系统的要求以及完成演示时间。

售前顾问小王在标书编写完之后就开始不断练习投标演示流程，不断熟悉演示的内容，思考专家可能会问到的问题，一遍遍地练习，直到深夜，此过程中售前顾问小王的神经一直处于紧绷状态。

投标当天，小王从早上 9 点一直等到下午 5 点才轮到他演示，这一天都处于高压状态中，他要时刻查看系统是否处于良好的状态，要不断地温习投标演示内容。投标演示前的一段时间才是对售前顾问心理状态最大的考验，就像打针的时候等待针扎进身体的那段时间是最令人恐惧的。所以每一次的投标都是一次对自己的心理状态的考验。售前顾问的每一次投标都是对自己压力管理的考验。

售前顾问要时刻面对高压的工作，一定要学会自我压力管理，时刻调整自我的心理状况，在工作之余多培养自己的兴趣爱好。每个人都有不同的调节方式，有人喜欢泡澡放松，有人喜欢运动放松，等等，每个人处理情绪与压力的方法都不同，没有对与错，能达到放松的目的就是好的，要找到最适合自己的方法。下面推荐一些好用的压力调节方式，包括呼吸调整、自我接纳、注意力转移、兴趣法等。

➢呼吸调整

深呼吸是放松紧张情绪的一个很好的方式。呼吸是我们习以为常的事情，当被问起“你会正确的呼吸吗”，相信很多人的第一反应是“我不会呼吸我怎么活着的”。我们从小开始的呼吸模式是胸式呼吸，吸气的时候挺胸收腹，看起来是不错。但是在感到压力大的时候，采用平时的呼吸模式并不能很好地达到缓解压力的效果，建议采用腹式呼吸的方式。

平时练习的时候可以将我们的手放在我们腹部，用鼻子慢慢地吸气，去感受我们的腹部在慢慢地向外隆起，屏住呼吸的同时在心里从一数到三，然后慢慢地用嘴巴呼气，呼气的时间是吸气的两倍，感受腹部的慢慢收缩，感觉你的烦恼、紧张和不安都随着呼气在慢慢地排出体外。

呼吸的过程中，呼吸的长度可以自由控制，一旦感到头晕目眩，就要停下来休息。当你感到紧张或是有压力的时候都可以采用呼吸进行放松。

在呼吸的过程中也可以加入冥想的成分，配合着呼吸，想象自己正悠闲地在海边度假，自己踩在柔软的沙滩上，感受着清凉的海风，感觉自己所有的烦恼和压力正随着海浪远离自己的身体，感觉自己的身体变得越来越轻、越来越放松。

每个人的想象场景不同，只要可以让自己放松即可。可以结合一些音频进行练习。

售前顾问每次参加重要的投标演示、重大会议的主题演讲或培训时，都可以采用腹式深呼吸加冥想的方法，可以很好地达到缓解压力的目的。

➢自我接纳

在平时生活工作中，我们需要多培养自己的自信，接受不完美的自己。在每一次与客户沟通前，或参与重要演示时，在心里不断地给自己打气，告诉自己“我能行，我可以做得到，我已经准备得很充分了”等鼓励话语。不断地自我暗示，提高自己的信心。

人无完人，任何一个人都有其优势和短板，如果暂时没有做好，告诉自己没有关系，继续努力。有的时候放过自己就是放过全世界。时常看看幽默电影、电视剧等，时常保持微笑。

过度在乎别人对自己的评价是每个人都不可避免的，当获得别人的夸赞时，虽然心里保持着怀疑，但是依旧会感到开心。当他人对自己有负面评价的时候，就会产生自我怀疑，摇摆不定。其实大可不必，要对自己诚实，时刻审视自己的内心，发自内心地去接纳、认可和支撑真实的自己，接受不完美的自己。

每一次任务都全力以赴，如果成功了，给自己小小的奖励，鼓励自己再接再厉。如果失败了，不要气馁，没有谁永远都是成功的，接受不完美的自己，总结经验，为下次的挑战做好准备。同时不断地自我暗示、自我催眠，告诉自己“我可以，下一次一定会做得更好”。优秀的售前顾问都是在不断的失败中总结经验、升华自己的。

案例

从失败的演示中不断总结经验，持续进步

某IT公司的售前顾问小王被委派参加一个很重要的产品介绍会，公司的大领导及重要的高层客户都参与。小王虽然做了很多准备，但是在演示的过程中软件系统突然崩溃，小王只能采用备用的视频进行演示，可想而知演示的效果大打折扣。

再坚强的人这时候心理都是崩溃的，会有强烈的自责愧疚感。如果事后一直持续自我怀疑，不愿面对这件事，就很难继续往前走。小王通过这次演示，总结出了软件系统演示的注意事项、需要的演示工具、演示过程中的小陷阱等经验，建立了公司标准售前演示套路，为以后的演示打下了基础。所以每一件事情都有两面性，要努力向前。

➢注意力转移

在工作中，如果感到压力很大，暂时无法缓解，可以采用注意力转移的方法。放下手头的工作，到外面走走，或喝一杯茶，听一听音乐。暂时地放空自己，当感受到轻松的时候，再回到工作环境，会发现思路清晰很多，工作效率也会大大提高。

➢兴趣法

在工作之余好好培养自己的兴趣，让自己的心理承受能力逐渐变得强大。比如运动、旅游等。在安全合理的情况下走出去，去看看世界各地的风景，接触不一样的人，去听听别人的故事。这也是很好的工作素材，在与用户沟通的间隙，和客户聊聊自己在旅途中的见闻，或者聊聊兴趣，可以很好地拉近与用户之间的关系，营造一个良好的沟通的环境，让用户和自己都感到舒适，进而获得用户的认可。

➢写下当下的心情

当遇到压力的时候，可以抒写当下心情，分析为什么会产生这种情况、目前给我造成了哪些影响、我可以采用哪些方法去克服这些问题等。当梳理完这些问题，就会发现压力也减小了。

➢运动法

选择自己喜欢的运动，每一次体力达到极限的时候，都告诉自己再坚持一下，当突破身体临界点的时候，注意力都集中到自己的身体了，会瞬间发现世界如此美好，又有面对一切的勇气了。

售前顾问需要学会自我压力管理，保持积极阳光的心态，时刻自我暗示：我可以。遇到问题时不要想着逃避，逐渐形成寻找解决方法的惯性思维。当你跨越这个困难，再回首时，会发现这也是自己的一次宝贵的经历，可以笑着和别人畅谈自己的收获。

10.1.2　课程研发的五步法

售前顾问需要兼职担任培训师，对内对外进行培训，因此需要掌握培训过程的技巧，将培训过程分为需求获取、课程准备、课程展示、课程演练、课程转化五个步骤，通过这五个步骤快速了解培训过程以及注意事项。

10.1.2.1　需求获取

通过明确获取需求，了解学员目前的知识背景、对课程的期待程度，领导对讲师的要求、对本次课程的期待等。通过明确需求，为后续的课程准备、演练、转化打下基础。需求获取的方法可以是微信调研小程序、与相关人员沟通交流、获取之前课程资料等。需要了解具体的需求，包括但不限于公司层面、岗位职责、培训对象等内容。

（1）公司层面

了解企业的整体组织架构、愿景、使命以及主营业务等基本情况，了解发起培训的动机，如新员工培训、售前职业技能提升、销售培训、辅助客户了解业务等背景因素。通过了解背景信息更好地了解课程的目标。售前顾问在内训中，需要重点了解不同岗位职责及培训对象的情况。如果是给客户及合作伙伴等做外部培训，需要全方面了解客户及合作伙伴的整体情况。

（2）培训计划

基于售前顾问的能力模型制订培训计划，在培训计划的基础上设定学习目标。设定学习目标的原则包括：设定的学习目标简短，尽量用动词开始，确实是学员可以实现的。例如，了解××知识、理解××知识、应用××技能等。

根据前期对售前顾问开展的能力评估的结果分析售前顾问的能力短板，寻找合适的培训资源，制订培训计划，培训结束后，需要对培训的成果进行追踪考核。

制定合适的培训体系课程，每次培训过程都尽可能地录屏，随着课程资源的不断丰富，建立售前课程库，售前顾问可以随时进行在线视频学习。公司可以和主流的学习平台网站合作，利用其丰富的课程资源，不断丰富售前顾问的职业技能。

售前课程示例如表10-1所示，其中的培训方式分为外部讲师、内训师、外派学习、头脑风暴、日常辅导、导师制、外部标杆游学、项目学习、视频在线学习、绩效结果诊断分析、封闭式集训等。考核方式分为笔试、实操、了解不考核等。

表10-1　售前培训计划表

能力层	能力维度	能力要求	培训课程	培训讲师	培训方式	考核方式	培训课时	培训时间
基本素质	辅助工具	办公文档（WPS、Office、腾讯文档、石墨文档）、画图工具（Visio、WPS、在线脑图工具）、AxureRP原型制作软件、思维导图工具、视频编辑软件等	办公文档（WPS、Office、腾讯文档、石墨文档）	张三	内训师	笔试	3	
			AxureRP原型制作软件操作技巧	张三	内训师	实操	3	
			思维导图在工作中的应用及工具使用技巧	张三	内训师	实操	1	
	材料收集习惯	建立、丰富、完善个人资料库	如何快速寻找资料、利用资料	张三	内训师	了解不考核	1	
	商务礼仪	掌握必要的个人形象及社交礼仪	商务礼仪课	张三	视频在线学习	了解不考核	1	
	快速学习	快速理解新业务知识	职业素养课程	张三	视频在线学习	了解不考核	1	
	应变能力	根据不同状况，灵活应对						
	抗压能力	强大心理素质应对售前高压工作						
	工作态度	认真、负责、细心、自信等工作态度						

续表

能力层	能力维度	能力要求	培训课程	培训讲师	培训方式	考核方式	培训课时	培训时间
知识体系	技术知识	了解前沿性技术及产品支撑技术	公司产品实现主要技术介绍	张三	内训师	笔试	1	
			新技术知识普及	张三	外部讲师	了解不考核	1	
	业务知识	掌握公司内部产品对应业务知识	业务知识课程 1	张三	内训师	笔试	1	
			业务知识课程 2	张三	内训师	笔试	1	
	产品知识	掌握公司产品体系知识	产品知识课程 1	张三	内训师	笔试	1	
			产品知识课程 2	张三	内训师	笔试	1	
	销售知识	掌握销售知识	销售知识	张三	外部讲师	笔试	1	
	项目管理知识	掌握项目管理知识及过程，指导售前活动	项目管理知识	张三	内训师	笔试	1	
			项目管理实践课	张三	项目学习	笔试	5	
	产品开发流程	掌握产品开发所对应的流程知识，指导售前活动	产品开发流程介绍	张三	内训师	笔试	2	
	系统思维	掌握整体思维、动态思维、咨询思维、逻辑思维等知识	金字塔原理介绍	张三	外部讲师	了解不考核	1	
业务能力	项目策划及管理协调能力	掌握项目策划能力及管理协调能力	售前项目整体策划及管理协调注意事项	张三	内训师	了解不考核	1	
	需求调研及分析能力	利用各种工具方法等挖掘客户潜在需求，识别客户痛点，并进行分析	需求调研技巧	张三	导师制	实操	1	
			需求调研分析报告编写技巧	张三	内训师	笔试	1	
	方案撰写能力	熟练掌握售前不同阶段不同方案编写技巧	招投标法规知识介绍	张三	视频在线学习	笔试	1	
			招标方案编写技巧	张三	内训师	实操	1	
			投标方案编写技巧	张三	内训师	实操	1	
			项目方案/项目建议书编写技巧	张三	导师制	实操	1	
			可研方案编写技巧	张三	内训师	实操	1	

续表

能力层	能力维度	能力要求	培训课程	培训讲师	培训方式	考核方式	培训课时	培训时间
业务能力	沟通演示能力	掌握方案演示、产品演示、技术交流等能力	方案演示技巧	张三	内训师	实操	1	
			产品演示技巧	张三	内训师	实操	1	
	售前咨询能力	掌握售前咨询方法论知识	售前整体咨询体系介绍	张三	内训师	笔试	2	
	产品策划能力	针对客户需求，策划能够解决客户问题的产品体系	产品策划技巧及流程	张三	内训师	笔试	1	
	培训能力	掌握培训课件制作以及对内对外培训技巧	培训课件制作及现场培训技巧	张三	外部讲师	实操	1	
成果显示	沟通交流能力	掌握与不同人员的沟通交流能力	如何克服紧张情绪	张三	视频在线学习	了解不考核	1	
	逻辑表达能力	运用逻辑表达能力，实现有效沟通，获取更多的利益	如何让客户听懂记住	张三	日常辅导	了解不考核	1	
	现场控制能力	与客户沟通交流过程中，有效地控制场面，获取客户更多的需求，实现有效的沟通	现场控场技巧	张三	外部讲师	了解不考核	1	

（3）培训对象

售前顾问作为内训师针对不同公司角色开展培训，需要制作不同课件内容，采用不同的方法。表 10–2 从售前顾问、销售人员、技术工程师、客户四个方面阐述培训所需要的呈现方式。

表 10–2 课件内容

培训对象	重点呈现内容	避免问题
售前顾问	售前岗位能力模型所要求的技能	协调工作与培训时间，避免过于理论化
销售人员	基础技术知识、公司产品体系 基础业务知识、行业解决方案 各产品体系市场占有率等数据情况 销售人员只需要掌握基础的内容，从大体和宏观上有个简单认识即可，结合实际项目案例和数据等进行宏观介绍	避免太技术化的知识，避免太细节，避免太深奥。时间不要太长

续表

培训对象	重点呈现内容	避免问题
技术工程师	公司产品体系、基础业务知识 让技术工程师了解业务知识，明白软件开发所需要实现的最终目的，生产符合实际应用的产品	避免太细节
客户	公司的产品体系、基础业务知识、产品功能等 结合客户工作的具体应用场景介绍公司的产品	避免太技术化的知识，避免太细节。不要涉及公司太多秘密信息

10.1.2.2　课程准备

课程准备包括课程设计、培训环境布置、培训通知等事宜。需要根据学员的工作情况安排合理的培训时间，同时应预留出合适的时间来设计开发课程与课件。如无特殊情况，应提前至少 2 周进行内部公告，以最大限度地避免培训实施与其他工作冲突的情况，让培训参与部门和职员做好工作安排。

课程设计是一个重要的环节，对培训师要求较高，对于售前顾问来说也是一项极大的挑战。在需求阶段了解了培训的目的、培训对象、培训主题内容等，在课程设计环节中需要考虑怎么样组织内容以匹配需求，采用什么样的教学方法更容易让学员接受所学知识。

学员能够接受新知识的方式是不同的，包括听觉型学员、视觉型学员、思考型学员、实践型学员。听觉型学员倾向于倾听老师的讲授去理解所学的内容，此时需要多讲些干货，多采用头脑风暴等教学方法。视觉型学员喜欢通过看的方式获取新知识，可多采用看图说画、影音教学等方法。思考型学员具有较强的逻辑思维，喜欢举例论证，因此可以多采用小组讨论法、心理测验、案例法等教学方法。实践型学员喜欢通过肢体、动手实践、亲身体验等方式获取新知识，因此可以采用团队竞赛、游戏体验、强化训练等教学方法。培训教学的方法较多，大家可以通过网上资料及相关书籍了解。

每一次培训都包括不同类型学员，因此在培训过程中要采用不同的教学方法，满足不同学员的需求。售前顾问需要对课程进行设计，编写讲师手册，针对前期的培训需求实现培训目标。在课程设计的过程中，需要考虑如何调动学员的所有感官、如何保持学员的积极性，多采用相关故事和案例，鼓励学员之间相互协作和交流，让培训时间有一定的弹性，培训一段时间要注意休息。越投入收获越多，尽量让学员主动参与到课程中，将时间尽可能多地交给学员。

一般完整的课程过程如表 10-3 所示。

表 10-3 课程过程内容

准备	准备好笔记本、课件、投影仪、麦克风、卡片要点、激光笔、录屏软件、本子和笔等 深呼吸、克服紧张、自信走上台、站姿或坐姿符合标准、检查设备、面带微笑
开场白	1. 问候在场的学员 2. 自我介绍 3. 告知学员课程主要内容，上课要求等
破冰	包括讲师与学员之间的破冰、学员与学员之间的破冰，主要让学员动起来，让学员互相认识，激发学员的学习动机。一般不超过 5 分钟
导入	利用一个故事、案例、焦点话题、问题数据等引入正题
主题内容介绍	时间控制：成人注意力持续时间短、遗忘速度较快、学习目的性较强，因此在讲课的时候控制好时间，一节课设置在 45~60 分钟，中间可以适当休息
	主体内容：结合理性和感性，积极调动学员所有的感官 理性：干货内容，有深度和高度，让学员学到知识 感性：学习氛围的营造，包括小组讨论法、视听法、角色扮演法、团队竞赛、看图说话、影音教学、心理测验、案例法、游戏体验、强化训练等教学方法
结束语	首尾呼应、要点回顾、强调重点、引经据典、感恩听众、鞠躬致谢

10.1.2.3 课程展示

售前顾问平时要多积累，正所谓“台上一分钟，台下十年功”，要做到敢上台、敢大声说话，按照自己准备的课件思路讲解课程，最后要将实际案例、项目经验结合授课。还需要多训练自己的普通话，让音声、音色给人带来舒适感，让学员有想听、想学的冲动。

（1）克服紧张感

充分的准备是克服紧张感的基础，通过前期不断地练习、演练，将要讲的内容熟记于心。演练过程要包括声音、肢体语言、预期课堂反应、学员可能会提出的问题等。

（2）整体场面控制

在培训过程中，不管是做游戏还是讨论等环节，都需要对整体场面、时间进度、课程节奏有控制，能够正确引导现场课程向正确的方向进行。

（3）肢体语言

在培训过程中语速适中，声音洪亮，突出重点，营造舒适氛围；配合手势引起学员关注，引导重点内容；眼神关注学员反应，适当调整讲课思路及时间安排。

（4）聆听学员问题

培训师需要与学员进行互动，及时解答学员的问题。需要注意聆听学员关注的问题，进行必要的沟通，消除可能产生错误和分歧的信息。

10. 1. 2. 4　课程演练

听到的不是你的，能够使用的才是你的，知识也是这样。在培训过程中，或是培训后，需要让学员不断地进行总结和复盘。可以为学员提供各种工具、方法以及足够多的时间和机会让学员不断地练习，让学员实践、深化和反思他们的学习内容。

在培训过程中，引导学员积极创建自己的知识库。说给学员听，做给学员看，之后要让学员尝试做做看。可以采用多种教学法，例如让学员进行头脑风暴、让学员上台分享、让学员以自己的方式总结学到的内容等。

10. 1. 2. 5　课程转化

培训结束后，需要考虑如何让学员在实际工作中应用所学知识，如何在工作中进行知识扩展。

同时做好讲师和学员之间的培训效果评估，为后续工作提供改进的依据。售前部门领导人可在日常工作中评估售前顾问培训后的工作效率是否有所提高。

培训是售前顾问学习的第一步，还需要在实际工作中不断积累经验，所有成长都是一个长期积累的过程。刚入门的售前顾问如果能够遇到一位有经验的售前顾问导师，对其成长具有极大的帮助。

10. 1. 3　不可或缺的讲师团队

培训讲师对于开展培训、传播企业文化、宣讲公司解决方案、提高员工工作绩效具有重要的意义，因此需要建立讲师团队，售前顾问作为内训师的主力，起着关键作用。

选拔有经验的售前顾问作为内训师，承担公司层面、售前部门和客户方面的培训工作。售前顾问作为内训师需要与培训部门沟通协商，调研获取培训需求，制订培训计划，开发培训课程，撰写教材，编写考核试卷，进行现场培训，对培训结果进行评估，最终持续优化课程，完成课程版本迭代。同时需要不断学习、消化外部培训课程，将其转化、开发为课程资源。可根据培训讲师的级别给予一定的薪酬奖励。

10.2 团建活动：培养售前团队的合作精神

团建活动在部门建设中占据着重要的地位，团建活动可以增加团队间的沟通交流，减少不必要的误会和麻烦。培养较好的团队合作精神，可提高团队协作能力，进而提高团队工作效率，提高员工的归属感及对公司文化的认同感，为公司创造价值。

在制度允许的情况下，向公司申请月度或是季度的部门经费用于团建活动。团建活动的形式多种多样，主要包括部门聚餐、部门集训、主题活动、兴趣俱乐部、户外旅游、运动会等。

10.2.1 轻松愉悦的部门聚餐

可以在季度、半年度、年末、节日或员工生日时，举办部门聚餐活动。部门聚餐应该是团建活动中最易举行的、举行次数最多的活动。在聚餐的过程中，可以玩一些饭桌上的小游戏，如“逢 3、逢 7 过游戏”“成语接龙”“击鼓传花”等。在轻松愉快的氛围中，增进部门同事之间的感情，让部门同事更加了解彼此。

10.2.2 共同学习的部门集训

可以每半年或一年举行一次较集中的售前部门集训，在集训的过程中，可以制订售前技巧的培训计划，实现售前顾问对于工作的思考总结和分享。在集训过程中可以增加游戏互动环节，增加团队之间的沟通交流，增进员工间的感情。

不在同一场所办公的虚拟团队，可能分散在全国各个城市，更需要时常安排部门集训活动，增进员工之间的相互了解，让员工互相信任、互相尊重、互相帮助，从而拉近员工之间的关系，增加部门间的凝聚力。

10.2.3 丰富多样的主题活动

定期或者不定期地举办主题活动，如演讲比赛、PPT 制作大赛、辩论赛、场景模拟等。通过这些主题活动的举办，可以了解售前顾问对于产品知识、业务知识、技术知识的认识程度，可以增加售前顾问的创新能力。在这个过程中，通过分享学习，提高售前顾问演讲、沟通演示等技能，激励售前团队成员弥补自身的不足，不断地努力学习进步。

10.2.4　有共同爱好的兴趣俱乐部

可以组织兴趣俱乐部，如羽毛球俱乐部、户外旅行俱乐部、篮球俱乐部等，将具有相同爱好的同事聚集在一起，因为共同的爱好更容易拉近彼此之间的距离，在工作中，因彼此熟悉信任，更容易互相配合工作，提高团队协作能力及工作效率。

10.2.5　放松的户外旅游

周末，大家可以一块到郊外、农家乐等场所进行户外旅行，活跃团队气氛，加强团队的协作能力，更能锻炼团队成员的身体素质，助其培养积极的心态，丰富其业余生活。

10.2.6　有团队荣誉感的运动会

在有条件的情况下，可以在公司举行运动会。在参加运动会的过程中，大家互相帮助、互相鼓励，可以提高部门间的团队意识，增强集体荣誉感。

10.3　激励体系：激励售前顾问更好地工作

公司内对售前顾问有考核标准，需要建立对应的激励体系。售前顾问是一项高压的工作，因此需要提供必要的奖励措施，激发售前顾问的工作动力，增强售前团队整体的工作实力和战斗力，进而提高售前团队的整体绩效，同时能够为企业留住人才，营造良好的工作氛围。

制定激励体系，最好将物质和精神激励相结合，方式要不断创新，将各种方法相结合。具体的激励措施包括以下几个方面：

10.3.1　物质激励

根据公司的标准，对于表现良好的售前顾问给予一定的物质鼓励，这是最常用的方式，对员工来说也是最直接的方式，包括工资、奖金、加薪以及各种福利等。

10.3.2　榜样激励

可以在工作例会、分享会等公开场合对优秀的售前顾问进行表扬，发放荣誉奖品，塑造典型示范效应，让其他售前顾问向其学习，建立学习型和分享型的售前团队，鼓励优秀的售前顾问积极分享工作经验。

10.3.3 培训激励

很多员工在选择一家公司的时候，会把培训作为一个重要的衡量条件。因此培训是一个很好的激励方式，对于公司来说也是一种很好的投资方式，可以提高售前顾问的工作能力，进而为公司创造更多的价值。

10.3.4 工作条件激励

在条件允许的情况下，合理安排售前顾问工作，满足其工作要求和工作条件，使其保持愉快的工作心情，推动售前顾问更好地完成工作。

10.3.5 感情激励

管理人员要了解团队成员的姓名、生日、特长、个性特征等，在团队成员生日时送上祝福，送上小礼物，在重要的节假日允许提早下班等。在平时的生活工作中，主动帮助每一位团队成员，增加团队成员的归属感。

10.3.6 目标激励

管理者需要制定切实可行的目标，将售前顾问的工作目标和售前团队的工作目标相结合。售前顾问的目标实现也即售前团队的目标实现，让售前顾问感受到被重视、所做的工作被认可，以此提高售前顾问的自信心，让每一位售前顾问都感受到他是这个集体不可或缺的一部分。

10.3.7 提升激励

管理者鼓励并为售前顾问提供更多的提升及发展的机会，授予其更多的权力，并承担相应的责任，给予其更多的发展机会，让其参与更多重大计划。让其有归属感、荣誉感和责任感，从而充分调动售前顾问的积极性和主动性。

10.4 实战案例：某公司建立对内售前团队的文化措施

背景：某公司现阶段处于快速发展期，公司氛围良好，公司员工比较稳定，员工每年都给公司创造了良好的收益，这主要得益于公司特别重视企业的团队文化建设，出台了一系列企业团队建设政策。

公司层面出台的主要团建措施：

(1) 建立了企业大学，每年年初制订当年培训计划，包括新员工培训、日常培训、专题培训等内容，同时为员工成长引进各种培训资源。在各部门内部发展组建了内训师团队，对内训师团队开展必要的培训。各部门作为二级培训单位可根据部门需求定制部门培训计划并申请相关经费。

（2）引进本公司适用的知识管理平台，引进相关培训课件，同时日常培训资源可上传到平台。其余部门可根据本部门需求在知识平台设立专栏，建立本部门的知识体系，满足本部门的专题培训以及学习需求。

（3）公司每个季度给每个部门每人500元的团建经费，部门如有10人，部门每个季度就有5000元部门经费用于部门日常团建。

（4）每年每个员工生日当天可以领到固定额度的超市购物卡。

（5）搭建丰富的娱乐活动平台，建立了书法、徒步、骑行、羽毛球、跑步等俱乐部，员工周末或者周内非工作时间可组织活动。为员工提供娱乐场地，包括舞蹈室、羽毛球场、乒乓球场、篮球场等。

（6）每月表现良好的员工会获得额外的绩效奖励。

（7）为员工的岗位晋升提供各种渠道。

售前部门管理者基于公司团建政策，在售前部门内有针对性地开展部门内的团建活动，主要包括：

10.4.1　新员工培训

每年新进的售前顾问会在固定时间参与公司的企业大学组织的培训，每年新员工培训都是企业大学的重点工作之一，会邀请公司领导人、内训师、外部讲师为新员工培训3~5天，让新员工快速熟悉公司环境，了解公司的情况，提升对公司的认同感。参与公司的培训后，需要继续学习售前顾问必须掌握的业务知识，由售前部门组织培训。售前部门管理者会为新进售前顾问分配一位有经验的售前顾问前辈（比如张三）带领学习，实现传帮带教。新进售前顾问需要编写《能力模型表格》，根据结果制作售前能力模型图，通过售前能力模型图了解新进售前顾问目前售前能力水平，之后制作针对新进售前顾问的培训计划，新进售前顾问通过培训计划表完成学习。

新进售前顾问培训计划如表10-4所示。

表 10-4　针对性的售前顾问培训计划

能力层	能力维度	能力要求	培训课程	指导讲师	培训方式	考核方式	培训网址
基本素质	辅助工具	办公文档（WPS、Office、腾讯文档、石墨文档）、画图工具（Visio、WPS、在线脑图工具）、AxureRP 原型制作软件、思维导图工具、视频编辑软件等	办公文档（WPS、Office、腾讯文档、石墨文档）	张三	视频学习	实操	知识库地址
			画图工具（Visio、WPS、在线脑图工具）	张三	视频学习	实操	知识库地址
			AxureRP 原型制作软件操作技巧	张三	视频学习	实操	知识库地址
			思维导图在工作中的应用及工具使用技巧	张三	视频学习	实操	知识库地址
知识体系	产品知识	掌握公司产品体系知识	产品知识课程 1	张三	视频学习	笔试	知识库地址
			产品知识课程 2	张三	视频学习	笔试	知识库地址
业务能力	项目策划及管理协调能力	掌握项目策划能力及管理协调能力	售前项目整体策划及管理协调注意事项	张三	视频学习	了解不考核	知识库地址
	需求调研及分析能力	利用各种工具方法等挖掘客户潜在需求，识别客户痛点，并进行分析	需求调研技巧	张三	视频学习	实操	知识库地址
			需求调研分析报告编写技巧	张三	视频学习	实操	知识库地址
	方案撰写能力	熟练掌握售前不同阶段不同方案编写技巧	招投标法规知识介绍	张三	视频学习	实操	知识库地址
			投标方案编写技巧	张三	内训师	实操	实际项目指导
			项目方案/项目建议书编写技巧	张三	内训师	实操	实际项目指导
			可研方案编写技巧	张三	内训师	实操	实际项目指导
	沟通演示能力	掌握方案演示、产品演示、技术交流等能力	方案/产品演示技巧	张三	内训师	实操	实际项目指导
成果显示	逻辑表达能力	运用逻辑表达能力，实现有效沟通，获取更多的利益	如何让客户听懂记住	张三	日常辅导	了解不考核	知识库地址

10.4.2　日常培训

售前部门每月召开一次内部分享会，由内部的售前顾问轮流进行分享，分享主题可以自由确定，可以是公司产品业务知识分享、日常工具使用分享、实际项目打单分享等。通过内部的不断分享，加强成员之间的交流学习，共同增进售前技能。

10.4.3　部门集训

每年固定安排部门集训，有时会结合春秋游进行，针对某项新政策、新产品等内容，组织售前部门到某个培训基地进行集中学习，大家互相交流讨论。

10.4.4　项目学习

对一项业务的深入了解，需要到实际的项目中进行学习，售前部门管理者会定期安排售前顾问到实际项目中配合项目经理学习，增加其对公司某项产品业务知识的深度了解，使其更好地为客户编写解决方案。

10.4.5　外部培训学习

每年会选取几位售前顾问参与公司组织的外部培训，包括外部游学、外部专业技能培训等。外部学习回来后的售前顾问，需要在内部就学到的东西进行分享。

10.4.6　每季度的部门聚餐

每个季度，售前部门管理者会征询大家的意见，组织大家聚餐，可以在聚餐的过程中增进同事之间的感情。

10.4.7　定期举办部门户外旅游

每年春秋季，售前部门会组织春秋游，到近郊区的景区或农家乐等地进行团建活动，或者到远郊区暂住活动，可以携带家属一起参与，在户外游的过程中增进大家的沟通交流，增强团队的凝聚力。

10.4.8　每月一次绩效评估及奖励

售前支持部门的管理者每月对所有的售前顾问进行绩效评估，对于表现优秀的售前顾问给予额外绩效奖励。

10.4.9　为每一位员工提供多渠道晋升空间

公司为售前顾问提供多种晋升渠道，售前顾问可以根据个人情况，选择适合自己的职业发展路线（见图 10-5）。售前顾问是一个对素质要求较高的综合性岗位，既不是纯做销售，也不是单一地只关注技术，而是需要掌握技术、沟通、销售、写作等能力的复合型人才。售前顾问随着综合实力的提高可以成为专家级别的售前顾问，或转型为解决方案客户经理、项目经理、产品经理和培训经理等。

都说不想当将军的士兵不是好士兵，同样地，不想当 CEO 的售前顾问不是好售前顾问，每一位售前顾问都有自己的职业规划，并按照职业规划一步一步地向前向上走，这时候必须具备一定的管理知识，才能走得更远更长久，在领域内具有长足的发展。

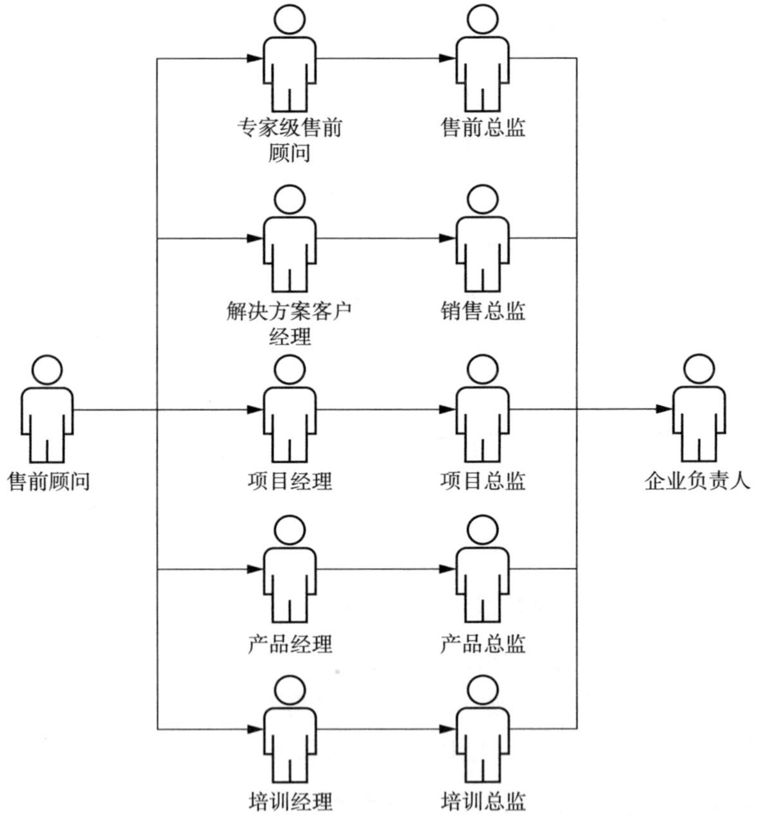

图 10-5　公司为售前顾问提供的发展通道

➢售前顾问

售前顾问随着知识不断累积、业务能力不断提高、实战经验不断丰富，从初级售前顾问向中级售前顾问、高级售前顾问及专家级售前顾问发展。最终在业界具有一定的影响力，能够协同制定企业发展战略，制定并优化售前运营战略体系，指导相关人员完成售前支持工作。

➢客户经理

售前顾问在技术人员眼中就是懂技术的商务人员，因此售前顾问在深入了解销售技能的基础上，比较容易转型为客户经理，由于售前顾问掌握一系列售前的知识技巧，能够深度挖掘客户的需求并基于企业的产品提供定制化的解决方案，可以很好地为客户提供咨询式销售服务，赢得客户的认可。

➢项目经理

客户有时对于项目实施的关注度胜过规划的产品和方案，客户关注前期规划价值，也关注后期项目实施的质量。售前顾问是需求的最初调研者和项目的最初规划者，能够比较深入地了解客户需求。售前顾问比较容易转型成为项目经理，能够较好地规避项目前期规划中潜在的风险，实现风险控制，保障项目的实施，顺利实现产品的交付。

➢产品经理

售前顾问需要不断地收集市场资料，获取竞品信息，对市场有较高的敏感度，在与客户沟通的过程中不断挖掘客户的需求，对客户的业务有较好的理解，能够策划和设计出符合客户需求，同时又具有市场竞争力的产品。因此售前顾问可以顺利转型成为产品经理。

➢培训经理

售前顾问需要兼顾培训工作，包括对内培训和对外培训。对内培训实现对客户经理、技术等人员的业务或是产品体系培训，对外培训实现对客户的培训。因此售前顾问较容易转型成为培训经理，成为某一行业领域内的培训专家。

11 管理团队：管理好售前团队

本章对售前团队管理主要从沟通管理、知识管理、绩效考核几方面进行说明。

沟通管理渗透售前部门管理的方方面面，沟通也贯穿于售前支持服务过程的始终，售前顾问在工作中，需要实现工作计划汇报、工作情况反馈、信息收集反馈等，让相关人员及时了解相关信息。

知识管理是指通过建立售前知识库，制定文档归档制度，要求售前顾问及时将工作成果归档到售前知识库中，并纳入到绩效考核中，实现对售前知识及资料的有效管理和合理利用，使得售前知识更易形成结构化、体系化的资料库，便于随时调用和再次利用，在极大提高工作效率的同时，提高售前支持工作质量。

绩效考核通过系统科学的方法对团队成员的工作完成情况进行评价，绩效完成情况较好的，给予一定的奖励，完成情况较差的，及时发现原因，采取对应的措施，对每一个工作环节进行监督检查，防止潜在风险发生，保证售前服务质量。

11.1 沟通管理：明确售前团队的沟通机制

沟通管理贯穿于售前支持服务过程的始终。正确的沟通有利于协调各方资源，促进工作开展，有利于建立良好的人际关系和组织氛围。售前顾问在售前支持工作中，需要就工作计划、工作情况、收集到的信息进行汇报沟通。汇报方式多种多样，本节主要分享邮件汇报的相关内容。

11.1.1 事事有交代，事事有反馈

售前顾问在售前活动中是成功签单的必要而非充分条件，售前顾问虽然

在售前活动中是一个很重要的角色，但是成功签单的原因在于团队的共同努力，如果丢单，有可能是在售前活动中，售前支持工作的不到位引起的。售前顾问比较容易背黑锅，因此在售前活动支持中，需要做到时时沟通、事事汇报，让相关人员了解项目进展情况，这也是保护售前顾问很好的方式。主要汇报内容包括但不限于工作计划汇报、工作情况反馈、信息收集反馈。

（1）工作计划汇报

售前顾问可定期向部门领导人进行工作汇报，主要的方式有工作例会汇报、工作周报、售前项目支持计划等，根据不同公司的工作制度要求选择符合本土文化的汇报制度。通过工作计划的汇报，可以让售前部门负责人了解售前顾问的工作情况，合理安排工作，也是工作绩效考核参考的重要方面。

（2）工作情况反馈

售前顾问在确认需求、文档资料编写、售前支持策略制定、售前演示交流等售前支持活动中，都需要将相关方案等文档提交审核，同时就工作情况向公司相关人员进行反馈。工作情况的反馈方式依据不同公司的内外部因素不尽相同，主要包括口头汇报、QQ 或微信等网络汇报、正式的邮件汇报、内外网隔离中内网通信工具汇报、沟通会议、项目研讨会、头脑风暴等。

在售前活动支持过程的沟通中，涉及报价、核心产品功能、保密协议等内容，为了保证工作的可追溯性，也作为保护自己的方式，售前顾问采用可存储可记录可追溯的沟通方式，保证沟通的有效性和合规性，其中工作邮箱是一个很好的工具。

案例

售前顾问通过邮件确认需求实现自我保护

售前顾问小王收到客户经理关于方案编写的支持申请时，通过邮件的方式向客户经理再次确认需求，经过客户经理的核实，明确了需求。小王将需求进行编辑分析，获得客户经理确认，最后基于此编写了解决方案。客户经理将解决方案提交给客户后，客户表示方案不符合实际需求。但因为售前顾问小王事先就需求通过邮件的方式得到了客户经理的确认，邮件存留的证据很好地保护了自己。

案例

因为良好的沟通管理获得领导的认可

售前顾问小王在一次和领导出差的路上，听到领导对另一位售前顾问的评价：工作能力很强，其他暂且不论，单单从工作汇报沟通和邮件编写这方面，就给人做事很靠谱的印象，收到重要的邮件时一定会及时回复，并说明对任务的理解、疑问以及建议，售前活动执行过程中也会定期汇报工作任务的进展等。这位售前顾问就通过工作反馈和邮件编写给人留下了很好的印象。

3. 信息收集反馈

售前顾问对平时工作中收集到的一些信息需要及时反馈。主要包括：将到客户现场与客户沟通交流的过程及时反馈给相关领导，让领导实时了解项目情况；收集获得竞争对手信息，及时反馈给客户经理及产品经理，让其了解竞争对手情况，同时更好地改进优化产品内容；收集到的相关政策资料以及学习培训资料，及时发送给公司相关人员，实现信息共享。

11.1.2 沟通必须懂点“邮件礼仪”

邮件在工作沟通反馈中是重要的沟通方式之一，在职场中，如果公司的正式沟通交流方式是邮件，同时拥有自己的企业邮箱，还请养成使用电子邮箱，固定时间查看邮件、回复邮件的习惯。在项目协调、跨部门沟通、工作反馈、信息发布中，邮件能大大提高你的工作效率，明晰责任，为你的工作带来价值。

在编写邮件的过程中，需要站在对方的立场考虑问题，节省他人的时间，把有价值的信息传递给有需要的人；简单而重要的事情马上发邮件，可以提高你在领导面前的曝光率；重要工作任务的安排要发邮件，实现备忘和提醒参与者的作用；无关紧要的事情不要发邮件，不要让领导觉得你抓不住重点。

11.1.2.1 邮件优点

邮件具有以下优点：

正式交流：相较于电话、QQ、微信等方式，邮件是一种正式的沟通交流方式。

可追溯：邮件可实现追溯管理，是一个很好的保护自己的工具。售前顾问是很容易背黑锅的一个岗位，在与客户沟通不顺畅时，客户经理容易将问题归咎于售前顾问，这时候售前顾问可通过邮件来保护自己。

明晰责任：通过邮件可以清晰各方的责任和义务，顺利推进工作。

11.1.2.2　邮件类型

邮件使用的应用场景类型较多，针对售前顾问来说，工作邮件大致可分为以下四种：

- 确认邮件——保存证据

邮件一般会有统一的对接人，一般为部门经理。需要售前支持申请人将需求统一发送给部门经理，由部门经理安排具体的事宜给售前顾问，售前顾问在接收到工作任务后，需要在邮件中确认具体要求，明晰具体的责任。

如果有电话、口头、会议交流的事宜，最好也用邮件进行确认。

- 需求邮件——确认细节

部门内部、跨部门、跨区域、跨公司之间的需求沟通通过邮件进行确认，售前顾问需要向客户经理或是其他需要售前支持的人员询问具体的需求，把需求细节填写清楚，让其确认，方便后续的沟通交流，保证方案编写方向的正确性。

- 反馈邮件——事事有交代

售前顾问需要将任务进展反馈、个人工作反馈、项目进展情况、部门工作情况等内容通过邮件发送给相关知情人员。

例如，售前人员收到需要给客户编写一份项目建设方案的需求邮件：

第一封回复明确具体的需求，说明计划；

第二封反馈方案内容，并对建设方案的主要内容做简要说明。

- 通知邮件——获取消息

通知邮件一般是发送一些部门内部会议通知、公司放假通知、制度通知等，属于群发邮件，这种邮件最好不要回复，以免造成别人过多的垃圾邮件。

11.1.2.3　编写细节

（1）发送对象

在发送邮件的过程中一定要明白 To、CC 和 BCC 的区别。

To 为这封邮件的主送人，需要对这封邮件做对应的回复。

CC 为抄送：知会邮件事项，没有义务回复。如果 CC 的人有建议，可以做相应的回复。

BCC 是秘送：在 To 的人不知道的情况下，收到邮件的人。

在日常工作中，售前顾问可将邮件主送给发起申请售前支持的人，如客户经理，抄送其直接领导，同时抄送给本部门的直接领导。若主送人员较多，最好按照职位高低进行先后顺序的排列。

（2）邮件主题

邮件的主题是收件人了解邮件的第一信息，所以一定要注明主题，主题要提纲挈领，使用有意义的主题，可以让收件人迅速了解邮件并判断其重要性。

主题拟定注意以下几个方面：

1）一定要填写主题，主题鲜明，不宜冗长，说明与内容相关的主旨大意。

2）一封邮件尽可能只针对一个主题，不要在一封邮件中谈及多项工作任务。

3）可适当使用一些具有特殊含义的大写字母、词或字符来突出标题，引起收件人的注意，但是要适当使用，如非必要不要随意使用“紧急”之类的字眼。

4）回复邮件时，可以根据回复邮件的内容适当地更改标题。例如，关于×××项目投标文件技术部分的审核。

（3）抬头称呼

在开始正式邮件编写的时候，需要在邮件的抬头称呼对方，以示礼貌，并引起主要收件人的关注。

要称呼职位名称，如王经理、张主任、刘总、林工等，切忌直呼全名。

不熟悉或级别高于自己的人不宜直接称呼其英文名。

（4）主体内容

主体内容是一封邮件中最重要的部分，需要正确编写，清晰表达出写邮件的主要目的。在编写主体内容的过程中要注意以下几个方面：

1）描述简单。

在邮件中切忌长篇大论，大家的工作时间都很宝贵，因此多采用1234……分条列表表达，简洁明确，能让收件人快速了解邮件内容。

2）语气端正。

多采用论述语气，尽量保持邮件的正式，避免掺杂太多情感的东西。

3）背景简洁。

最好不要使用信纸，保留空白背景，工作邮件切忌个性化信纸。

4）信息完整。

通过一封邮件交代完整的信息，减少撤回邮件的动作，尽量不要发“补充”或“更正”的邮件。

5）重点强调。

合理地提示重要的信息，可用红色字体或扩大字号、加粗等方式。

6）附件提醒。

如果邮件带有附件，应在正文提示收件人查看附件，附件应注意以下事项：

第一，附件文件应按有意义的名字命名；

第二，正文中应对附件内容做简要说明，特别是带有多个附件时；

第三，附件数目不宜超过 4 个，否则进行打包发送；

第四，附件不宜过大；

第五，特殊格式文件，应在正文中说明打开方式，以免影响使用。

（5）结尾签名

通过结尾签名可让对方清楚地知道发件人信息。

如公司有相关规定，可以统一使用公司规定的签名。如无，可按照简洁完整等原则进行设置。结尾签名可在邮箱中自动设置，主要包括姓名、职务、公司、电话、邮箱等信息，最好不要超过 4 行。

（6）邮件回复

收到邮件后要及时回复，在回复邮件的过程中要注意以下几点：

1）邮件回复要及时。

收到重要邮件后，应即刻回复对方，这是对他人的尊重。如果正在休假或是出差，最好设定自动回复功能。

理想回复时间是 2 小时内；

优先级低的邮件一般不要超过 24 小时；

事情复杂，无法及时确切回复，也应及时回复，可回复“收到，我正在处理，一旦有结果就会及时回复”等；

回复对方的邮件时，在收到原有邮件的基础上进行回复，不要创建一封新邮件，因为它打断了原始邮件和回复邮件之间的关联，会让人产生莫名其妙的感觉。一旦失去关联，双方就难以跟踪邮件的次序，尤其是经过多次收发的邮件。

2）“全部回复”要慎重。

全部回复邮件可能会给别人造成不必要的垃圾邮件，因此需要明确邮件的主题。如是小范围的全部知会，可使用全部回复。如果是通知邮件，需要回复类似于“是否参与”“是否报名”之类的邮件，回复主送人即可。

3）情绪邮件要冷静。

当对一件事情有意见时，避免情绪激动的字眼伤到对方，引起冲突。同时思考这些问题需要哪些人知道，避免将事态扩大。

11.2 知识管理：建立售前知识库

知识管理是一个热门话题，人类自古以来都在不断地进行着知识管理活动，对知识进行管理的历史甚至可以追溯到人类社会的最早期。甲骨文的出现，即标志着人们开始了对知识的管理；进入农业社会以后，出现了竹简、绢帛和纸质的书本对知识进行记录并代代相传；进入工业社会后，出现了各种先进的印刷设备以及大规模的图书馆等知识管理的手段。

当今时代，由于科学技术的迅猛发展和竞争的逐渐加剧，许多企业处于内部和外部环境的剧变之中，迫切需要利用知识资产来进行产品创新、服务创新、管理创新，因此，对知识的管理研究逐渐为许多企业所重视。许多研究者都把目光放在企业知识管理方面。

知识一般包括显性知识和隐性知识。MBA 智库对两类知识的定义为："显性知识能用文字和数字表达出来，容易以硬数据的形式交流和共享；隐性知识是高度个性化而且难以格式化的知识，主观的理解、直觉和预感都属于这一类。"

知识管理常见的目标包括：防止知识丢失、新员工获取学习资料的途径、使得知识得以复用、实现公司创新能力、构建知识共享文化、提高员工工作效率等。通过建立知识管理系统，实现从文档型知识到原子型知识、从知识存储到知识利用、从知识仓库到知识服务的过程。

11.2.1 知识管理从建立售前知识库开始

售前顾问经常会有这样的经历：在编写方案或制作 PPT 的过程中，当写到某些方面的知识时，感觉这方面的内容在之前有看到过，于是开始不停地寻找资料，但是往往又寻找不到。IDC（International Data Corporation，美国国际数据公司）的研究报告显示，知识工作者 90%的所谓"创新工作"是重复工作，因为这些知识已经存在。还有研究表明，我们有 1/3 的工作时间用在了寻找某些永远没有找到的信息上。

这是一个信息爆炸的时代，这是一个大数据时代，我们每天都可以接触到海量的数据，如何从这些海量数据中提取有价值的信息，进而将其转变为可以使用的知识，是每家企业都必须研究的重要课题。

说明：售前知识的积累是公司的宝贵资产。

一般公司企业都会有自己的知识管理战略，建立企业知识库，不同角色拥有不同级别知识库权限，保证企业知识安全。可以依托的平台有 SVN、网盘、共享文件夹等。

售前知识库作为公司知识库的一个分支，实现对售前知识及资料的有效管理和合理利用，使得售前知识更易形成结构化的、体系化的资料库，便于随时调用和再次利用，实现知识的延续性，随着知识的不断更新和完善，形成内容完整、动态鲜活的售前知识库。

售前知识库建立的过程是：在公司知识战略的基础上，根据部门需求在公司知识库平台上建立售前知识库，通过建立售前知识库目录、知识更新、知识审核、归纳整理等步骤完善售前知识库。建立售前知识库之后，将日常售前知识存储到公司知识库中，成为公司知识库的一部分。之后对知识进行管理，包括交换检索机制、知识管理架构、生命周期管理、多种知识模型、知识共享机制、知识安全管理、知识管理制度等。知识库建立之后，发挥知识库的价值，实现知识的共享，可以利用知识库实现日常培训学习、日常工作检索参考、智能问答等。

售前知识库建立过程如图 11-1 所示。

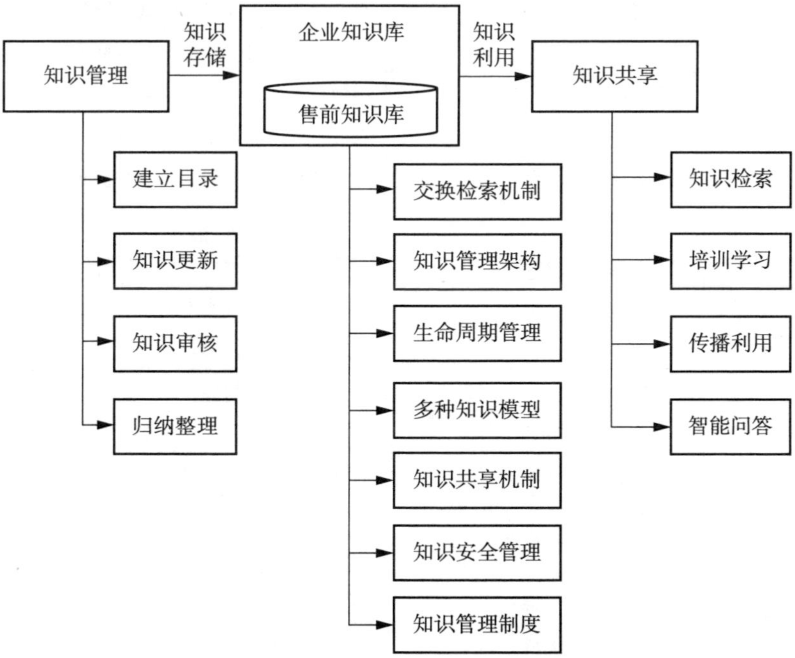

图 11-1　售前知识库建立过程

11.2.2 售前知识管理的四方面

售前知识管理包括建立目录、知识更新、知识审核、归纳整理等方面。

11.2.2.1 建立目录

在公司统一采购的知识管理平台，搭建售前知识库目录管理基线，规划好一级、二级目录，三级以上目录相关售前工作人员可自行建立，同时要制定文档的命名规则。

制定售前文档的命名规则，方便对知识的检索以及迭代更新。可采用如下的文档命名规则：区域+项目名称+类型+负责人+时间+版本号。

例如：北京—×××项目—项目建议书—张三—20220211—V1.0。

后期完成的每一项工作都要将相关资料进行归档存储。售前知识库目录基线标准示例如表 11-1 所示。

表 11-1 售前知识库目录基线（示例）

一级目录	二级目录	说明
1 部门管理	1-1 管理规范	存放部门管理制度文档
	1-2 绩效考核	存放售前顾问绩效考核文档
2 宣传管理	2-1 宣传资料	存放各产品不同格式的宣传资料
3 市场管理	3-1 客户资料	存放公司项目客户的资料信息
	3-2 案例资料	存放公司项目的案例信息
4 需求管理	4-1 需求调研模板	存放不同产品需求调研资料
	4-2 需求调研结果	不同项目需求调研结果及分析文档
5 方案管理	5-1 方案模板	不同类型方案模板
	5-2 建设方案/建议书	存放各项目建设方案/项目建议书
	5-3 可研方案	存放各项目的可研方案
	5-4 招标方案	存放各项目的招标方案
	5-5 投标方案	存放各项目的投标方案
6 演示交流	6-1 产品 PPT 模板	存放各产品的售前演示 PPT 模板
	6-2 各次演示资料	各项目演示资料汇总
	6-3 产品原型演示材料（demo）	各产品原型演示材料（demo）
7 培训管理	7-1 培训计划	存放培训计划
	7-2 业务培训资料	各业务培训资料
	7-3 产品培训资料	各产品培训资料
	7-4 技术培训资料	不同技术培训资料

续表

一级目录	二级目录	说明
8 合同管理	8-1 合同资料	各项目合同资料
9 参考资料	9-1 竞品资料	公司竞品资料
	9-2 政策文件	各类型政策文件
	9-3 其他学习资料	其他相关类型的学习资料

11.2.2.2　知识更新

制定知识管理更新制度是知识管理的一个重要方面，可以形成良好的知识共享企业文化。售前知识管理主要包括显性知识管理和隐性知识管理，如图 11-2 所示。

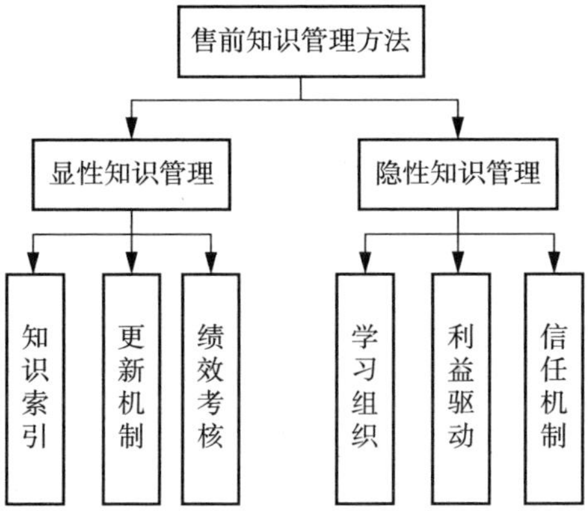

图 11-2　知识管理

（1）显性知识管理

要做好售前知识中的显性知识管理，主要包括以下几个方面：

➢建立知识检索机制

显性知识的载体可分为文本、视频等，需要建立显性知识检索机制。通过建立良好的索引机制，让每一位售前顾问都能快速寻找到可借鉴的资料，提高工作效率。需要让售前顾问从根本上认可售前知识库的优势所在，自动养成定期上传更新资料的习惯。

➢定期更新

建立工作管理办法，规定每一项工作任务结束后应定期将文档上传到知识库中，更新丰富知识库。获取高层领导的支持，积极推动售前知识库管理机制不断完善。可以设立知识库督导员，定期对知识库中的资料进行检查。

➢与绩效管理相结合

将显性知识的管理与日常绩效考核相结合，让售前顾问自发地行动起来，自觉管理和维护售前知识库。

（2）隐性知识管理

隐性知识表现为个人的、经验的行为习惯、思维方式等，为了实现隐性知识的转化，对隐性知识的管理主要包括学习组织、利益驱动和信任机制等几种方式。

➢学习组织

创建学习组织，充分发挥团队的力量，让更多的人对知识进行分析，将个人知识转化为组织知识、将零散知识变为系统性知识，实现知识带来的效益。

➢利益驱动

可建立激励方式，作为知识共享的报酬，鼓励和动员售前顾问不断将售前工作经验分享出来，将个体知识转化为群体知识。

➢信任机制

在售前部门内建立信任机制，促进大家的沟通交流和学习，营造良好的工作氛围，实现隐性知识的转化，将团队成员的工作成果利用价值最大化，避免冗余的不必要的工作，提高工作效率。

11.2.2.3 知识审核

一般知识库中知识操作方法包括增加、修改和删除等，为不同的角色设立不同的操作权限，在知识库存有知识库日志操作记录，同时设立知识管理督导员，定期对售前知识库进行知识检查。

11.2.2.4 归纳整理

随着售前知识库的不断更新扩充完善，知识越来越丰富，需要定期对知识进行归纳整理，提升知识库的质量，更好地发挥知识库的作用。

11.2.3 售前知识共享

在当今时代，拥有数据即拥有了话语权。售前知识库的建立，给售前部门、售前顾问的工作和学习带来了极大的益处，实现售前知识的共享和交流。在日常工作中，售前顾问可快速搜索查询所需资料，大大减少售前工作中寻找资料所耗费的时间和精力，在极大提高工作效率的同时，提升售前工作质量。

对于售前内训师来说，在制订针对新人的培训计划时，可列明所需技能，即技能所在的知识库位置，方便售前新人学习，节约培训成本，节省售前内训师的时间和精力，能够在保证工作的前提下实现对新人的培养，实现售前知识的分享传承。

在与各部门的沟通交流过程中，可以利用知识库中的知识了解其他部门的工作情况，实现知识的传播利用，降低沟通成本，对于售前顾问了解业务知识、产品知识和技术知识都是一个很好的工具。

随着知识的不断丰富、不断体系化、不断原子化以及系统的不断智能化，可以不断拓展知识的应用场景，如智能问答等。

11.3　绩效考核：提高售前团队的工作效率

绩效考核是按照一定的标准，通过系统科学的方法对团队成员的工作完成情况进行评价，绩效完成情况较好的，给予一定的奖励，完成情况较差的，及时发现原因并采取相应的措施。常见的绩效考核方法有 BSC、KPI 及 360° 考核等。绩效考核的结果影响到团队成员薪酬调整、奖金发放及职务提升等与团队成员切身利益相关的因素。

售前部门管理者应该依据实事求是、公平公开、重点突出、积极反馈等原则制定售前顾问的绩效考核，可以以周、月、季度、半年度、年度等为时间阶段进行绩效考核，通过绩效考核提高每个售前顾问的工作效率，实现整体的售前支持工作，提高售前咨询质量，进而实现企业的目标。绩效考核的结果也是售前管理者进行人事决策和甄选、培训销售人员的依据。具体包括以下目标：

➢加强对售前活动支持的管理，有效地审查售前顾问的工作情况；

➢为售前支持工作提供指南及工作依据；

➢及时跟踪发现售前顾问的工作情况，及早发现问题，制定备案措施；

➢有利于合理制订工作计划，保障售前支持工作的顺利完成；

➢可以发现目前售前顾问在工作方面存在的不足，制订针对性的培训计划；

➢评估培训效果，对培训结果进行评价，提供培训的改进意见；

➢对售前顾问从工作行为、态度、业绩等方面进行综合评价，是售前顾问的薪酬调整、奖金发放的重要依据，激励售前顾问持续努力；

➢通过对售前顾问的客观评价，可以有效地发现和挖掘售前顾问的才能，为其提供更多的发展机会，实现对潜在人才的备案管理；

➢让售前顾问清晰了解企业对于这个岗位的发展期望，正确地评估自己在组织中的位置和作用，减少抱怨，积极努力地向前发展；

➢是提拔优秀售前顾问的依据。

需制定合理的售前顾问评价标准，包括公司希望售前顾问达到的水平，以及如何对这个水平进行衡量评价，标准要符合实际情况，要与售前工作职责、岗位级别、工作要求、工作目标等相匹配。对于售前顾问的管理的重点不在于考核，而在于售前顾问能力的提升。售前顾问在公司中比较特殊，直接参与了销售的过程，作为客户经理的协助人员，协同赢单。客户经理有业绩的要求以及提成奖金，但是对于售前顾问，需要根据每一家单位的实际情况，建立一套等级标准和评价体系。

11.3.1 以岗位级别定制薪酬

综合考虑售前顾问在行业内的专业背景、学历经历、工作年限、工作经验以及所掌握的售前技能等对其进行岗位定级，并给付与能力相当的报酬，为了保持员工的稳定性和对企业的归属感，尽量给予其与市场相当的合适薪酬。以岗位级别定制薪酬是按照能力付酬，保持薪酬的稳定性（见表 11-2）。

表 11-2　岗位级别薪酬范围（示例）

序号	岗位级别	薪酬范围元
1	初级顾问	≥4500~<8000
2	中级顾问	≥8000~<10000
3	高级顾问	≥10000~<15000
4	专家级顾问	≥15000

11.3.2 基于销售额的定量考核

可将售前顾问支持的售前项目中最终成功签单的合同金额作为主要考核的指标，调动售前顾问对于售前项目积极性，有利于售前顾问更关注售前支持工作的工作质量。

可以将最终合同金额的抽成比例作为售前顾问的绩效奖金，也可以使售前顾问的绩效奖金与客户经理人员获取的项目提成奖金形成一个固定比例。

售前顾问在实际工作中存在工作交叉的情况，同一个项目可能有多个售前顾问共同参与，一个售前顾问也可能同时参与多个项目，所以要将售前活动中的工作内容细化，分别给每一项售前活动内容设置一个权重值（见表 11-3）。售前顾问最终获取的绩效奖金等于所参与售前活动中各项工作内容的权重值与销售额奖金的乘积。

绩效奖金 = 项目 1 销售额奖金×比例×工作内容权重+…+项目 N 销售额奖金×比例×工作内容权重

表 11-3　售前活动工作内容权重表（示例）

序号	工作内容	权重
1	推广宣传	5%
2	初步拜访	10%
3	商机评估	5%
4	需求调研	10%
5	方案编写	20%
6	演示交流	30%
7	参观考察	5%
8	招投标答疑	15%

11.3.3　基于工作量的定性考核

根据售前顾问完成的可产出的成果进行定性评价，如方案编写数量、售前演示 PPT、投标方案等。需要将定性考核的内容进行细化并确定权重（见图 11-4）。

表 11-4　售前活动成果产出细化权重（示例）

序号	工作内容	数量	权重
1	宣传方案	1	5%
2	客户拜访次数	1	10%
3	需求调研及需求调研报告	1	10%
4	解决方案/项目建议书编写	1	10%
5	演示交流	1	25%
6	可研方案	1	20%
7	投标方案	1	20%

11.3.4 基于KPI的考核

通过对售前顾问工作绩效特征的分析，总结出最能衡量售前顾问工作绩效的若干关键绩效指标，并在此基础上对售前顾问进行考核，工作绩效指标需要与售前部门工作职责、工作目标等相联系。

对售前顾问应该从多方面、多角度进行考核，需要建立一套企业和员工都认可的考核体系，可从工作完成情况、工作质量情况、工作态度情况、信息反馈情况、售前业务能力、培训学习情况、公司规范执行情况等几个方面进行考核（见表11-5）。在绩效考核标准的基础上，建立可执行的考核制度，避免操作过度复杂而陷入困境。可以月度或季度考核一次，可采用自评、同事互评、领导评审等方式。在绩效考核之后，将考核结果反馈给售前顾问，对表现优秀的售前顾问给予奖励，对于表现一般的，需要通过沟通交流发现问题、解决问题，建立考核人和被考核人之间的相互信任机制。

表11-5 KPI绩效考核表（示例）

维度	指标定义	评分说明	权重	得分
工作完成情况	在规定时间内完成工作情况，评估个人工作效率	A：严格执行工作任务，在较短时间内完成较多的工作任务，工作效率极高 B：在规定的时间内，有计划地完成工作任务，工作效率较高 C：在规定时间内，可完成大部分计划工作内容，工作效率一般 D：在规定时间内，只能完成较少的工作内容，工作效率低下	10%	
工作质量情况	每一项售前支持活动的质量、完成的方案、演示等成果的质量，客户经理以及客户对于售前咨询的满意程度	A：工作成果质量很好，获得客户经理和客户的一致认可 B：工作成果质量良好，客户经理和客户较满意 C：工作成果质量一般，客户经理和客户满意度一般 D：工作成果质量较差	20%	
工作态度情况	工作认真、负责、细心、自信等	A：工作认真，工作负责、细心，主动发现问题、解决问题 B：工作较认真，尽职尽责地完成各项任务 C：工作态度一般，按要求完成任务 D：工作态度较差，不能尽职尽责地完成各项工作	10%	

续表

维度	指标定义	评分说明	权重	得分
信息反馈情况	针对每一次售前支持情况的反馈、文档归档情况、对市场信息收集反馈情况等	A：主动收集市场信息，及时对售前支持工作进行反馈，主动将所有工作成果上传到知识库中，主动维护知识库中的资料 B：及时对售前支持工作进行反馈，将大部分工作成果上传到知识库中 C：及时对售前支持工作进行反馈，将少部分工作成果上传到知识库中 D：工作未及时反馈，资料未上传到知识库中	10%	
售前业务能力	项目策划及管理协调能力、方案撰写能力、沟通演示能力、需求调研及分析能力、售前咨询能力、产品策划能力等掌握情况	A：全面掌握售前业务能力，学习能力很强，能够准确挖掘客户痛点，找到对应解决方案，提供优质的售前咨询服务 B：较好地掌握售前业务能力，能够发现客户需求，为客户提供良好的售前咨询服务 C：掌握部分售前业务能力，能够与他人配合发现客户需求，为客户提供一般的售前咨询服务 D：掌握较少的售前业务能力，无法独自完成售前咨询服务	30%	
培训学习情况	参与公司组织培训、主动学习提升个人工作技能、主动分享知识经验	A：对售前咨询业务有独特的见解，学习能力强，能够快速掌握所需要的工作技能，培训技巧强，能够主动分享知识经验 B：学习能力较强，主动参与公司培训，努力提升个人工作技能，分享部分知识经验 C：学习能力一般，参与公司规定的培训，逐渐掌握工作技能 D：学习能力较差，不能按时参与公司组织的培训，不能主动学习工作技能	10%	
公司规范执行情况	遵守公司各项规章制度和部门管理规范	A：严格遵守公司各项规章制度，能够参与制定并遵守部门工作规范 B：遵守公司各项规章制度和部门工作规范 C：大部分情况下遵守公司各项规章制度和部门工作规范 D：不能完全遵守公司各项规章制度，对部门管理规范理解较差	10%	
总分： 评分标准：A：90~100 分，B：75~90 分，C：60~75 分，D：<60 分				

11.4 实战案例：某公司售前团队必须遵守的售前规范制度

背景：某公司建立了复合型组织架构的售前支持部门，在公司战略目标体系下，形成了售前部门管理规范和规范化的售前支持体系，保障售前工作的顺利开展以及售前知识的沉淀分享。

主要内容包括以下几个方面：

11.4.1 沟通管理

（1）每周一早上开部门周例会，每人简要汇报在跟踪项目这周计划完成的内容，以及在项目中遇到的问题等。

（2）每周五下午下班前完成本周工作周报，提交到部门的共享库中。

（3）所有发给客户的文档（包括项目建议书、项目建设方案、项目可研方案等）需要通过正式邮件发送给本项目对应的客户经理、部门方案审核人，抄送给销售部门领导、售前部门领导以及其他相关人员等。经过邮件回复没有问题后方可发送给客户。

（4）方案中所有的报价问题，都需要通过邮件沟通，由销售部门的客户经理及销售部门领导确认无误后方可提交给客户。

（5）客户现场拜访以及交流材料，需要通过邮件发送给项目客户经理、项目相关人员，并抄送给销售部门领导以及售前部门领导等人员，经过确认后可在客户现场进行交流演示。

（6）售前支持的每一个过程信息都需要通过邮件发送给相关人员，包括但不限于以下情况：①需求调研后的调研情况以及调研报告需要通过邮件发送给客户经理、项目相关人员，并抄送给销售部门领导以及售前部门领导等人员。调研报告确认无误后将调研报告发送给客户。②客户交流演示汇报后的现场交流情况发送给客户经理、项目相关人员，并抄送给销售部门领导以及售前部门领导等人员。

（7）客户现场收集到友商信息，通过邮件发送给相关产品经理，并抄送给客户经理、销售部门领导以及售前部门领导等人员。

（8）平时收集到的市场信息、政策信息等资料发送给客户经理、产品经理，并抄送给销售部门领导以及售前部门领导等人员。

（9）邮件需要说明邮件主题，邮件主题内容主次分明，突出重点，邮件格式以及邮件规范参照公司邮件编写指南。

（10）日常工作讨论可以通过讨论组/群（QQ、微信、钉钉）进行交流。

11.4.2 知识管理

（1）每月一次售前部门内部分享，每一位售前顾问轮流分享，分享主题不限，例如可以分享售前知识技巧、产品业务知识、个人擅长技能等。

（2）售前顾问需要建立项目跟踪台账，及时更新项目状态。

（3）项目售前活动的每一项成果文档按照标准命名，上传到售前共享知识库（SVN）对应的文件夹中，作为绩效考核的一部分内容。需要其他部门的材料时，要通过邮件向共享知识库管理者开通查看文件的权限。

文档的命名规则如下：区域+项目名称+类型+负责人+时间+版本号。

例如：

北京—×××项目—项目建议书—张三—20220211—V1.0；

北京—×××项目—需求调研报告—张三—20220211—V1.0；

北京—×××项目—可研方案—张三—20220211—V1.0；

北京—×××项目—演示PPT—张三—20220211—V1.0。

售前知识库目录基线一级目录、二级目录已确定，三级目录可根据项目一级实际使用情况自行创建，如表11-6所示。

表11-6　某公司售前知识库目录基线

一级目录	二级目录	三级目录
1 部门管理	1-1 管理规范	可自行建立
	1-2 绩效考核	可自行建立
2 宣传管理	2-1 宣传资料	可自行建立
3 市场管理	3-1 客户资料	可自行建立
	3-2 案例资料	可自行建立
4 需求管理	4-1 需求调研模板	可自行建立
	4-2 需求调研结果	可自行建立
5 方案管理	5-1 方案模板	可自行建立
	5-2 建设方案/建议书	可自行建立
	5-3 可研方案	可自行建立
	5-4 招标方案	可自行建立
	5-5 投标方案	可自行建立

续表

一级目录	二级目录	三级目录
6 演示交流	6-1 产品 PPT 模板	可自行建立
	6-2 各次演示资料	可自行建立
	6-3 产品原型演示材料（demo）	可自行建立
7 培训管理	7-1 培训计划	可自行建立
	7-2 业务培训资料	可自行建立
	7-3 产品培训资料	可自行建立
	7-4 技术培训资料	可自行建立
8 合同管理	8-1 合同资料	可自行建立
9 参考资料	9-1 竞品资料	可自行建立
	9-2 政策文件	可自行建立
	9-3 其他学习资料	可自行建立

11.4.3 绩效考核

售前部门的绩效考核主要通过两种方式进行，每月按照 KPI 考核的方式进行，每年年底的奖金主要通过销售额定量考核方式进行，按照项目合同签订金额的 1%计算。

附　录

工具表格集

A. 售前运营战略

A-1 售前顾问式服务体系内容

售前顾问式服务体系内容

序号	主要阶段	主要工作内容	涉及角色	售前支持说明	内部流程	工具方法	输出成果
1	发现商机	推广宣传	宣传经理 售前顾问 相关领导	宣传经理制订产品的推广宣传方案，如需要售前支持则发起申请，售前顾问获取任务，明确任务需求	1. 宣传人员提出申请 2. 售前团队领导分配售前资源 3. 售前顾问了解需求，协助编制宣传材料/主题演讲/展会支持	1. 《售前支持需求表》 2. 《售前项目跟踪表》 3. 《已有宣传资料》	1. 《宣传材料》 2. 《主题演讲材料》 3. 《售前支持需求表》 4. 《售前项目跟踪表》
2		初步拜访	客户经理 售前顾问 相关领导	客户经理与售前顾问初访客户，初步介绍公司以及公司产品，并了解需求内容	1. 客户经理提出申请 2. 售前团队领导分配售前资源 3. 售前顾问了解需求，编制初步拜访需要准备的材料	1. 《售前支持需求表》 2. 《售前项目跟踪表》 3. 《客户信息收集方向表》 4. 《客户结构化沟通交流模板》 5. 《已有产品汇报资料》	1. 《售前支持需求表》 2. 《售前项目跟踪表》 3. 《产品汇报资料》
3		商机评估	客户经理 售前顾问 相关领导	客户经理和售前顾问与公司团队沟通讨论，判断商机定位，决定跟进还是放弃项目	1. 客户经理提出申请 2. 售前团队领导分配售前资源 3. 售前顾问了解需求，编制初步拜访需要准备的材料	《商机评估表》	1. 《售前支持需求表》 2. 《售前项目跟踪表》 3. 《商机评估表》

续表

序号	主要阶段	主要工作内容	涉及角色	售前支持说明	内部流程	工具方法	输出成果
4	挖掘需求	调研策划 调研话术 调研整理	客户经理 售前顾问 相关领导	通过不同的工具方法发现、识别、引导和挖掘客户潜在的需求痛点	1. 客户经理提出申请 2. 售前团队领导分配售前资源 3. 售前顾问做好调研策划以及现场调研，编制调研报告	1.《售前支持需求表》 2.《售前项目跟踪表》 3.《售前调研策划表》 4.《售前调研过程模板表》 5.《售前调研提纲》 6. 开放型、封闭型、确认型提问 7. SPIN 访谈模式	1.《售前支持需求表》 2.《售前项目跟踪表》 3.《售前调研提纲》结果报告
5	解决方案	项目建议书（项目解决方案）和项目可行性研究方案	客户经理 售前顾问 相关领导	围绕客户想解决的问题，提出可落地、接地气的解决方案，提炼出解决方案的最大卖点或是独一无二的价值主张，体现项目的核心价值	1. 客户经理提出申请 2. 售前团队领导分配售前资源 3. 售前顾问编写相应解决方案	1.《售前支持需求表》 2.《售前项目跟踪表》 3.《不同类型解决方案》 4.《方案框架编写要点》	1.《售前支持需求表》 2.《售前项目跟踪表》 3.《项目建议书》 4.《项目可行性研究方案》
6	演示交流	公司介绍 演示汇报 技术交流	客户经理 售前顾问 相关领导	通过公司介绍、产品演示、技术交流等不同形式的沟通交流让客户了解公司产品方案，逐步增强客户的信心	1. 客户经理提出申请 2. 售前团队领导分配售前资源 3. 售前顾问编写演示材料，实现现场的演示交流	1.《售前支持需求表》 2.《售前项目跟踪表》 3.《公司介绍常见错误》 4.《结构化公司知识体系表》 5.《公司介绍包含内容》 6.《售前演示交流策划表》 7.《客户类型分析表》 8.《听众分析表》 9.《汇报呈现方式》 10.《汇报 PPT 主要内容》 11.《汇报 PPT 的逻辑框架》 12.《现场演示交流模型表》	1.《售前支持需求表》 2.《售前项目跟踪表》 3.《汇报演示 PPT》 4.《真实产品演示材料》 5.《视频演示材料》 6.《文字交流材料》

续表

序号	主要阶段	主要工作内容	涉及角色	售前支持说明	内部流程	工具方法	输出成果
7	参观考察	公司考察 用户考察 项目考察	客户经理 售前顾问 产品经理 相关领导	通过公司综合实力以及成功案例进一步提升客户认可度，客户经理可提出售前支持，邀请售前顾问协助过程的演示交流	1. 客户经理提出申请 2. 售前团队领导分配售前资源 3. 售前顾问编写演示材料，实现参观考察的现场演示交流 4. 售前顾问到其他项目考察，将友商信息反馈给产品经理	1. 《售前支持需求表》 2. 《售前项目跟踪表》 3. 《客户参观考察收集信息表》 4. 《客户参观考察基本信息表》 5. 《典型用户分级管理表》 6. 《公司宣传视频》 7. 《产品宣传册》 8. 《产品介绍 PPT 模板》	1. 《售前支持需求表》 2. 《售前项目跟踪表》 3. 《客户参观考察基本信息表》 4. 《产品介绍资料》
8	投标工作	招标、投标、开标和定标	客户经理 售前顾问 相关领导	客户经理与售前顾问协作跟踪投标的全过程，同时编写投标文件，参与现场投标及演示答疑，确保投标工作顺利进行	1. 客户经理提出申请 2. 售前团队领导分配售前资源 3. 售前顾问配合投标全过程工作	1. 《售前支持需求表》 2. 《售前项目跟踪表》 3. 《企业证书管理台账》 4. 《投标项目计划安排表》 5. 《投标文件逐项检查表》	1. 《售前支持需求表》 2. 《售前项目跟踪表》 3. 《投标文件》 4. 《投标现场演示材料》
9	合同签订	工作交接 持续跟踪 总结分享	客户经理 售前顾问 项目经理 相关领导	合同签订后，售前跟踪结束，项目正式落地开始实施，将售前相关资料移交给项目经理，同样需要做好项目的售中及售后持续跟踪管理，保证项目的顺利实施，提高二次成交的可能性	1. 客户经理提出申请 2. 售前团队领导分配售前资源 3. 售前顾问配合将前期资料移交给项目经理。项目实施过程中持续跟踪项目情况	1. 《售前支持需求表》 2. 《售前项目跟踪表》 3. 《售前资料移交表》 4. 《项目实施过程跟踪内容表》	1. 《售前支持需求表》 2. 《售前项目跟踪表》 3. 《售前资料移交表》

备注说明：
1. 所有成果文档需要归档，上传到公司共享知识库中，对应人员拥有增加、修改、删除等操作权限
2. 售前支持申请流程：由需要售前支持的人员提出，编写《售前支持需求表》，向售前部门管理者提出申请。对于一个项目，申请人只需要提出一次售前支持流程，后续对应的售前过程不需要提出申请，将售前活动的阶段信息通过邮件发送给相关人员以及领导即可
3. 售前顾问需要及时更新《售前项目跟踪表》信息
4. 所有发送给客户，或是现场演示的资料都需要通过邮件发送给相关领导审核
5. 所有报价都需要客户经理确认输出

A-2 售前团队管理内容

售前团队管理内容

序号	售前团队管理	主要内容	内容说明
1	组建团队	组织架构	根据公司的组织结构、规模以及战略定位，确定售前团队的组织架构，包括兼职型、全职型以及复合型
2		工作职责	售前顾问工作内容包括发现商机、挖掘需求、解决方案、演示交流、参观考察、投标工作、合同签订等售前活动中的技术支持，还包括培训活动支持、知识管理等内容
3		能力模型	售前能力模型分为四个层次，从下到上分别为基本素质、知识体系、业务能力、成果显示
4	建设团队	培训机制	创建学习型、成长型售前团队，建立培训机制，包括对内培训、对外培训和自我培训三个方面
5		团建活动	团建活动可以增加团队间的沟通交流，包括部门聚餐、部门集训、主题活动、兴趣俱乐部、户外旅游、运动会等
6		激励体系	激励措施可以很好地提高售前顾问的工作动力，主要包括物质激励、榜样激励、培训激励、工作条件激励、感情激励、目标激励、提升激励等
7	管理团队	沟通管理	沟通管理贯穿于售前支持服务过程的始终，售前顾问在售前支持工作中，需要就工作计划、工作情况、收集到的信息等内容进行汇报沟通
8		知识管理	公司一般会建立知识管理战略，建立企业知识库，不同角色拥有不同级别知识库的操作权限，售前顾问需要将售前支持的过程文档上传到知识库中
9		绩效考核	主要内容包括以岗位级别定制薪酬、基于销售额的定量考核、基于工作量的定性考核、基于 KPI 的考核等

B. 售前协同配合及售前项目管理

B-1 售前支持需求表

售前支持需求表

一、项目基本信息（客户经理填写）			
项目名称			
客户经理			
项目背景	1. 项目起源：政策需要、管理需要等 2. 资金来源：专项资金、财政资金、自有资金 3. 建设内容：软件、硬件、网络、数据等 4. 项目目前所处阶段： 5. 建设范围：省、区、市 …………		
客户情况	主要决策人、主要负责人、主要用户等		
项目初步预算			
竞争对手情况			
二、需要协助的工作内容（客户经理填写）			
需求调研□	填写需求调研的目标		
方案编写□	填写方案编写的目标		
演示交流□	填写演示交流需要协助的内容（制作 PPT、现场演示等）及目标		
参观考察□	填写参观考察需要协助的事项（产品汇报等）		
投标编写□	填写投标项目的开标时间等内容		
其他□	其他需要协助内容的说明		
三、项目跟踪情况（售前顾问填写，每一项工作内容都可在后续增加表格）			
工作内容 1			
时间		地点	
客户方参与人员		我方参与人员	
现场交流情况			
后续工作计划			

续表

工作内容 2			
时间		地点	
客户方参与人员		我方参与人员	
现场交流情况			
后续工作计划			

B-2 售前项目跟踪表

售前项目跟踪表

序号	项目名称	客户	公司部门	客户经理	预估金额	开始时间	售前状态	成果地址

C. 发现商机工具表格

C-1　客户信息收集方向表

客户信息收集方向表

信息维度	主要内容
项目目标	项目目标规划
背景分析	基本情况、规模、需求等信息
项目干系人分析	主要决策人、关键影响人物信息、直接需求者、干系人知识水平、干系人立场、干系人的各类需求、用户关注点
行业发展趋势	所在行业特点和发展趋势
项目评估关键信息	软件功能稳定性、公司规模、实施服务能力、本地化服务、开发能力、案例经验、售后服务
竞争状况分析	分项目的所有参与者以及主要竞争对手信息
项目金额	客户预期的价格费用是多少
项目周期	具体的时间工作安排等信息

C-2　拜访客户结构化沟通交流模板

拜访客户结构化沟通交流模板

第一步：问候开场白
感谢客户接见你并寒暄、赞美（要真诚自然） 感谢领导（对方称呼）抽出宝贵的时间与我们见面！ 很高兴能有这样的机会与您见面！
第二步：自我介绍或问候
简单的公司介绍，尽量突出个人特性，给对方留下印象 我叫________，是________（公司名字）________（职位），在________（领域）工作多年，这是我的名片！
第三步：介绍来访目的
突出公司和个人能力给客户带来的价值，吸引对方 我们公司，在________（领域）具有丰富的经验，在各地也有相应的典型案例。听说您在这方面有相应的需求，因此今天过来拜访一下，看一下有没有什么地方是我们可以协助的

续表

第四步：引出公司产品解决方案
汇报公司的产品解决方案 针对您目前的情况，我们公司有对应的产品体系，在其他地方我们也有典型的成功案例，接下来我向您汇报一下，主要内容包括……
第五步：转向探测需求
汇报结束后，以问题为结尾，向客户提问，好让客户开口说话，引出客户进一步的需求 以上就是我们所有的汇报内容，您看一下还有什么想了解的吗？ 与您的期望目标是一致的吗？ 您对这方面还有哪些要求呢？
第六步：征询客户下一步工作计划
征询客户下一步计划，针对需求提供解决方案、进行正式演示交流等 为了更好地给您提供服务，我们将针对今天与您沟通交流的情况，编写具体的解决方案，并再次对方案进行演示，您看一下什么时候比较好呢？

C-3　商机评估表

商机评估表

评估项	我公司（打“√”越多，机会越多）	情况说明
项目基本信息		
1. 客户需求明确了吗？		
2. 预算资金来源确定了吗？		
3. 项目实施周期确定了吗？		
我们的产品是否适应客户的需求		
4. 我们提供的解决方案适用吗？		
5. 是否需要进行二次开发？		
6. 是否需要外部资源（外包、硬件支持等）？		
7. 我们的人员到位了吗？		
8. 我们能提供本地化服务吗？		
9. 我们有类似的成功案例吗？		
10. 我们提供的价格有竞争优势吗？		
11. 我们可以管控项目实施的风险吗？		

续表

评估项	我公司（打“√”越多，机会越多）	情况说明
我们与客户的商务关系		
12. 客户重视吗？		
13. 我们能控制购买流程吗？		
14. 我们可以接触高层领导人吗？		
15. 客户关键选型人支持我们吗？		
16. 我们与客户的关系好吗？		
17. 之前与客户合作过吗？		
竞争对手信息		
18. 竞争对手的影响程度低吗？		
19. 公司与竞争对手相比，技术水平有优势吗？		
20. 竞争对手刚介入吗？		
21. 竞争对手与客户的关系一般吗？		
项目带来的效益		
22. 项目实施的利润高吗？		
23. 项目实施的战略价值高吗？		

D. 挖掘需求工具表格

D-1 售前调研策划表

售前调研策划表

项目	详情
背景信息了解	与客户经理对接，了解客户经理掌握的信息，包括调研目标、客户基本信息、客户采购内容、项目预算、项目范围、项目关键人员、是否有竞争对手介入 通过客户官网、微信公号等官方媒体了解客户单位基本信息
明确可采用的调研方式	明确采用现场交流调研、电话调研、问卷调研（售前调研提纲）、客户现场工作观察法、制作产品原型交流法、已有标案案例对照法等
制作售前调研提纲	制作售前调研提纲，明确客户现场是否需要签订保密协议等内容。也可以提前将《售前调研提纲》表格发给客户，让客户提前了解调研内容，提高现场调研效率及质量
现场调研策略	明确现场调研的时间及地点 根据调研提纲，现场了解客户尽可能多的信息 现场表现出专业、细致的态度及调研作风
调研成果整理	根据现场调研情况，可以把调研内容整理成易懂的资料给客户确认
后续工作跟踪	明确后续工作内容，继续创造后续接触机会 明确什么时间点提供对应解决方案 是否需要解决方案演示交流 是否需要真实产品案例演示交流 是否需要高层对接等内容

D-2 售前调研过程模板表

售前调研过程模板表

阶段	主要内容
开场破冰	当与客户建立信任关系之后，客户更愿意配合调研，更易于售前顾问挖掘洞察客户需求。因此售前顾问到达客户现场后，根据前期调研的客户信息，以客户感兴趣的话题开场，互相建立好感、建立信任，营造一个融洽的氛围
调研沟通	根据需求调研表格，和客户沟通交流，挖掘客户需求，获取客户真正的想法。在这个过程中，可以利用三大提问方式+SPIN 访谈技巧获取客户需求

续表

阶段	主要内容
内容确认	需求调研结束之后，对客户需求进行总结，向客户再次确认，并阐述这些问题可能带来的负面影响，推荐具体的解决方案
获取承诺	在需求调研的最后，与客户确认下一步工作计划，如方案编写、方案演示、高层访谈等承诺，创造进一步沟通的机会

D-3　售前调研提纲

售前调研提纲

××项目需求调研表格			
一、最终实现目标			
二、基本信息			
调研单位		调研日期	
调研人员		联系电话	
单位情况			
业务场景			
主要用户			
预计实施周期		项目预算	
三、背景现状			
编写与主题相关的调研问题			
四、难点以及挑战			
现场沟通记录客户面临的难点及挑战			
五、愿景目标			
现场沟通挖掘客户的愿景目标			

D-4　三种提问方式+SPIN话术

三种提问方式+SPIN话术

	背景问题	难点问题	暗示问题	效益问题
开放型问题	开放型背景问题	开放型难点问题	开放型暗示问题	开放型效益问题
封闭型问题	封闭型背景问题	封闭型难点问题	封闭型暗示问题	封闭型效益问题
确认型问题	确认型背景问题	确认型难点问题	确认型暗示问题	确认型效益问题

E. 解决方案工具表格

E-1 不同类型的解决方案

不同类型的解决方案

售前阶段	方案类型	达到效果
客户初访	公司宣传册/产品宣传册	让客户了解公司实力，对产品有初步认识
售前调研	项目需求报告	针对客户现状，进行需求调研，了解情况后，编制需求报告，并获得客户认可
项目立项	项目建议书（项目解决方案）	针对客户现状，编制能够满足客户需求的解决方案，实现项目立项
项目可研	项目可行性研究方案	辅助客户编制项目可行性研究方案，编制项目的详细设计方案，争取将公司的技术参数纳入客户的选型标准
投标阶段	项目投标书	编制投标方案，争取项目中标
合同签订	合同方案技术细节	明确项目实施边界及内容

E-2 解决方案框架编写要点

解决方案框架编写要点

序号	方案框架	方案细项	编写要点
1	一、项目概述	项目名称	项目名称即可
2		项目背景	分析国家、省、市等各级相关指导政策
3		项目目标	管理目标、项目建设目标等内容
4		建设内容	简要列出本项目的建设内容
1	二、现状及需求分析	现状分析	行业发展现状分析 客户的现状分析（管理现状、信息化现状、基础设施现状等）
2		存在问题	分析客户现在面临的问题，如工作效率低下、无法准确知道各部门数据、无数据支撑辅助决策等，引出具体的需求内容
3		需求分析	管理需求、数据需求、应用需求、安全需求等内容

续表

序号	方案框架	方案细项	编写要点
1	三、项目建设意义及必要性	建设意义	说明项目建设可带来的价值，例如提高管理水平、提高工作效率、提供科学的决策依据等
2		建设必要性	说明为什么要建设这个项目，例如践行政策的必要性、管理的必要依据、决策的支撑条件等
1	四、项目总体设计	总体设计图	列出项目的总体设计图，做好顶层设计
2		总体流程图	对建设内容的整体业务流程进行分析说明
3		技术路线	列出项目实施中的关键技术
1	五、项目建设内容	建设内容 1	以用户的需求为出发点，结合已有产品，编制建设内容 1 的详细解决方案
2		建设内容 2	以用户的需求为出发点，结合已有产品，编制建设内容 2 的详细解决方案
3		建设内容 3	以用户的需求为出发点，结合已有产品，编制建设内容 3 的详细解决方案
4		建设内容 n	以用户的需求为出发点，结合已有产品，编制建设内容 n 的详细解决方案
1	六、项目实施方案	项目组织机构	领导及管理机构、项目实施机构、项目运维机构 进行团队介绍，让客户感觉公司对项目管理有丰富的经验
2		项目实施进度	项目实施周期及计划安排
3		人员配置与培训	说明人员配置及人员培训计划
1	七、项目售后服务方案	项目售后服务方案	按照标准内容编写，可适当增加行业案例，不要过度承诺
1	八、项目概算及资金来源（根据售前阶段判断是否需要报价以及详略程度）	概算编制说明	说明概算编制的依据及相关指标
2		项目总投资估算	总体投资报价表
3		分项投资估算	针对总体报价表中的细项制作分项报价表
4		资金使用计划	说明资金使用的计划
5		项目运行维护经费估算	对项目运行维护经费进行估算
1	九、风险分析及效益分析	风险分析	说明存在的风险及对策
2		效益分析	社会效益、经济效益等分项
1	十、附件	附件	相关图纸、表格资料，有关政策、技术、经济等资料

F. 演示交流工具表格

F-1　公司介绍常见错误

公司介绍常见错误

维度	错误表现	改进方向
时机不合适	需要考虑开始时介绍公司还是末尾时介绍公司	需要根据现场情况调整是在开始时介绍公司还是结尾介绍公司。如果客户比较了解公司，可以缩短介绍时间，或是重点介绍客户不了解的部分 如果需要介绍的技术内容较多，可以将公司放在最后介绍 如果没有时间介绍公司情况，可以给客户派发公司的宣传手册，让客户有更加直观的认识
时长不合适	在客户已经很了解公司的情况下，花大量时间介绍公司 如果客户一天安排多家公司进行沟通交流，在客户给予的较短的时间内，耗费大量时间介绍公司，没有竞争优势	通常公司介绍时间不宜过长，需要保证技术部分内容及交流有充足的时间 在时长有限的情况下，可以先介绍技术内容，最后简单介绍公司情况
内容不合适	公司介绍的内容和客户目前需求不匹配 公司数据没有更新，比如人数、资质等还是旧的信息 素材资料过于细节化，文字太多，给人杂乱的感觉	介绍公司的产品体系、成功案例时候需要结合客户现有的情况有针对性地介绍 要定期更新公司的资料信息 介绍公司时，将重点信息介绍到位，不要过度介绍细节
定位不准确	在介绍公司的过程中，站在公司的角度不断吹嘘公司怎么好，给客户造成浮夸的感觉	需要站在客户的角度，结合公司产品体系告诉客户公司能够给其带来的价值，以及公司能够解决客户哪些问题
没有突出重点	在有限的时间里，希望介绍全部内容，没有重点，没有亮点	公司介绍也需要突出重点，面面俱到反而不好，需要结合客户的需求，组织合适的材料，找到能够打动客户的亮点资料，形成差异化竞争优势

续表

维度	错误表现	改进方向
没有制定预案	在交流过程中可能会出现如下情况： 1. 我不了解你们公司	针对不同情况掌握不同预案及话术： 1. 如果客户说我不了解你们公司，售前顾问需要摆正心态，没有听过是正常的，刚好借着这个机会介绍公司，简单向客户介绍一下公司的综合实力、产品体系及成功案例
	2. 你们公司的成功案例好像不多	2. 售前顾问需要承认客户的问题，同时说明原因，比如这些项目刚刚起步，目前还在实施阶段等
	3. 你们在某地的项目好像做得不是很成功	3. 承认客户提出的问题，给出解释，如之前出于某方面原因，确实没有做到位，也吸取了教训，目前在其他地方的项目都顺利实施，也得到了用户的一致好评
	4. 某家公司在这方面做得比你们好	4. 某公司确实做得不错，但是在项目实施上，我们在某方面是很有优势的
	5. 不用介绍你们公司了	5. 根据情况正式介绍，如果客户对公司比较了解，可以不介绍，如果有部分参会人员不了解公司，可以缩短介绍时间，重点介绍部分内容。所以需要准备不同版本的公司介绍

F-2 结构化公司知识体系表

结构化公司知识体系表

维度	知识体系
总体情况	公司组织架构、发展历程、公司规模、本地化服务情况、总体人数等
资质情况	公司的资质情况
获奖情况	公司的获奖情况
产品体系	公司现有产品、核心技术和解决方案的价值
典型案例	不同产品体系的典型案例情况，案例的影响力
公司新闻	展现公司实力和精神面貌的各种动态及新闻
主要用户	公司产品体系的用户群体
合作资源	公司战略合作伙伴情况
竞争对手	同行业内的主要竞争公司情况

F-3　公司介绍包含内容

公司介绍包含内容

维度	内容	目的
Who 综合实力	公司是什么样的公司，公司的使命愿景、专注的领域，公司的资质、获奖情况等综合情况	告诉客户可以放心合作
What 产品体系	公司可提供的产品体系、解决方案情况	告诉客户可提供服务
Why 价值体系	可以给客户带来的价值	告诉客户为什么选择我们
Where 公司分布	介绍公司的地域分布	告诉客户可提供本地化服务
How 成功案例	介绍公司的成功案例，公司积累的丰富经验	告诉客户针对客户现状可采取的措施

F-4　售前演示交流策划表

售前演示交流策划表

主题项目	主要内容
目标	
演示时间/地点	时间________，地点________ 演示交流地点是否有投影仪等设备：有□　没有□
客户类型分析	合作伙伴客户□　已积累客户□　新开发客户□
客户听众分析	最终决策者/高层领导□　参加人数：________，信息化程度：________ 主要负责人（决策影响者，部门或是科室负责人）□参加人数：________，信息化程度：________ 产品使用者□　参加人数：________，信息化程度：________ 第三方专家□　参加人数：________，信息化程度：________
演示交流形式	正式演示汇报□ 非正式技术交流□

续表

主题项目	主要内容
确定呈现方式	PPT 演示□ 主要大纲：______________ 产品软件演示□ 主要功能模块：__________ 视频演示□ Word 方案打印稿□ （同时勾选，都需要演示）
竞争对手分析	主要竞争对手：____________ 是否已经参加过演示交流：是□ 否□ 客户对竞争对手态度：支持□ 中立□ 反对□
明确交流团队	主讲人员：________ 高层人员：________ 其他人员：________

F-5 客户类型分析表

客户类型分析表

序号	客户类型	客户特点	交流策略
1	合作伙伴客户	比较了解公司，带着明确的目的进行交流	方案演示或是产品软件演示内容需要符合其真实需求，解决其问题。重点介绍背景、客户现有问题及对应解决方案，实现求同存异、共同发展。公司可简要介绍或是不介绍，可说明公司下一步发展计划
2	已积累客户	对公司比较了解，或是在某个领域有一定的了解 有两个发展方向：已有产品的持续升级，或其他领域的继续合作	第一种情况：重点介绍产品的新功能、新方案能够解决客户哪些问题 第二种情况：介绍背景、整体解决方案、产品特色、相关案例等。公司可简要介绍或是不介绍，可说明公司下一步发展计划
3	新开发客户	对公司不是很了解	需要尽可能多地掌握客户的资料 可首先介绍公司的历史、资质、荣誉、全系列解决方案及成功案例等，增加客户的信心 如客户对某一产品感兴趣，可重点介绍这一产品的功能、优势、案例等情况 如客户想综合了解公司产品，在介绍公司全系列解决方案之后，侧重介绍公司最具有代表性的产品

F-6 听众分析表

听众分析表

序号	听众类型	关注焦点	交流策略
1	最终决策者/高层领导	整体战略目标、产品综合理念、投资回报、行业标杆价值等	与产业相关的宏观动态 整体战略体系规划 整体投资金额 整体实施计划 项目的目标及意义等
2	主要负责人（决策影响者，部门或是科室负责人）	整体解决方案、产品的整体体系架构、业务场景、技术指标、产品功能、费用、项目实施风险、相关成功案例、承担方的实力等	整体解决方案 成功的项目案例 综合实力及售后服务 项目实施规划
3	产品使用者	业务场景、产品功能、用户体验感等	产品的应用场景 使用功能体现工作量的降低、操作的方便
4	第三方专家	项目的可行性、先进性	整体解决方案 实施的必要性 项目实施规划 与已有成果之间的关系等

F-7 汇报呈现方式

汇报呈现方式

呈现方式	作用
PPT 汇报材料	最常用的汇报方式，需要精心准备 PPT，用 PPT 阐述说明解决方案的主要思路。同时可以辅以产品演示、视频材料等方式进一步说明
真实产品展示	给客户最直观、最真实、最有冲击力的展示。可以用已有软件产品向客户直观展示产品成果，客户可以基于此进一步表达出自己的真实诉求 若没有真实软件，可以设计出产品的原型系统，向客户展示预期的效果 效果比较直观，但是需要产品经理和研发经理投入大量精力进行设计及研发，需要花费较多时间准备
视频材料	可以将公司介绍、已成功实施的标杆案例、已有产品的效果做成视频资料，在无法展示产品的时候，利用视频资料进行展示也是一种比较直观的方式 需要售前顾问甚至是全公司定期积累资料，做好产品的视频资料，形成可宣传可介绍的视频资料库

续表

呈现方式	作用
文字方案材料	技术交流中常用的方式。在正式汇报的过程中，可以将方案的主要内容打印出来，放在客户面前。客户可以结合文字材料以及售前顾问的介绍，更好地理解解决方案内容
各种组合展示	每一次的汇报都要根据具体情况，选择上述中的一种或者多种组合方式进行汇报

F-8 汇报 PPT 的主要内容

汇报 PPT 的主要内容

主体内容	内容说明
项目背景	所在行业的发展趋势、政策要求、目前遇到的困难、建设项目的必要性和意义等方面的说明
方案介绍	实现的目标愿景、产品总体框架、主要建设内容、功能模块等
优势特点	目前我单位提供的解决方案的核心优势等
成功案例	在其他地方遇到的类似问题，提供的解决方案，客户获得的收益等
公司介绍	公司的综合实力介绍。根据情况确定是否需要这部分内容，最开始接触客户的时候需要这部分内容，随着交流次数的增多，这部分内容可以省略

F-9 汇报 PPT 的逻辑框架

汇报 PPT 的逻辑框架

序号	逻辑结构	模型结构	适合售前场景
1	结论式	从结论说起，结论鲜明，论据清晰	公司产品介绍 产品特色
2	归纳式	先说论据，再得出结论	公司产品介绍 产品特色 重点议题
3	推论式	陈述现象—分析原因—采取措施—得出结论	应对措施方案 产品方案等
4	论述式	现状分析—存在问题—解决方案—实现效果	项目建议书 规划方案

续表

序号	逻辑结构	模型结构	适合售前场景
5	时间轴	过去—现在—将来	现状分析 问题分析 实现效果
6	4W1H 模型	Why、What、When、Where、How	需求分析 解决方案 产品规划 售前咨询
7	SCQA 模型	情景—冲突—疑问—解决方案	需求分析 解决方案 产品规划 售前咨询
8	FABE	功能—特色—效益—案例 FABE：Function（功能）、Advantage（特色）、Benefit（效益）、Evidence（案例）	解决方案 产品规划 售前咨询

F-10　现场演示交流模型表

现场演示交流模型表

阶段	内容
开场	互相介绍、交换名片
破冰导入	可以以一个小故事、小案例引出问题，让用户思考，进而引入主题
主体内容介绍	解决方案 PPT、产品、视频等内容
互动交流	注意倾听客户，善于挖掘客户深层次的需求
结尾	再一次总结内容，与客户达成共识，说明下一次工作目标

G. 参观考察工具表格

G-1 客户参观考察收集信息表

客户参观考察收集信息表

维度	落实信息
客户方面	确认参观时间、确定参观人员。对于外地客户，落实客户接送时间、确定客户入住酒店、落实客户的商务餐等
公司方面	确认接待人员及接待流程、交流演示资料、制作主题横幅、会议室预订、会议室布置、茶水准备、宣传资料准备、公司整体环境布置等

G-2 客户参观考察基本信息表

客户参观考察基本信息表

（一）客户基本信息				
姓名	性别	单位	职务	电话
客户联系人： 联系方式：				
（二）来访目的				
□选型 □参观 □业务洽谈 □其他________ 客户业务需求：				
（三）客户级别				
□省级 □地市级 □普通级 □其他客户				
（四）时间及安排				
到达日期：________月________日	航班号、车次号： 从________至________ 出发时刻________到达时刻________			
离开日期：________月________日	航班号、车次号： 从________至________ 出发时刻________到达时刻________			

续表

（五）参观方式				
□产品	□公司	□用户单位	□项目	□其他

（六）行程安排
例如：到站接车—安排住宿—接到公司/接到用户单位处—部门参观—技术交流—高层会晤—送出公司—餐饮招待—游玩安排—送客返程

（七）接待要求	
1. 迎接	迎接地点：□机场　□动车站　□其他________
	迎接人员：□司机　□指定人员________
2. 住宿	入住酒店：□一类：五星　□二类：四星　□三类：三星（快捷类）　□其他____
	房间类型：□标准间________间　□豪华间________间　□套房________间
	费用承担：□公司全部承担　□客人完全自付
3. 用餐	是否需要用餐：□是　□否 用餐标准：　陪同人员：
4. 会议室	□鲜花　□姓名牌　□投影设备　□茶水　□水果　□笔、本子
5. 参会人员	公司对应人员
6. 游览	游览的景点
7. 送行	是否安排车辆：□是　□否　送达地点：________________

（八）工作分工及资料准备	
部门（人员）	具体事宜、准备材料、注意事项等
部门（人员）	具体事宜、准备材料、注意事项等
部门（人员）	具体事宜、准备材料、注意事项等

G-3　典型用户分级管理表

典型用户分级管理表

用户级别	宣传级别	后续跟进需求
行业内典型标杆案例	随时可参观考察；可在官网、微信公众号等自媒体平台进行宣传	需要持续加强合作，加强商务关系，保证优质的售后服务
可公开宣传案例	不适合参观考察，但是可以在官网、微信公号等自媒体平台进行宣传	持续交流沟通，加强合作，解决客户问题，形成典型案例，努力转换为可参观考察案例
反面案例	失败案例，不可以宣传	需要知道失败的原因，总结经验，当有其他客户询问的时候，需要做出合理解释

H. 投标工作工具表格

H-1 企业证书管理台账

企业证书管理台账

序号	证书名称	类型	证书经营范围	批准时间	批准部门	有效时间	备注
		资格证书					
		专利证书					
		产品测试报告					
		获奖证书					
		项目成员从业资格证书					
		……					

H-2 投标项目计划安排表

投标项目计划安排表

项目基本信息			
项目名称			
开标时间		开标地点	
招标人信息			
招标单位		招标代理公司	
报名截止时间		投标保证金	
招标公司账户		联系方式	
投标小组人员			
投标小组长		销售部负责人	
售前部负责人		客户经理	
售前顾问		技术顾问	
投标计划			
投标阶段	截止时间	负责人	任务说明及注意事项
标前答疑		客户经理	投标公告中的相关问题

续表

投标计划			
投标阶段	截止时间	负责人	任务说明及注意事项
投标报名		客户经理	网上报名成功，下载确认回执，同时下载招标文件
投标保证金提交		客户经理	按照要求提交投标保证金，确认回执
投标代表确认		客户经理	确认投标代表人
技术方案编写		售前顾问	按照招标文件要求编写技术方案
技术方案审核		售前部负责人	技术方案审核
商务方案编写		客户经理	按照招标文件要求编写商务方案
商务方案审核		销售部负责人	商务方案审核
投标报价确认		客户经理/销售部负责人	确认投标报价
标书整合排版		客户经理	实现商务和技术部分的整合排版
整体标书终审		客户经理/销售部负责人/售前顾问/售前部负责人	对整体标书进行审核定稿
电子标书制作		客户经理	到相关网址完成电子标书的制作
打印、盖章、封装标书		客户经理	按照招标文件要求对标书进行打印、盖章及封装等工作
现场投标		客户经理/售前顾问	现场进行投标，带上招标文件要求的原件材料
投标保证金退回		客户经理	投标结束后，跟踪投标保证金的退回

H-3　投标文件逐项检查表

投标文件逐项检查表

项目名称			
检查日期			
序号	检查内容	检查项	结果确认
一	投标文件		
1	资格及资信证明文件	投标函中的项目名称、招标编号、投标人代表等名称是否正确	
2		投标人的资格及资信证明文件扫描上传是否清晰，是否倾斜	
3		证明文件是否齐全	
4		是否附上投标保证金凭证	

续表

序号	检查内容	检查项	结果确认
一	投标文件		
5	报价文件	大写金额和小写金额是否一致	
6		报价表与投标文件中相应内容是否一致	
7		单价金额小数点或者百分比是否有明显错位	
8		投标报价是否大于最高限价	
9		报价货币单位是否正确	
10		是否有招标文件规定的价格扣除证明材料？若有，是否已经附上证明文件	
11		是否有招标文件规定的加分证明材料？若有，是否已经附上证明文件	
12		总价与分项报价是否有矛盾	
13	商务标书	商务标书是否按照招标文件要求全部列出	
14		所有资质证书是否都在有效期内	
15		废标项是否全部满足	
16		投标人名称与营业执照、资质证书、银行资信证明文件等是否一致	
17		投标代表人员信息及证件信息对应	
18		相关证明文件扫描上传是否清晰	
19		交付时间、交付地点、交付内容是否符合招标文件要求	
20	商务条件响应表	响应表中招标文件要求的商务条件是否全部列出	
21		投标响应列出的章节及页码是否正确	
22		是否出现招标文件规定不允许负偏离的实质性要求	
23	技术标书	招标文件要求的采购内容是否全部响应	
24		项目实施范围是否符合招标文件要求	
25		项目工期是否符合招标文件要求	
26		质保期和售后服务是否符合招标文件要求	
27		项目实施人员是否符合招标文件要求	
28		项目实施人员证书是否过期，是否符合招标文件要求	
29	技术和服务要求响应表	响应表中招标文件技术要求和服务要求是否全部列出	
30		投标响应列出的章节及页码是否正确	
31		是否出现招标文件规定不允许负偏离的实质性要求	

续表

序号	检查内容	检查项	结果确认
一	投标文件		
32	整体标书排版	投标文件中项目编号及项目名称是否与招标文件一致	
33		投标文件中的字体、段落等格式是否符合招标文件要求	
34		投标文件目录是否完整，页数是否更新一致	
35		页眉、页脚是否正确	
36		页码是否缺失	
37		图片中的文字是否出现其他项目的名称或是地点	
38		是否出现其他城市的名字	
39		单位名称是否统一	
二	电子投标文件		
40	电子投标文件	电子投标文件是否已上传	
41	报价文件	电子投标文件的分项报价一览表、纸质投标文件的分项报价一览表是否一致	
42	CA 证书	CA 证书能否正常使用	
三	签字、盖章、打印、封装		
43	签字	涉及签字的地方是否全部签字	
44	盖章	需要加盖公章的地方是否全部盖章	
45		是否加盖骑缝章，骑缝章是否覆盖每一页	
46		胶装封印标书封面是否加盖公章	
47	打印	是否按照招标文件要求打印正本及副本份数	
48	封装	封装封面是否盖章，内封条外封条信息是否正确	
四	开标现场准备文件		
49	委托人身份证原件及授权委托书原件是否携带		
50	投标文件正本及副本是否携带		
51	招标文件要求携带的正本文件是否携带		
52	开标时间地点是否确认		

I. 合同签订工具表格

I-1 售前资料移交表

售前资料移交表

序号	资料名称	移交时间	移交人	接收人
1	主要客户基本信息	2022 年 3 月 5 日	售前顾问小王	项目经理小陈
2	售前需求调研成果表	2022 年 3 月 5 日	售前顾问小王	项目经理小陈
3	售前方案	2022 年 3 月 5 日	售前顾问小王	项目经理小陈
4	售前演示 PPT	2022 年 3 月 5 日	售前顾问小王	项目经理小陈
5	投标文件	2022 年 3 月 5 日	售前顾问小王	项目经理小陈
6	合同文件	2022 年 3 月 5 日	售前顾问小王	项目经理小陈
7	其他	2022 年 3 月 5 日	售前顾问小王	项目经理小陈

I-2 项目实施过程跟踪内容表

项目实施过程跟踪内容表

阶段	主要工作内容
客户关系维护	全过程维护客户关系，定期拜访客户
经费申请	按照合同签订支付方式及请款日期，根据规定的程序准备必要的资料，向甲方发起项目经费的申请
项目启动	参与项目启动会，强调项目合同内容及主要工期
项目实施	了解关键里程碑节点项目实施情况 项目实施内容需要变更时，组织牵头与客户进行项目变更交流 与客户交流的信息及时反馈给项目组
项目验收	推进项目验收，与用户确认验收的时间及条件 协调项目组做好项目验收准备工作 组织验收会议，做好验收会议的统筹工作

J. 售前团队管理工具表格

J-1 能力模型表格

能力模型表格（示例）

能力层	能力维度	能力要求	能力标准	满分	现有水平
基本素质	辅助工具	熟练掌握办公文档（WPS、Office、腾讯文档、石墨文档）、画图工具（Visio、WPS、在线脑图工具）、AxureRP 原型制作软件、思维导图工具、视频编辑软件等	3	10	1
	材料收集习惯	建立、丰富、完善个人资料库	3	10	1
	快速学习	快速理解新业务知识	3	10	1
	商务礼仪	掌握必要的个人形象及社交礼仪	3	10	1
	应变能力	根据不同状况，灵活应对	3	10	1
	抗压能力	强大心理素质应对售前高压工作	3	10	1
	工作态度	认真、负责、细心、自信等的工作态度	3	10	1
	平均水平		3	10	1
知识体系	技术知识	了解前沿性技术及产品支撑技术	3	10	1
	业务知识	掌握公司内部产品对应业务知识	3	10	1
	产品知识	掌握公司产品体系知识	3	10	1
	销售知识	掌握销售知识	3	10	1
	项目管理知识	掌握项目管理知识及过程，指导售前活动	3	10	1
	产品开发流程	掌握产品开发所对应的流程知识，指导售前活动	3	10	1
	系统思维	掌握整体思维、动态思维、咨询思维、逻辑思维等知识	3	10	1
	平均水平		3	10	1
业务能力	项目策划及管理协调能力	掌握项目策划能力及管理协调能力	3	10	1
	方案撰写能力	熟练掌握售前不同阶段不同方案编写技巧	3	10	1
	沟通演示能力	掌握方案演示、产品演示、技术交流等能力	3	10	1

续表

能力层	能力维度	能力要求	能力标准	满分	现有水平
业务能力	需求调研及分析能力	利用各种工具方法等挖掘客户潜在需求，识别客户痛点，并进行分析	3	10	1
	售前咨询能力	掌握售前咨询方法论知识	3	10	1
	产品策划能力	针对客户需求，策划能够解决客户问题的产品体系	3	10	1
	培训能力	掌握培训课件制作以及对内对外培训技巧	3	10	1
	平均水平		3	10	1
成果显示	沟通交流能力	掌握与不同人员的沟通交流能力	3	10	1
	逻辑表达能力	运用逻辑表达能力，实现有效沟通，获取更多的利益	3	10	1
	现场控制能力	与客户沟通交流过程中，有效地控制场面，获取客户更多的需求，实现有效的沟通	3	10	1
	平均水平		3	10	1

J-2 售前培训计划表

售前培训计划表（示例）

能力层	能力维度	能力要求	培训课程	培训讲师	培训方式	考核方式	培训课时	培训时间
基本素质	辅助工具	办公文档（WPS、Office、腾讯文档、石墨文档）、画图工具（Visio、WPS、在线脑图工具）、AxureRP原型制作软件、思维导图工具、视频编辑软件等	办公文档（WPS、Office、腾讯文档、石墨文档）	张三	内训师	笔试	3	
			画图工具（Visio、WPS、在线脑图工具）	张三	内训师	实操	1	
			AxureRP原型制作软件操作技巧	张三	内训师	实操	3	
			思维导图在工作中的应用及工具使用技巧	张三	内训师	实操	1	
	材料收集习惯	建立、丰富、完善个人资料库	如何快速寻找资料、利用资料	张三	内训师	了解不考核	1	

续表

能力层	能力维度	能力要求	培训课程	培训讲师	培训方式	考核方式	培训课时	培训时间
基本素质	商务礼仪	掌握必要的个人形象及社交礼仪	商务礼仪课	张三	视频在线学习	了解不考核	1	
	快速学习	快速理解新业务知识	职业素养课程	张三	视频在线学习	了解不考核	1	
	应变能力	根据不同状况，灵活应对						
	抗压能力	强大心理素质应对售前高压工作						
	工作态度	认真、负责、细心、自信等工作态度						
知识体系	技术知识	了解前沿性技术及产品支撑技术	公司产品实现主要技术介绍	张三	内训师	笔试	1	
			新技术知识普及	张三	外部讲师	了解不考核	1	
	业务知识	掌握公司内部产品对应业务知识	业务知识课程 1	张三	内训师	笔试	1	
			业务知识课程 2	张三	内训师	笔试	1	
	产品知识	掌握公司产品体系知识	产品知识课程 1	张三	内训师	笔试	1	
			产品知识课程 2	张三	内训师	笔试	1	
	销售知识	掌握销售知识	销售知识	张三	外部讲师	笔试	1	
	项目管理知识	掌握项目管理知识及过程，指导售前活动	项目管理知识	张三	内训师	笔试	1	
			项目管理实践课	张三	项目学习	笔试	5	
	产品开发流程	掌握产品开发所对应的流程知识，指导售前活动	产品开发流程介绍	张三	内训师	笔试	2	
	系统思维	掌握整体思维、动态思维、咨询思维、逻辑思维等知识	金字塔原理介绍	张三	外部讲师	了解不考核	1	
业务能力	项目策划及管理协调能力	掌握项目策划能力及管理协调能力	售前项目整体策划及管理协调注意事项	张三	内训师	了解不考核	1	

续表

能力层	能力维度	能力要求	培训课程	培训讲师	培训方式	考核方式	培训课时	培训时间
业务能力	需求调研及分析能力	利用各种工具方法等挖掘客户潜在需求，识别客户痛点，并进行分析	需求调研技巧	张三	导师制	实操	1	
			需求调研分析报告编写技巧	张三	内训师	笔试	1	
	方案撰写能力	熟练掌握售前不同阶段不同方案编写技巧	招投标法规知识介绍	张三	视频在线学习	笔试	1	
			招标方案编写技巧	张三	内训师	实操	1	
			投标方案编写技巧	张三	内训师	实操	1	
			项目方案/项目建议书编写技巧	张三	导师制	实操	1	
			可研方案编写技巧	张三	内训师	实操	1	
	沟通演示能力	掌握方案演示、产品演示、技术交流等能力	方案演示技巧	张三	内训师	实操	1	
			产品演示技巧	张三	内训师	实操	1	
	售前咨询能力	掌握售前咨询方法论知识	售前整体咨询体系介绍	张三	内训师	笔试	2	
	产品策划能力	针对客户需求，策划能够解决客户问题的产品体系	产品策划技巧及流程	张三	内训师	笔试	1	
	培训能力	掌握培训课件制作以及对内对外培训技巧	培训课件制作及现场培训技巧	张三	外部讲师	实操	1	
成果显示	沟通交流能力	掌握与不同人员的沟通交流能力	如何克服紧张情绪	张三	视频在线学习	了解不考核	1	
	逻辑表达能力	运维逻辑表达能力，实现有效沟通，获取更多的利益	如何让客户听懂记住	张三	日常辅导	了解不考核	1	
	现场控制能力	与客户沟通交流过程中，有效地控制场面，获取客户更多的需求，实现有效的沟通	现场控场技巧	张三	外部讲师	了解不考核	1	

J-3　售前知识库目录基线

售前知识库目录基线（示例）

一级目录	二级目录	说明
1 部门管理	1-1 管理规范	存放部门管理制度文档
	1-2 绩效考核	售前顾问绩效考核文档
2 宣传管理	2-1 宣传资料	存放各产品的不同格式的宣传资料
3 市场管理	3-1 客户资料	存放公司项目客户的资料信息
	3-2 案例资料	存放公司项目的案例信息
4 需求管理	4-1 需求调研模板	存放不同产品需求调研资料
	4-2 需求调研结果	不同项目需求调研结果及分析文档
5 方案管理	5-1 方案模板	不同类型方案模板
	5-2 建设方案/建议书	存放各项目建设方案/项目建议书
	5-3 可研方案	存放各项目的可研方案
	5-4 招标方案	存放各项目的招标方案
	5-5 投标方案	存放各项目的投标方案
6 演示交流	6-1 产品 PPT 模板	存放各产品的售前演示 PPT 模板
	6-2 各次演示资料	各项目演示资料汇总
	6-3 产品原型演示材料（demo）	各产品原型演示材料（demo）
7 培训管理	7-1 培训计划	存放培训计划
	7-2 业务培训资料	各业务培训资料
	7-3 产品培训资料	各产品培训资料
	7-4 技术培训资料	不同技术培训资料
8 合同管理	8-1 合同资料	各项目合同资料
9 参考资料	9-1 竞品资料	公司竞品资料
	9-2 政策文件	各类型政策文件
	9-3 其他学习资料	其他相关类型的学习资料

参考文献

［1］张志，萧秋水，宋利．超越对手　大项目售前售后的30种实战技巧［M］．北京：机械工业出版社，2010.

［2］Project Management Institute. 项目管理知识体系指南（PMBOK指南）：第6版［M］．北京：电子工业出版社，2018.

［3］马士华，林勇，等．供应链管理：第6版［M］．北京：机械工业出版社，2020.

［4］萝卜，冰雕．IT售前工程师修炼之道［M］．北京：清华大学出版社，2016.

［5］苏杰．人人都是产品经理［M］．北京：电子工业出版社，2017.

［6］冯德新．项目管理在企业供应链管理中的作用［J］．投资与创业，2020，31（24）：124-126.

［7］杨康．供应链管理在工程建设项目中的应用［J］．内蒙古统计，2020（1）：49-50.

［8］王雪丽．供应链管理在企业项目采购中的应用［J］．中国商论，2019（16）：164-166.

［9］吴光东，刘聪．项目导向型供应链知识流对项目价值增值影响的实证研究［J］．技术经济，2017，36（2）：29-38.

后　记

不要给人生设限

有时候，你作的一个决定，有可能会给你带来意想不到的结果。曾经看到一个目标分解任务案例："如果第五年你想有一张唱片在市场上销售，那么第四年你就要和一家唱片公司签约；第三年你就要有一首完整的作品，可以拿给多家唱片公司；第二年你就必须要有很棒的作品开始录音；第一年你就要把所有准备录音的作品做好编曲，并排练好；第六个月你就要把那些没有完成的作品修改好，然后逐一进行筛选；第一个月你就要把目前手中的这几首曲子完工；第一个礼拜你就要先列出清单，排出哪些曲子需要修改。通过目标分解，不就知道下个礼拜要做什么了吗？"

我当时就想着如果要出一本书，目标该怎么分解呢？五年后书要出版，那么第四年就要找到出版社；第三年就要有初稿；第二年就要开始写作书稿；第一年就要开始准备素材，第一个月整理好大纲，第一个礼拜确定选题。于是就在心中埋下了写书的目标。

当有一个想法在心理生了根，我就会时不时地去想一想，想多了就觉得那就干吧，然后着手开始准备选题。通过对市场的调研了解，供应链管理思想受到越来越多的关注，逐渐渗透各细分领域，其中大项目的运作中也引入了供应链管理思想：以客户需求为导向，将与项目有关的环节和资源有效组织，使得供应链管理与客户采购过程相对应，使得供应链管理达到最优化，并且研发出符合客户真实需求的产品，实现双赢。大项目供应链管理可以分为售前管理阶段、售中管理阶段以及售后管理阶段。但是目前市面上较多的是针对客户经理的销售技巧、项目经理的实施技巧，针对售前体系的图书确实不多。因此，我选定了《赢在售前——大项目供应链售前实战技巧》这个主题，确定主题后，就开始一步一步开始了编写框架、收集材料、采访对象、积累案例、书写创作、大修大改等过程。

如今再回首，原来我们真的可以做到，所以永远不要给人生设限，当你有一个想法一个目标之后，你只管去做，去努力，相信所有的努力终会有所回报。

写书也给我们带来了很大的变化：

（1）思维变化——建立框架思维体系

建立框架思维体系后，再进入一个新领域，学习一门新知识，按照写书的框架思维去整理大纲，然后根据日常的学习积累和经历经验去填充框架中的内容，这样可以快速并且深刻掌握一门新的知识体系，同时也具备了快速知识迁移能力。

（2）心态变化——不惧怕困难挑战

刚开始还没有出书之前，一直觉得出书是一件很困难的事，一直认为那是作家、牛人才能干的事情，我们普通人怎么可能出书？但是当你历经各种困难，终于完稿以后，回过头来看，就会发现曾经的困难也没有那么难，反而成为可以和朋友分享的生活经历。自己也会变得更加乐观、更加积极，更有勇气去面对生活中的一切困难。在以后的工作、生活、学习中，再遇到困难的时候，我也许第一反应还是会下意识地退缩，但是也会有勇气迎难而上，当一次次地将面前的问题解决后，虽然过程是痛苦的，但也正是这样的磨练让自己不断成长蜕变。

（3）习惯变化——养成复盘总结的习惯

在写书的过程中，我将相关参考文献都读了一遍，逐渐养成每日固定读书的习惯，在工作、学习、生活、科研中，我也会想着及时总结复盘当日的经验，会考虑这些经验是否可以写进书里。真的非常感恩有这样的机会能够建立供应链售前知识体系，可以让我们在工作、学习、科研中，不是毫无章法地工作，而是有理有据，勇敢接受挑战。

本书能够顺利出版，经历确定主题、拟定框架、收集材料、采访对象、积累案例、书写创作、内容修改的漫长过程，感谢鼓励和帮助过我们的所有人，包括给予支持的家人、同事、朋友们，愿意分享经验的案例对象们，以及给予本书专业指导意见的专家们等。感谢中国经济出版社的编辑贺静对稿件提出的修改意见，使得本书更具通读性，也感谢中国经济出版社团队的付出，使得本书能够顺利出版。

本书获福州外语外贸学院学术著作出版基金资助；福建省社科研究基地福州大学物流研究中心资助（项目批准号：FJ2020JDZ020）；教育部新文科研究与改革实践项目资助（项目编号：2021140078）。

本书共计 29.4 万字，其中陈美燕完成 15.3 万字，陈梅丽完成 14.1 万字。对于本书有任何想法和交流都可以联系两位作者：陈美燕：15039654@qq.com，陈梅丽：787697435@qq.com。